CONTEÚDO DIGITAL PARA ALUNOS
Cadastre-se e transforme seus estudos em uma experiência única de aprendizado:

1 Entre na página de cadastro:
https://sistemas.editoradobrasil.com.br/cadastro

2 Além dos seus dados pessoais e dos dados de sua escola, adicione ao cadastro o código do aluno, que garantirá a exclusividade do seu ingresso à plataforma.

7313862A4686049

3 Depois, acesse:
https://leb.editoradobrasil.com.br/
e navegue pelos conteúdos digitais de sua coleção :D

Lembre-se de que esse código, pessoal e intransferível, é valido por um ano. Guarde-o com cuidado, pois é a única maneira de você acessar os conteúdos da plataforma.

CB035689

SILVIA PANAZZO
- Licenciada em História pela Pontifícia Universidade Católica – SP
- Licenciada em Pedagogia pela Universidade Cidade de São Paulo
- Pós-graduada em Tecnologias na aprendizagem pelo Centro Universitário Senac
- Professora de História no Ensino Fundamental e Ensino Médio

MARIA LUÍSA VAZ
- Licenciada em História pela Universidade de São Paulo
- Mestre em História Social pela Universidade de São Paulo
- Professora de História no Ensino Fundamental, Ensino Médio e Ensino Superior

APOEMA
HISTÓRIA
6

1ª edição
São Paulo, 2018

Dados Internacionais de Catalogação na Publicação (CIP)
(Câmara Brasileira do Livro, SP, Brasil)

Panazzo, Silvia
  Apoema: história 6 / Silvia Panazzo, Maria Luísa Vaz. – 1. ed. – São Paulo: Editora do Brasil, 2018. – (Coleção apoema).

  ISBN 978-85-10-06906-9 (aluno)
  ISBN 978-85-10-06907-6 (professor)

  1. História (Ensino fundamental) I. Vaz, Maria Luísa. II. Título III. Série.

18-20413   CDD-372.89

Índices para catálogo sistemático:
1. História: Ensino fundamental 372.89
Maria Alice Ferreira – Bibliotecária – CRB-8/7964

© Editora do Brasil S.A., 2018
Todos os direitos reservados

Direção-geral: Vicente Tortamano Avanso

Direção editorial: Felipe Ramos Poletti
Gerência editorial: Erika Caldin
Supervisão de arte e editoração: Cida Alves
Supervisão de revisão: Dora Helena Feres
Supervisão de iconografia: Léo Burgos
Supervisão de digital: Ethel Shuña Queiroz
Supervisão de controle de processos editoriais: Marta Dias Portero
Supervisão de direitos autorais: Marilisa Bertolone Mendes

Supervisão editorial: Priscilla Cerencio
Edição: Mariana Tomadossi
Assistência editorial: Ivi Paula Costa da Silva e Rogério Cantelli
Auxílio editorial: Felipe Adão
Apoio editorial: Camila Marques e Mariana Gazeta
Coordenação de revisão: Otacílio Palareti
Copidesque: Gisélia Costa e Sylmara Beletti
Revisão: Andréia Andrade, Elaine Silva e Martin Gonçalves
Pesquisa iconográfica: Odete Ernestina Pereira e Priscila Ferraz
Assistência de arte: Letícia Santos
Design gráfico: Patrícia Lino
Capa: Megalo Design
Imagem de capa: Leon Rafael/Shutterstock.com
Ilustrações: Adriano Loyola, Alexandre Afonso, André Toma, Christiane S. Messias, Fabio Nienow, Hugo Araújo, Jane Kelly/Shutterstock.com (ícones seções), Paula Haydee Radi, Rodval Matias, Tatiana Kasyanova/Shutterstock.com (textura seção Documentos em foco)
Produção cartográfica: Alessandro Passos Da Costa, DAE (Departamento de Arte e Editoração), Mário Yoshida, Sônia Vaz, Stúdio Caparroz
Coordenação de editoração eletrônica: Abdonildo José de Lima Santos
Editoração eletrônica: NPublic/Formato Comunicação
Licenciamentos de textos: Cinthya Utiyama, Jennifer Xavier, Paula Harue Tozaki e Renata Garbellini
Controle de processos editoriais: Bruna Alves, Carlos Nunes, Jefferson Galdino, Rafael Machado e Stephanie Paparella

1ª edição / 4ª impressão, 2024
Impresso na Forma Certa Gráfica Digital.

Avenida das Nações Unidas, 12901
Torre Oeste, 20º andar
São Paulo, SP – CEP: 04578-910
Fone: +55 11 3226-0211
www.editoradobrasil.com.br

APRESENTAÇÃO

Esta coleção coloca-o em contato com os saberes historicamente produzidos para que você interprete os diferentes processos históricos, bem como as relações estabelecidas entre os grupos humanos nos diferentes tempos e espaços.

Você irá se deparar com fatos relevantes da história do Brasil e do mundo, desde os primórdios aos dias atuais, para conhecer aspectos sociais, culturais, políticos, econômicos e o cotidiano dos diferentes sujeitos históricos.

O objetivo é apresentar um panorama amplo da história das sociedades para possibilitar uma interpretação dela, mesmo não sendo a única possível. A História pode sempre ser revista e reinterpretada à luz de novas descobertas e novos estudos de fontes históricas – ou seja, trata-se de um saber que está sempre em processo de construção.

Com base no conhecimento do passado e do presente, a coleção oferece subsídios para a compreensão das transformações realizadas pelas sociedades. Desse modo, você perceberá que, como sujeitos e agentes da história, todos nós podemos e devemos lutar por uma sociedade mais justa e digna, exercitando a tolerância, a pluralidade e o respeito. Pretendemos, por meio deste livro, contribuir para o processo de formação de cidadãos críticos, atuantes e preocupados com o mundo do qual fazemos parte.

As autoras

SUMÁRIO

Unidade 1 – História, memória e cultura 8

Capítulo 1 – Narrativas e tempos históricos 10
Quem faz a História 10
Por que estudar História? 11
Pontos de vista – Por que gostamos de História 11
Fontes históricas: vestígios do passado 12
Documentos em foco 13
• Diferentes interpretações das fontes históricas 13
Continuidades e rupturas na História 14
Patrimônio histórico 14
• Patrimônio pessoal 14
• Patrimônio dos povos 15
• Preservação do patrimônio histórico 15
Conviver – O que é história oral 16
Atividades 17

Capítulo 2 – Cultura e trabalho nas sociedades ancestrais 18
Origem da Terra 18
• Mitos sobre a origem da Terra e dos seres vivos 18
• Big Bang 19
Origem do ser humano 20
• Mitos 20
• Teorias científicas 20
Como a espécie humana povoou o planeta 20
Viver 21
As primeiras sociedades 22
• O Período Paleolítico 22
• O Período Neolítico 22
• Artes, crenças e invenções na Pré-História 23
  Produção cultural 23
  Invenções 23
As primeiras cidades 24
• O surgimento das primeiras cidades 24
Atividades 25
Caleidoscópio 26

Capítulo 3 – Primeiros povos na América 28
Cultura e trabalho nas sociedades ameríndias 28
Vestígios da Pré-História no Brasil 29
• Os habitantes dos sambaquis 29
• Sítios arqueológicos mais antigos do Brasil 30
As sociedades amazônicas 32
Documentos em foco 32
Atividades 33

Capítulo 4 – Cultura e trabalho nas sociedades pré-colombianas 34
Astecas, maias e incas 34
• Os maias 35
  Cultura maia 35
  Enfraquecimento político 35
• Os astecas 36
  Cultura asteca 36
  Enfraquecimento político 36
• Os incas 37
  Cultura inca 37
  Enfraquecimento político 37
Documentos em foco 38
Atividades 39
Visualização 40
Retomar 42

Unidade 2 – Culturas e poder na África antiga 44

Capítulo 5 – Egito Antigo, terra de camponeses e faraós 46
Uma história de muitos milênios 46
A importância do Nilo 47
• As cheias do Nilo 47
Documentos em foco – O Nilo 48
• O trabalho agrícola e artesanal 48
Os faraós 49
• O poder dos faraós 49
Viver – História recente do Egito: lutas pela democracia 50
Divisão social 51
• As funções de cada um 51
• Posição social e funções das mulheres 52
Religião no Egito Antigo 52
Saberes dos egípcios antigos 53
• O sistema de escrita 53
De olho no legado – Brinquedos e jogos também contam história 54
Atividades 55

Capítulo 6 – Reinos de Cuxe e Axum 56
Povos da Núbia 57
• O Reino de Cuxe 57
  Comércio e artesanato cuxita 57
  A organização social 58
  A religião 58
  O governo cuxita 58
• O Reino de Axum 59
  O comércio axumita 59
  Sociedade e cultura axumita 60
  Cristianismo em Axum 60
Povos bantos 61
• Migrações dos bantos 61
• Modo de vida dos bantos 61
• A arte dos povos bantos 62

Conviver – A influência dos bantos na cultura
afro-brasileira 62
Atividades 63

Capítulo 7 – Mitologias africanas 64
As origens da diversidade 64
A religião banta 65
A religião iorubá 66
Documentos em foco 67
**A influência das religiões africanas
no Brasil** 68
Atividades 69
Visualização 70
Retomar 72

Unidade 3 – Antigas sociedades e culturas da Ásia 74

Capítulo 8 – Povos e culturas da Mesopotâmia .. 76
A região da Mesopotâmia 76
Origens do Estado 77
• O poder dos reis 77
Povos que dominaram a Mesopotâmia 78
• Os sumérios 78
Documentos em foco – Esculturas registram
a história da Mesopotâmia 79
• Outros povos da Mesopotâmia..........................80
Relações sociais na Mesopotâmia 81
Cultura dos povos mesopotâmicos 82
• Crenças..82
• Conhecimentos 83
• Arquitetura 83
Viver 84
Atividades 85

Capítulo 9 – Poder e cultura no Império Persa... 86
Formação do Império Persa 86
• O governo de Dario 87
  As relações com os povos conquistados 87
Sociedade e economia na Pérsia 88
• Práticas da sociedade persa no cotidiano.......88
Cultura persa 89
Religião persa 90
Documentos em foco – Tapete persa,
uma arte milenar..91
O enfraquecimento do Império 92
Atividades 93

Capítulo 10 – Questão territorial e religiosidade do povo hebreu........................ 94
Migrações dos hebreus 94
• Os hebreus no Egito 94
  Juízes e reis dos hebreus 96
  Cisma hebraico..97

De olho no legado – Recentes questões
territoriais entre israelenses e palestinos.........98
• A cultura hebraica..99
Conviver – Oásis de paz 99
Pontos de vista – A história de Israel
no debate atual 100
Atividades 101
Visualização 102
Retomar 104

Unidade 4 – Cultura e política na Grécia Antiga 106

Capítulo 11 – Mitos e práticas sociais na Grécia Antiga 108
De olho no legado – A Olimpíada Brasileira
de Matemática..110
Humanismo 111
Mitologia e religião 111
• Deuses com aspectos humanos....................111
Documentos em foco – As obras de arte
como documentos históricos...........................112
A arte inspirada nos gregos 113
Teatro e literatura...114
Conviver – Encenação teatral 114
Atividades 115

Capítulo 12 – Atenas e Esparta 116
A formação do mundo grego 117
• Escravidão na Grécia..117
Atenas 118
• Organização social 118
• Educação ateniense 118
• Formas de governo em Atenas......................119
  A democracia em Atenas...............................120
Viver 120
Esparta...121
• Viver em Esparta 121
• Organização social 121
• Governo de Esparta 122
• Educação espartana...122
Documentos em foco – Honra, coragem
e orgulho dos soldados espartanos.................123
Atividades 124

Capítulo 13 – Rivalidades e guerras na Grécia Antiga 126
As Guerras Médicas...127
• Primeira Guerra Médica 127
• Segunda Guerra Médica...................................127
Atenas × Esparta..128
A conquista macedônica e o helenismo..........128
• Alexandria, centro cultural do
  Mundo Antigo 129

Atividades 130
Visualização 132
Retomar 134

Unidade 5 – Cultura e política na Roma Antiga 136

Capítulo 14 – Mitologia e poder na Roma Antiga.................................. 138

Origem mitológica de Roma............................139
Origens históricas de Roma 139
Documentos em foco – A cidade de Roma......140
O período monárquico 140
• Os reis etruscos...140
• Organização da sociedade romana 140
Organização da república 142
• Assembleia Centuriata 142
Viver 143
Atividades 144

Capítulo 15 – Lutas sociais na Roma republicana 146

Conflitos sociais 147
Roma × Cartago...147
• Expansão territorial...149
Economia e sociedade na República 150
• Os irmãos Graco 151
De olho no legado – Reforma agrária 151
Documentos em foco – Ser escravo em Roma..152
Crise na república 154
Atividades 155

Capítulo 16 – Império Romano 156

O início do Império 157
De olho no legado...158
Governo Imperial 160
• O governo de Otávio Augusto 160
Viver – As ruas de Roma................................161
• Pão e circo 162
Origens do cristianismo....................................163
• Cristianismo: de religião proibida a oficial....163
A crise do Império 164
• A crise do escravismo 164
• Tentativas de solução 164
O Império Romano do Ocidente chega ao fim 165
Legado cultural romano 166
Atividades 167
Visualização 168
Retomar 170

Unidade 6 – Cultura e poder no medievo europeu 172

Capítulo 17 – Reinos germânicos e Império Carolíngio 174

Os povos germânicos e a Queda do Império Romano do Ocidente...................................175
• A relação entre os povos germânicos e Roma..176
A Igreja Católica e os reinos germânicos........177
• O Reino Franco..177
O Império Carolíngio 178
• Administração do Império..............................178
• A divisão do Império 179
• O fim do Império..179
O papado e o Sacro Império Romano-Germânico 180
• O Sacro Império e os conflitos com a Igreja Católica 180
Atividades 181

Capítulo 18 – Feudos, senhorios e camponeses..182

Origens do feudalismo......................................183
• Doações e dependências 183
Documentos em foco 184
Feudos: domínios senhoriais 184
• Principais características dos feudos 185
O trabalho dos camponeses 186
• Obrigações camponesas................................186
A nobreza feudal 187
• Relações feudo-vassálicas 187
• O papel dos cavaleiros 187
Sociedade estamental 188
Descentralização política 188
Atividades 189
Caleidoscópio 190

Capítulo 19 – Religiosidade e cotidiano medieval 192

A cristandade e o clero medieval 193
• Saber e cultura: domínios do clero 194
• Teocentrismo na sociedade medieval 194
De olho no legado – A contagem do tempo na sociedade medieval 195
Festas da Idade Média 196
A condição social das mulheres na Idade Média..197
Atividades 198
Visualização 200
Retomar 202

Unidade 7 – Os impérios Bizantino e Árabe 204

Capítulo 20 – Império Bizantino: a Roma do Oriente 206

Origens do Império Romano do Oriente 207
- Economia bizantina 207
- A sociedade e a política no Império Bizantino 208

Viver – Costumes bizantinos 209

Tensões religiosas 210
- Nova Igreja no Oriente 210
- O Cisma do Oriente 211
- Intercâmbio cultural 211

Arte bizantina 212
- Mosaicos bizantinos 212

Atividades 213

Capítulo 21 – Maomé une o mundo árabe 214

O mundo árabe na Idade Média 215
- Ocupação da Península Arábica 215
- A economia árabe 215
- As primeiras crenças 216
- Origem do islamismo 216
- Expansão do islamismo 217
- Os cinco pilares do islamismo 217

O Império Árabe 218
- Economia 218
- Enfraquecimento do Império Árabe 219
- Cultura árabe 219
- As mulheres nas tradições islâmicas 220

Pontos de vista – Malês: os primeiros muçulmanos do Brasil 222

Atividades 223

Visualização 224

Retomar 226

Unidade 8 – Transformações no medievo europeu 228

Capítulo 22 – Cruzadas, guerras religiosas 230
A periodização da Idade Média 230

Uma época de transformações 231
- O crescimento da população 231
- O rodízio trienal 231

Cristãos × muçulmanos 232
- As Cruzadas 232
- Interesses além da religião 232
- As promessas da Igreja Católica 233

Conviver – Análise de um filme histórico 234

Atividades 235

Capítulo 23 – Reis, burgueses e comércio 236

Crescimento do comércio 237
- Os mercadores de Veneza e Gênova 237
- Nasce uma nova camada social 237
  Corporações de ofício e guildas 238
- A visão do clero 238

Viver – O consumo e os juros em nosso dia a dia 239

Efeitos do renascimento urbano e comercial 240
- Declínio da nobreza 241
- Aliança entre rei e burguesia 241

Documentos em foco – Centralização política na Península Ibérica 242

A Guerra dos Cem Anos 243
- Flandres em disputa 243
- Um destaque feminino na guerra 244

Atividades 245

Capítulo 24 – Crise, arte e cotidiano 246

Fome e revoltas 247

Documentos em foco – Leis para os camponeses 248

Peste negra 248

Viver 249

A arte medieval 250

O casamento medieval 250

Atividades 251

Visualização 252

Retomar 254

UNIDADE 1

> **Antever**

História é uma palavra de origem grega que significa "pesquisa" ou "conhecimento com base na investigação". Essa investigação não é apenas sobre o passado, ela envolve também as diferentes heranças que influenciam o tempo presente. Os conhecimentos históricos nos ajudam a compreender melhor as questões sociais, culturais, políticas e econômicas do cotidiano. Muitas situações, conflitos, comportamentos e ideias que se manifestam nas sociedades atuais perpassam várias gerações. Ao longo do tempo, elas construíram modos de vida próprios com base em suas necessidades, crenças, tradições, valores e ainda nas tecnologias que desenvolveram. Muitas transformações aconteceram nesse processo; contudo, também há continuidades.

O conhecimento histórico possibilita entender modos de vida dos povos de diferentes épocas e lugares para identificar e questionar transformações e continuidades. Por meio dele, também podemos refletir sobre como ajudar a construir uma sociedade mais justa, solidária e democrática nas comunidades de que participamos.

Para você, o que está representado nessa fotografia é uma forma de registro do passado? Por quê? Que outros registros do passado você conhece? Por que eles ajudam a desenvolver conhecimento histórico? Como você imagina que os pesquisadores produzem conhecimento histórico?

Arqueólogos trabalham na restauração de urna funerária no sítio arqueológico tupi-guarani. São José dos Campos (SP), 2016.

História, memória e cultura

Narrativas e tempos históricos

A História é um campo do conhecimento que se dedica ao estudo das sociedades e dos grupos humanos ao longo do tempo. O historiador pode estudar tanto sociedades que se formaram há milhares de anos como aspectos do tempo presente. É possível estudar ainda a história de povos que viveram nas regiões mais longínquas do planeta ou a história da própria comunidade em que se vive.

Para estudar a história de qualquer sociedade humana é necessário encontrar materiais que possibilitem entender como se formaram crenças, costumes, saberes, hábitos, formas de organização política, atividades econômicas, entre outros aspectos, de diferentes povos e tempos históricos. Os historiadores chamaram esses diversos tipos de materiais de **fontes históricas**, que são criteriosamente selecionadas e profundamente analisadas para a elaboração do conhecimento histórico.

Indígenas pankararu durante ritual da Festa do Menino do Rancho. Aldeia Brejo dos Padres, Tacaratu (PE), 2014.

Todas as sociedades têm história e todas as pessoas colaboram na construção e na preservação dessa história. É o caso da Festa do Menino do Rancho, ritual de passagem dos indígenas da etnia pankararu. Ele é celebrado com a chegada de personagens místicos conhecidos como encantados, vestidos com palha, acompanhados dos cantos.
Os pankararus têm a pele escura e traços africanos porque, em sua trajetória histórica, acolheram escravos fugitivos e se miscigenaram. Atualmente, eles se consideram indígenas, não quilombolas.

Quem faz a História?

Todas as pessoas que fazem parte de uma sociedade – crianças, jovens, adultos, mulheres, homens – constroem a História por meio do trabalho que desenvolvem, de seu comportamento, da convivência com a família e com outros grupos sociais, das decisões que tomam, das ideias nas quais acreditam etc. Somos sujeitos históricos. A História é feita pelas **ações individuais** e **coletivas** dos sujeitos históricos.

Glossário

Ação coletiva: ato realizado por grupos que representam parcelas da sociedade, movidos por interesses próprios ou da maioria da sociedade.
Ação individual: ato realizado por um indivíduo, movido por interesses pessoais ou de parte da sociedade.

Por que estudar História?

Quadrilha Mistura Gostosa em festa junina. Campina Grande (PB), 2015.

Conhecido como O Maior São João do Mundo, é um dos mais importantes festivais da cultura popular nordestina e reúne música, dança, culinária e artesanato.

Por que existem diferenças culturais? Por que nem todas as pessoas têm a mesma qualidade de vida? Por que nem sempre há trabalho para todos? Por que há crianças em idade escolar que não frequentam a escola? Por que é necessário preservar o ambiente?

Essas questões se referem a diferentes situações do mundo atual. Para compreendê-las melhor, muitas vezes, torna-se necessário pesquisar o passado e conhecer a história das sociedades.

Estudar História é refletir sobre o presente, comparar modos de vida; é viajar mentalmente pelo tempo, conhecer o modo de pensar e agir de diferentes povos, observar suas dificuldades e as tentativas de solucioná-las; é analisar a vida em sociedade em outras épocas e lugares.

Por que gostamos de História?

O historiador Jaime Pinsky, no livro *Por que gostamos de História*, apresenta vários motivos que, em sua opinião, fazem as pessoas se interessar por temas relacionados à História:

> [...] O primeiro é que temos enorme curiosidade em saber de onde viemos, onde estão nossas raízes familiares, **étnicas**, nacionais, culturais. Visitar e compreender o passado é uma tentativa de nos entendermos melhor, de buscar – nem sempre com sucesso – explicações sobre o aqui e agora. [...]
> O outro motivo é explicado [...] pelo **dramaturgo** grego Sófocles, há 25 séculos. Ele dizia que, de todas as maravilhas do mundo, o homem é a mais interessante para os próprios seres humanos. De fato, nós nos percebemos espelhando-nos nos outros: ao utilizar o próximo como referência é que podemos medir nossa inteligência ou **estultice**, nossa beleza ou falta de graça, nossa habilidade ou falta de jeito. Olhar e ver outros seres humanos, verificar como estão vivendo, como se organizam socialmente, quais os **tabus** que respeitam, qual o papel que desempenham os velhos, as crianças, as mulheres em diferentes sociedades, tudo isso nos fascina. [...]

Jaime Pinsky. *Por que gostamos de História*. São Paulo: Contexto, 2013. p.19-20.

Glossário

Dramaturgo: autor de peças de teatro.
Estultice: tolice.
Étnico: relativo a etnia, ao grupo de indivíduos que partilham tradições, costumes, língua, ou seja, a mesma cultura.
Tabu: proibição da prática de qualquer atividade social que seja reprovada moral, religiosa ou culturalmente.

1. De acordo com o autor do texto, por que as pessoas se interessam pelo estudo da História?
2. Quais razões, além daquelas apontadas no texto, explicam nosso interesse pela História? Justifique sua resposta.
3. De que modo o estudo da História pode ajudar em nossa vida cotidiana? Justifique sua resposta.

Fontes históricas: vestígios do passado

Fazem parte da História as formas pelas quais as sociedades organizam o trabalho, como os povos se relacionam e como as pessoas vivem coletivamente, os avanços tecnológicos, as guerras, a cura de doenças, os rituais religiosos e muitas outras experiências vividas pela humanidade em épocas e lugares diferentes.

São consideradas fontes históricas os vestígios que fornecem informações sobre essas experiências. Esses vestígios podem ser variados: construções, monumentos, utensílios domésticos, obras de arte, ferramentas de trabalho, moedas, jornais, fotografias, livros, cartas, leis, documentos pessoais, programas de rádio e TV, páginas de internet, músicas, depoimentos orais, entre outros.

Existem especialistas que investigam e interpretam as fontes históricas. O conhecimento que é construído por meio dessas pesquisas pode ser complementado ou modificado por novos estudos.

Nesses casos, para a localização e interpretação das fontes materiais, é fundamental um trabalho conjunto entre o historiador e outros pesquisadores, especialmente **arqueólogos** e **paleontólogos**, que desenvolvem teorias e **metodologias** específicas para a análise da **cultura material** e dos fósseis.

Os estudos desses profissionais possibilitam ampliar, associar e organizar informações sobre o passado, por exemplo:

> **Glossário**
>
> **Arqueólogo:** pesquisador que reúne e estuda os documentos materiais deixados por sociedades do passado.
> **Cultura material:** conjunto de objetos produzidos e utilizados por uma sociedade.
> **Metodologia:** conjunto de métodos aplicados em uma pesquisa.
> **Paleontólogo:** cientista que estuda fósseis, entre eles ossos, ovos, pegadas, árvores, que foram preservados abaixo do solo e de rochas.

Calendários	Revelam como cada povo fazia a contagem do tempo.
Moedas	Dão pistas de como os habitantes de determinada cidade praticavam o comércio.
Espadas, escudos, lanças e armaduras	Demonstram como grupos da sociedade dedicavam-se à guerra.
Joias e vidros de perfume	Indicam que algumas pessoas trabalhavam com metais e ervas aromáticas e mostram aspectos dos cuidados pessoais da época.
Fósseis	Podem revelar quais animais ocupavam determinada região, o tipo de vegetação que lá existia e a base da alimentação das comunidades que ali viviam.

As peças de cerâmica do povo indígena karajá são exemplo de cultura material. Ilha dos Bananais (TO).

A igreja de São Francisco de Assis, é uma fonte histórica do século XVIII. Ouro Preto (MG).

Documentos em foco

O documento reproduzido a seguir é uma fotografia de 1882 feita por Marc Ferrez, fotógrafo que fez muitas imagens importantes do Brasil no século XIX. Observe a imagem e responda ao que se pede.

1. Há quantos anos esse documento foi produzido?
2. Quem são as pessoas que aparecem na fotografia de Ferrez?
3. As roupas das pessoas da fotografia são parecidas com as que usamos hoje? Justifique sua resposta.
4. Forme uma dupla com um colega e converse com ele sobre quais informações essa fotografia pode fornecer a respeito da sociedade brasileira do final do século XIX. Depois, discutam o assunto com o restante da classe.

Escravos na colheita de café. Rio de Janeiro (RJ), 1882.

Diferentes interpretações das fontes históricas

Por que podemos dizer que o conhecimento histórico está sempre em transformação e que nunca haverá uma versão definitiva sobre o passado?

As fontes históricas são estudadas pelos historiadores. Eles pesquisam, organizam, comparam e interpretam informações sobre o passado.

É possível haver diferentes interpretações de um mesmo assunto, dependendo das fontes históricas analisadas, do ponto de vista do historiador sobre o tema pesquisado, das questões que ele pretende debater. Por exemplo: a chegada dos portugueses ao Brasil não é analisada de uma única maneira, porque ela teve diferentes significados para os diversos sujeitos históricos. Para grande parte dos povos indígenas que viviam nas terras que hoje formam o Brasil, a colonização portuguesa significou a destruição de sua cultura, a perda de suas terras, a escravidão e a morte. Para os portugueses, o mesmo fato significou a possibilidade de explorar novas riquezas e de ampliar o comércio.

As interpretações de um assunto podem mudar também com o achado de uma nova fonte histórica, antes consultada pelos historiadores. Por isso, o historiador francês Marc Bloch afirmou:

> [...] o passado é, por definição, um dado que nada mais modificará. Mas o conhecimento do passado é uma coisa em progresso, que incessantemente se transforma.
>
> Marc Bloch. *Apologia da História ou o ofício do historiador*. Rio de Janeiro: Jorge Zahar Editor, 2001. p. 75.

Ampliar

A Arqueologia passo a passo, de Raphaël De Filippo (Companhia das Letras).

Traz os conceitos principais da Arqueologia e conta como é o trabalho nas escavações, propondo ao leitor uma reflexão sobre o passado que, segundo ele, "está por toda parte".

Continuidades e rupturas na História

Ampliar

Rios sedentos, de Roniwalter Jatobá (Nova Alexandria).

História de uma cidade que desaparecerá sob as águas de uma barragem, destruindo suas memórias.

Uma característica importante do conhecimento histórico é que ele abrange vários estudos sobre os grupos humanos ao longo do tempo. Por isso, os historiadores analisam as formas pelas quais diferentes sociedades se organizaram (e se organizam) nas diversas regiões do mundo em períodos distintos. No Brasil, por exemplo, há historiadores que analisam o modo pelo qual a sociedade se constituiu durante o Período Colonial (1500-1822); outros se dedicam ao estudo da sociedade brasileira durante o Império (1822-1889); e há também aqueles que analisam a estrutura social brasileira que se formou após o final do Império e a Proclamação da República (1889 até o presente).

Nesses períodos, ocorreram mudanças importantes nas formas de organização da sociedade brasileira. São transformações de vários tipos, como mudanças econômicas, nas relações cotidianas, no funcionamento do sistema político, nas crenças religiosas, nas práticas culturais etc.

Entretanto, a história das sociedades humanas não é marcada apenas por rupturas. Há também continuidades. Estas são características sociais, culturais, econômicas ou políticas que se mantêm inalteradas (ou passam por pequenas alterações) ao longo do tempo. Exemplo disso é a permanência da desigualdade social em diferentes épocas da história de nosso país. Outro exemplo é a língua portuguesa, que foi trazida para a América pelos colonizadores portugueses e é falada até hoje no Brasil.

zoom — Cite um exemplo de um hábito de seus pais que você também tem (uma continuidade) e um hábito que seus pais não tinham e que você, no presente, adota (uma ruptura).

Para se estudar a história de grupos humanos, é importante analisar não apenas as rupturas e transformações ocorridas ao longo do tempo, mas também as continuidades ou permanências históricas.

Patrimônio histórico

Patrimônio histórico é um bem ou um conjunto de bens materiais ou imateriais, naturais ou produzidos pelo homem com significado e importância artística, cultural, religiosa, documental ou estética para a sociedade. Quanto mais estudos são realizados sobre fontes históricas de uma sociedade ou de uma época, maior poderá ser o conhecimento de como viveu aquele povo em outros tempos. Assim, preservar o patrimônio histórico contribui para compreender o passado e compará-lo ao presente.

Patrimônio pessoal

A família é o primeiro grupo social do qual o ser humano faz parte. Em geral, seus membros se identificam e estão ligados por uma história em comum. Com esse grupo, aprendemos costumes e tradições familiares que, provavelmente, ensinaremos às próximas gerações. Além disso, é possível herdar bens que costumam contribuir para fortalecer a memória e a identidade da família, unida por sua história.

Retrato da família de Jorge Street. São Paulo (SP), 1913.

As fotografias de família registram muitas passagens do cotidiano e da história delas.

14

Patrimônio dos povos

Tapetes de serragem colorida para a procissão da Semana Santa. Mariana (MG).

Os povos também têm seu patrimônio, geralmente formado por tradições, conhecimentos, crenças, livros, leis, arquitetura e obras de arte que representem seu passado e formam sua identidade. Ao valorizar e preservar seu patrimônio, cada povo transmite para as gerações futuras suas memórias e tradições.

Em parte, esse patrimônio é divulgado e compartilhado pelas pessoas na convivência familiar, na vida escolar e nas relações com diferentes grupos sociais.

Muitos aspectos da história de uma sociedade podem ser observados em construções antigas que se mantêm nos dias atuais, como praças, fazendas, templos religiosos, ruas, teatros etc. Esses espaços podem ser públicos ou **privados** e também fazem parte do patrimônio histórico e cultural de um povo.

Glossário

Arquivo: local em que se reúnem documentos produzidos por governos, instituições e pessoas.
Espaço privado: local que pertence a pessoas ou empresas, cuja manutenção e organização é de responsabilidade de seus proprietários.
Zelar: cuidar.

Preservação do patrimônio histórico

A preservação do patrimônio é de interesse coletivo e contribui para valorizar a história e as tradições de um povo. Assim, há leis que permitem ao governo **zelar** pelo patrimônio e assumir a responsabilidade de preservá-lo. Nesse caso, dizemos que o governo "tomba o patrimônio", ou seja, ele impede que bens de valor histórico, cultural, arquitetônico, ambiental e afetivo para a sociedade sejam destruídos ou modificados.

Outra forma de preservar o patrimônio é armazenar documentos históricos em museus e **arquivos**, que podem ser frequentados por pesquisadores interessados em estudar seu acervo, isto é, o conjunto de documentos, objetos, obras e materiais ali guardados ou expostos. Mas não são só os especialistas que utilizam esses locais. Eles são abertos ao público em geral e seu acervo contribui para ampliar os conhecimentos dos visitantes e estimular a curiosidade por diferentes assuntos.

Visitantes no Museu do Futebol. São Paulo (SP), 2015.

O museu tem como objetivos preservar, divulgar e investigar os símbolos, as representações e os aspectos materiais do futebol.

Página inicial do *site Plenarinho*. Disponível em: <https://plenarinho.leg.br>. Acesso em: set. 2018.

Plenarinho é um *site* relacionado à Câmara dos Deputados que traz informações sobre a elaboração de leis e a atuação do Congresso Nacional do Brasil.

Conviver

O que é história oral

Ao entrevistar alguém para obter informações ou opiniões sobre diversos assuntos do passado e do presente estamos praticando a história oral. Mas o que é história oral?

> A história oral é uma metodologia de pesquisa que consiste em realizar entrevistas gravadas com pessoas que podem testemunhar sobre acontecimentos, **conjunturas**, instituições, modos de vida ou outros aspectos da história contemporânea. Começou a ser utilizada nos anos 1950, após a invenção do gravador, nos Estados Unidos, na Europa e no México, e desde então **difundiu-se** bastante. [...]
>
> As entrevistas de história oral são tomadas como fontes para a compreensão do passado, ao lado de documentos escritos, imagens e outros tipos de registro. Caracterizam-se por serem produzidas a partir de um estímulo, pois o pesquisador procura o entrevistado e lhe faz perguntas, geralmente depois de consumado o fato ou a conjuntura que se quer investigar. Além disso, fazem parte de todo um conjunto de documentos de tipo biográfico, ao lado de memórias e autobiografias, que permitem compreender como indivíduos experimentaram e interpretam acontecimentos, situações e modos de vida de um grupo ou da sociedade em geral. Isso torna o estudo da História mais concreto e próximo, facilitando a **apreensão** do passado pelas gerações futuras e a compreensão das experiências vividas por outros.
>
> O trabalho com a metodologia de história oral compreende todo um conjunto de atividades anteriores e posteriores à gravação dos depoimentos. Exige, antes, a pesquisa e o levantamento de dados para a preparação dos roteiros das entrevistas. Quando a pesquisa é feita por uma instituição que visa a constituir um acervo de depoimentos aberto ao público, é necessário cuidar da duplicação das gravações, da conservação e do tratamento do material gravado.

CPDOC – Centro de Pesquisa e Documentação de História Contemporânea do Brasil. *O que é história oral*. Disponível em: <http://cpdoc.fgv.br/acervo/historiaoral>. Acesso em: jun. 2018.

Ampliar

Grãos de Luz e Griô
www.acaogrio.org.br
Site que procura valorizar os saberes tradicionais de diferentes comunidades, transmitidos principalmente pela oralidade.

Glossário

Apreensão: compreensão; entendimento.
Conjuntura: conjunto de determinados acontecimentos em dado momento; determinadas circunstâncias.
Difundir: divulgar.

A história oral pode ser utilizada por todos nós para conhecer um pouco mais da história das pessoas que nos rodeiam e preservar a memória da comunidade em que vivemos. Com isso em vista, reúna-se em grupo e siga o roteiro de atividades abaixo.

1. Escolha uma pessoa de sua comunidade. Pode ser um professor que trabalha há muitos anos na escola, um vizinho que vive há muito tempo no bairro ou mesmo um parente que tenha vivido diversas experiências importantes na comunidade.
2. Elabore um roteiro de perguntas para entrevistar a pessoa escolhida. É importante que ele trate de temas relacionados à história e à memória da comunidade de que essa pessoa participa.
3. Após a elaboração do roteiro, faça a entrevista e registre as respostas. O registro pode ser escrito ou gravado com o auxílio de aparelhos eletrônicos.
4. Feita a entrevista, converse com o grupo para organizar as principais informações narradas pelo entrevistado.
5. Para finalizar, apresente suas descobertas em sala de aula.

Atividades

1. Dê um exemplo de fonte histórica que cada um destes profissionais estuda: historiador, arqueólogo e paleontólogo. Ilustre seus exemplos com imagens ou com desenhos criados por você.

2. Observe as imagens 1 (fonte histórica) e 2 (ação de sujeitos históricos).

Na África, as máscaras são uma forma de expressão artística e cultural presente nas tradições de diferentes povos do continente. Consideradas sagradas, elas expressam o cotidiano, as crenças e os valores do povo que as criou. Na cultura dan, por exemplo, cada uma tem o próprio nome e assume forma de comportamento.

Máscara dan, esculpida em madeira. Libéria, África.

Manifestantes exibem faixa com a frase "Passe livre já!" durante comemoração do anúncio dos governos estadual e municipal de baixar as tarifas de ônibus e metrô. São Paulo (SP), jun. 2013.

a) Observe a máscara africana produzida pelo povo dan; ela é uma fonte histórica. Ao estudá-la, que informações você imagina que um pesquisador poderá obter sobre o povo que a fez?

b) Em sua opinião, o significado dessa máscara é o mesmo para o povo dan e para outros povos africanos?

c) A imagem 2 retrata uma passeata. Em sua cidade ou região, aconteceu alguma passeata ou manifestação popular recentemente? Por qual motivo?

3. Você sabia que o Brasil tem diversos patrimônios históricos, culturais e ambientais? Faça uma breve pesquisa para conhecer alguns deles. Forme um grupo com os colegas e, juntos, escolham um desses patrimônios. Elaborem um cartaz sobre o local, explicando sua importância; ilustrem-no com imagens e criem uma frase para divulgá-lo para toda a turma. Depois, organizem com o professor e os demais colegas uma exposição dos cartazes.

4. Em grupo, lembrando que todos somos sujeitos históricos, conte, em um breve texto, um exemplo recente da ação de um ou mais sujeitos históricos. O texto pode ser ilustrado com desenhos ou imagens recortadas de jornais ou revistas.

CAPÍTULO 2
Cultura e trabalho nas sociedades ancestrais

Crânio de um *Homo sapiens*, o ser humano moderno, encontrada na África.

Registros fósseis como esse estão possibilitando a elaboração de novas hipóteses sobre a origem dos seres humanos e ajudando a modificar nosso conhecimento sobre o modo de vida das primeiras sociedades humanas.

Na tentativa de entender a natureza e o mundo, as sociedades elaboraram explicações para a origem dos fenômenos naturais e de tudo o que se relacionava ao modo de vida delas. Em muitos casos, elas usaram como base narrativas mitológicas e religiosas. Somente a partir do século XIX, os pesquisadores começaram a desenvolver explicações com base em pesquisas científicas. Foi assim que surgiram teorias sobre a origem do Universo, como a do Big Bang, e sobre a relação entre a evolução dos seres vivos e a origem da vida no planeta.

Os pesquisadores também passaram a estudar como os seres humanos viviam em períodos ancestrais e buscaram compreender como essas sociedades foram se transformando ao longo do tempo.

Ainda assim, nosso conhecimento está em constante transformação. Descobertas arqueológicas e em outros campos da Ciência permitem revisar teorias e avançar para novas formulações, contribuindo para o progresso do conhecimento humano e para a elaboração de explicações mais precisas e mais complexas sobre o início da humanidade.

Origem da Terra
Mitos sobre a origem da Terra e dos seres vivos

A **mitologia** e as narrativas sagradas são maneiras encontradas por povos de diferentes lugares do mundo para explicar a criação da Terra e dos seres vivos. Geralmente as explicações mitológicas narram as situações em que os deuses teriam criado a vida e os elementos da natureza.

Veja alguns exemplos a seguir.

- De acordo com um mito chinês, a origem do Universo, da Terra e dos seres humanos teria ocorrido de um "ovo cósmico"; dentro dele estariam *yin* e *yang*, as duas forças opostas que compõem o Universo. Um dia, essas energias conflitantes quebraram o ovo: os elementos mais pesados formaram a terra, e os mais leves formaram o céu e, entre eles, surgiu o primeiro ser.
- Na mitologia do povo maia, Hunab Ku, o deus uno, criou a si mesmo, o céu e a Terra; depois, misturou terra e água e moldou o primeiro ser humano.
- Um mito dos povos iorubás, que vivem na Nigéria e no Benim, conta que Oxalá, o grande orixá, criou o mundo durante uma semana de quatro dias.

Glossário

Mitologia: conjunto de mitos criado por diferentes sociedades para explicar complexos acontecimentos naturais, políticos e sociais; mitos são narrativas que explicam, da perspectiva de determinada cultura, como o mundo e a humanidade se tornaram o que são.

Big Bang

A teoria do Big Bang é a mais aceita pela comunidade científica para explicar a origem do Universo. Ela foi formulada por cientistas no século XX e muitos pesquisadores continuam estudando evidências para comprová-la ou para demonstrar que ela não é adequada.

Segundo essa teoria, há cerca de 13,7 bilhões de anos ocorreu uma explosão provocada por uma grande concentração de massa e energia, da qual se originou o Universo. A teoria está fundamentada em observações feitas por cientistas, as quais demonstram que o Universo está em constante expansão.

Ampliar

Muitos mitos, lindas lendas, de Zuleika de Almeida Prado (Callis Editora).

Histórias populares de diversos lugares do mundo, valorizando a diversidade e a pluralidade cultural.

Mitologia dos orixás, de Reginaldo Prandi (Companhia das Letras).

Mitos sobre povos africanos desde a Antiguidade até a atualidade.

Hugo Araújo

Big Bang

Uma imensa explosão espacial espalha vapores e gases por todos os lados, criando toda a matéria existente no Universo. Um segundo após a explosão, o Universo se expande, formando um "caldo" com partículas em altíssimas temperaturas. Três minutos depois, inicia-se um resfriamento que possibilitará a formação de elétrons, nêutrons e prótons.

300 mil anos

Após 300 mil anos da explosão, elétrons, nêutrons e prótons passam a se combinar, formando os primeiros átomos. Duzentos milhões de anos depois da explosão, planetas e estrelas (galáxias) formam-se provenientes de enormes faíscas que se desprenderam, resfriaram e endureceram.

9 bilhões de anos

A Terra começa a se formar, mas ainda não há vida. O planeta é uma "bola de fogo". Aos poucos, a crosta terrestre se resfria, originando milhares de vulcões em constante erupção. Inicia-se a formação da atmosfera, que contém vapor-d'água, entre outros gases. O vapor-d'água causa as primeiras chuvas, que logo se transformam em violentas tempestades. A crosta terrestre resfria-se ainda mais e, assim, surgem os oceanos.

10,2 bilhões de anos

Nos oceanos aparecem as primeiras formas de vida da Terra: as bactérias, ancestrais de todos os seres vivos.

13,7 bilhões de anos (período atual)

Lentamente, as primeiras formas de vida foram se transformando, dando origem a outros organismos aquáticos. Ao longo de milhões de anos, continuaram evoluindo e originaram os peixes, depois os anfíbios, os répteis, as aves e, finalmente, os mamíferos. O ser humano (*Homo sapiens*) surgiu há apenas 195 mil anos.

Origem do ser humano

Mitos

As mitologias e religiões utilizam narrativas para explicar a criação dos primeiros seres humanos.

Um antigo povo da América do Sul, o tiahuanaco, acreditava que o deus Wiracocha teria emergido de um lago e criado o primeiro casal humano.

Um mito dos povos iorubás conta que Obatalá formou os primeiros seres humanos com barro e que o sopro de Olodumaré lhes deu a vida.

Michelangelo. *A criação de Adão*, c. 1511. Afresco, 2,8 m × 5,7 m.

A obra, que faz parte da Capela Sistina, no Vaticano, em Roma, representa a criação do homem de acordo com a narrativa bíblica.

Já a explicação cristã, é a de que tudo o que há na Terra foi criado por Deus.

Essas explicações são chamadas de criacionistas, pois acreditam que as divindades criaram seres humanos.

Teorias científicas

No século XIX, o cientista Charles Darwin fez uma viagem pelo mundo, reunindo dados que o levaram a concluir que, ao longo do tempo, as espécies de plantas e animais mais bem adaptadas às mudanças do ambiente sobreviveram. Esse processo dá origem a novas espécies. Assim, ele pôde estabelecer comparações entre humanos e macacos, sugerindo que eles tiveram um antepassado comum. Mas qual?

De acordo com algumas evidências, o mais antigo ancestral humano teria vivido na África há cerca de 3 milhões de anos e passado por diversas transformações até o surgimento do *Homo sapiens*, espécie mais próxima do ser humano moderno. Esses seres humanos desenvolveram diferentes habilidades que garantiram sua sobrevivência.

Como a espécie humana povoou o planeta

Por milhares de anos, grupos humanos se deslocaram da África para outras regiões do planeta. No entanto, ainda não é possível definir como eles chegaram à América.

Uma das hipóteses mais aceitas é a de que houve uma travessia pelo Estreito de Bering – passagem marítima que liga a Sibéria ao Alasca – que estaria congelado entre 10 mil e 12 mil anos atrás. Entretanto, pesquisas sobre restos de fogueira e objetos encontrados no Piauí sugerem que a presença humana na América data de 60 mil a 100 mil anos atrás. Segundo a arqueóloga Nièd Guidon, seres humanos teriam migrado da África pelo mar.

Outro estudo, feito pelo arqueólogo Walter Neves, baseia-se em crânios encontrados em Minas Gerais que apresentam características físicas semelhantes às de nativos da África e Austrália e aponta a possibilidade da existência de outras rotas migratórias para a América por volta de 14 mil anos atrás.

Viver

Em outubro de 2014, o papa Francisco, principal líder da religião católica, declarou que as teorias do Big Bang e da evolução são corretas e não se opõem à existência de Deus. O papa afirmou que, "quando lemos no Gênesis [primeiro livro da Bíblia] sobre a criação, corremos o risco de imaginar que Deus tenha agido como um mago, com uma varinha mágica capaz de criar todas as coisas. Mas não é isso".

A afirmação do **sumo pontífice** repercutiu mundialmente, aproximando religião e ciência. A agência internacional de notícias *Reuters* assim noticiou a declaração do papa Francisco:

> **Glossário**
> **Contrastar:** contrapor, colocar em contraste; diferenciar.
> **Sumo pontífice:** chefe supremo da Igreja Católica; papa.

Papa Francisco. Vaticano, 2018.

Desde que assumiu a liderança da Igreja Católica, em 2013, o papa Francisco tem sinalizado o desejo de mudanças no posicionamento da Igreja, procurando aproximá-la de questões que inquietam o mundo contemporâneo.

Papa Francisco diz que teoria do Big Bang não contradiz papel de Deus

[...] Discursando em um encontro da Pontifícia Academia de Ciências, um organismo independente sediado no Vaticano e financiado em grande parte pela Santa Sé, Francisco afirmou que as explicações científicas para o mundo não excluem o papel de Deus na criação.

"O início do mundo não é trabalho do caos, que deve sua origem a outra coisa, mas deriva diretamente de um princípio supremo que cria a partir do amor", declarou.

"O Big Bang, que hoje é considerado a origem do mundo, não contradiz a intervenção criativa de Deus, pelo contrário, a requer", argumentou.

"A evolução na natureza não **contrasta** com a noção de criação (divina), porque a evolução requer a criação de seres que evoluem", disse o pontífice. [...]

O Papa Francisco diz que teoria do Big Bang não contradiz papel de Deus.
Disponível em: <https://br.reuters.com/article/worldNews/idBRKBN0IH22R20141028>. Acesso em: jun. 2018.

No passado, a Igreja se opôs às primeiras explicações científicas do Universo, que contradiziam o relato da criação na Bíblia. Por exemplo, no século XVII, ela condenou à prisão o astrônomo Galileu Galilei, que mostrou que a Terra gira em torno do Sol.

Entretanto, ultimamente a Igreja procura descartar essa imagem de inimiga da ciência, e os comentários do papa ecoaram declarações de seus antecessores. Nos anos 1950, o papa Pio XII descreveu a teoria da evolução como uma abordagem científica válida sobre desenvolvimento dos humanos e o papa João Paulo II reiterou essa posição em 1996.

1. Você sabe como a Bíblia narra a criação do mundo e dos seres humanos? Converse com os colegas sobre o assunto.

2. Para o papa Francisco, as teorias científicas do Big Bang e da evolução não contradizem a existência de Deus. Retire da reportagem uma passagem que comprova esse ponto de vista.

3. As teorias científicas sempre foram apoiadas pela Igreja Católica? Explique sua resposta com base nas informações da notícia.

4. Em sua opinião, os cientistas concordariam com a visão do papa sobre a criação do mundo no discurso que fez na Pontifícia Academia de Ciências? Discuta o assunto com os colegas e com o professor.

As primeiras sociedades

O Período Paleolítico

Os historiadores dão o nome de Paleolítico ou Idade da Pedra Lascada ao período mais remoto da história dos seres humanos, quando eles abrigavam-se em cavernas e faziam instrumentos de lascas de pedra, ossos e madeira.

Esses grupos humanos eram nômades, ou seja, deslocavam-se de um lugar para outro em busca de melhores condições de sobrevivência; o trabalho era coletivo: a caça, a pesca e o corte de lenha eram tarefas dos homens, já as mulheres coletavam frutos, preparavam os alimentos e cuidavam das crianças. Evidências sugerem que alguns grupos humanos aprenderam a fazer o fogo há cerca de 1 milhão de anos. Aqueles que dominavam essa técnica apresentavam vantagem em relação aos demais: as fogueiras serviam para se aquecer, afugentar animais, iluminar o interior da caverna, acender tochas e cozinhar alimentos.

O Período Neolítico

Pesquisas indicam que, por volta de 12 mil anos atrás, alguns grupos humanos aprenderam a domesticar animais e a praticar agricultura (como pode-se observar no mapa abaixo). Esse fato diminuiu a necessidade de deslocamento em busca de comida, tornando-os seminômades, e marcou o início do período denominado Neolítico ou Idade da Pedra Polida. Nesse mesmo processo, houve grupos humanos que se tornaram sedentários, ou seja, fixaram-se em um território, formando aldeias. Nesses locais, as terras e os instrumentos de trabalho eram de uso coletivo. Os homens fabricavam armas e instrumentos de trabalho com a técnica de polimento de pedras, ossos e madeira, construíam abrigos e caçavam; já as mulheres cuidavam das crianças, plantavam, cozinhavam e produziam utensílios de palha e cerâmica.

zoom: De que forma a domesticação de animais ajudou os seres humanos do Neolítico a sobreviver?

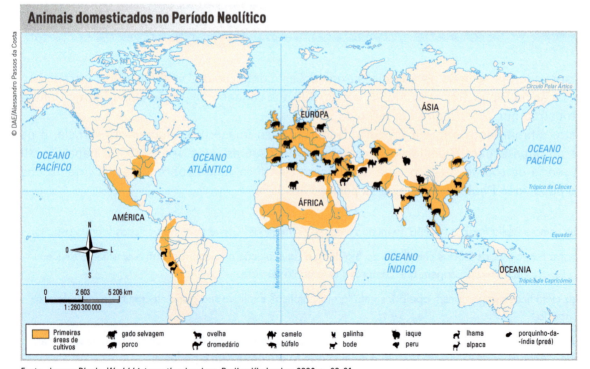

Fonte: Jeremy Black. *World history atlas*. Londres: Dorling Kindersley, 2008. p. 20-21.

Artes, crenças e invenções na Pré-História

No longo período da Pré-História, os seres humanos criaram diferentes formas de expressar seu cotidiano e suas crenças e desenvolveram conhecimentos que os ajudaram a sobreviver.

Produção cultural

Os humanos pré-históricos fizeram inúmeras pinturas dentro de cavernas, utilizando restos de carvão e tinta produzida com folhas, sangue, urina e terra. Esses desenhos, chamados de arte rupestre, revelam o modo de vida de nossos ancestrais, com cenas de caça, guerra e coleta.

Pinturas rupestres na Caverna de Chauvet, na França, 2014.

As pinturas encontradas nessa caverna foram feitas entre 30 mil e 32 mil anos atrás.

Outra manifestação cultural da Pré-História são as estatuetas femininas, esculpidas em pedra ou osso, encontradas em diversas partes do mundo.

A função das pinturas rupestres e estatuetas não era decorativa. Elas são consideradas manifestações artísticas do período e geralmente representam aspectos do cotidiano.

Foram encontrados indícios de que os primeiros grupos humanos também costumavam enterrar os mortos em cavernas ou túmulos coletivos, que eram demarcados por grandes blocos de pedra.

Invenções

No Período Neolítico, a invenção da roda e de embarcações tornou mais rápida a locomoção para lugares distantes. A agricultura gerou a necessidade de novos objetos, como potes de cerâmica, usados para armazenar os grãos e cozinhar os alimentos. O arado com tração animal, as pás, as enxadas e as foices facilitaram o trabalho de plantio e de colheita.

Entre 5000 a.C. e 4000 a.C., algumas sociedades neolíticas desenvolveram técnicas de **fundição de metais**. Inicialmente, fundiam o cobre e o empregavam na manufatura de vários objetos, depois passaram a usar o bronze e o ferro, materiais mais resistentes, com os quais faziam instrumentos de trabalho, utensílios e armas. Posteriormente, no início da Idade Antiga, diferentes sociedades usavam metais para fabricar joias e **adornos**.

> **Glossário**
> **Adorno:** peça decorativa.
> **Fundição de metal:** processo de aquecimento de metal em altas temperaturas, para que seja possível amolecê-lo e moldá-lo.

Partes de machado e martelo datados de 4000 a.C. encontrados em Belgrado, Sérvia.

23

As primeiras cidades

Como vimos, no Período Neolítico, comunidades sedentárias passaram a praticar agricultura, criar animais, fazer utensílios variados, bem como produzir vestimentas e alimentos.

No entanto, havia situações nas quais não se consumia tudo o que a comunidade produzia, gerando uma sobra. Essa sobra, chamada de excedente, começou a ser armazenada para ser utilizada quando fosse necessário, como em períodos de seca ou de inverno, e passou a ser trocada por produtos de que a comunidade necessitava, o que representou o início da atividade comercial, apenas trocando um produto pelo outro – prática conhecida como escambo.

O modo de vida dessas comunidades foi se tornando mais complexo e as pessoas passaram a aprender e a se dedicar a apenas um **ofício**.

> **Glossário**
> **Ofício:** tipo de ocupação; profissão que alguém exerce.
> **Politeísta:** indivíduo ou grupo que acredita e cultua diferentes divindades.

O surgimento das primeiras cidades

Essas transformações deram origem às primeiras cidades, nas quais as sociedades desenvolviam novas formas de viver e organizar e dividir o trabalho. Com o tempo, a população aumentou, assim como a necessidade de segurança, de regras, e de pessoas que exercessem a justiça. Para dar conta desses novos desafios, surgiram os primeiros governos, exercidos por reis. Em algumas cidades houve a necessidade de registrar informações e acontecimentos. Para isso, foram criados os primeiros sistemas de escrita e de numeração. Além disso, essas sociedades eram **politeístas**.

Nem todas as comunidades que viveram no fim do Período Neolítico passaram pelas mesmas transformações; naquela época existiam comunidades nômades, seminômades, sedentárias e aquelas que viviam em cidades.

O mapa a seguir indica o local e a época do surgimento de algumas cidades. Observe como elas se originaram em diferentes tempos e espaços.

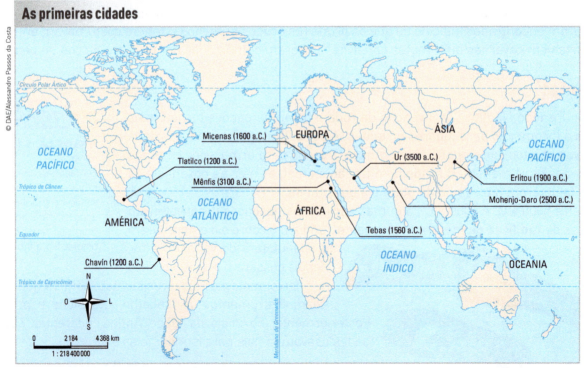

Fonte: Jeremy Black. *World history atlas*. Londres: Dorling Kindersley, 2008. p. 24-25, 26-27, 30-31.

Atividades

1 Leia o texto a seguir que analisa a teoria do Big Bang e responda ao que se pede.

[...] Para os cientistas, tudo o que existe no universo veio de uma bolha que, há cerca de 10 ou 20 bilhões de anos, surgiu em um tipo de "sopa" quentíssima e começou a crescer, dando origem a toda a matéria que conhecemos.

[...] Os cientistas chamam essa teoria que tenta explicar a origem de todas as coisas de Big Bang, expressão em inglês que quer dizer "Grande Explosão".

[...] nem todos os cientistas concordam sobre detalhes do Big Bang. Uns acreditam que a matéria existente no Universo formou primeiramente as galáxias, que ficaram tão grandes que se quebraram e os pedaços viraram as primeiras estrelas. Outros acham que ocorreu o contrário: primeiro surgiram as estrelas e, aos poucos, elas foram se juntando e formaram as galáxias.

Seja como for, as galáxias povoaram todo o Universo. É raro existir uma galáxia isolada. Elas tendem a se juntar em grupos, que podem incluir desde dezenas de galáxias até superaglomerados, com milhares delas. A Via Láctea, galáxia onde estão o Sol e os oito planetas (Júpiter, Saturno, Urano, Netuno, Terra, Vênus, Marte e Mercúrio), formou-se nessa fase.

Há outras teorias para explicar a origem do Universo, mas por enquanto o Big Bang é a teoria mais aceita. Com o passar do tempo, os cientistas foram reunindo dados para provar que o Big Bang realmente aconteceu. Com os telescópios modernos, eles têm conseguido observar cada vez mais longe o Universo, e com o satélite norte-americano Cobe, eles puderam "fotografar" um momento muito próximo à origem do Universo.

Laerte Sodré Júnior. *Ciência Hoje das Crianças*. Disponível em: <chc.org.br/big-bang-como-tudo-comecou/>. Acesso em: ago. 2018.

a) O que é a teoria do Big Bang e como ela explica a origem do planeta Terra?

b) De acordo com o texto, todos os cientistas concordam com a teoria do Big Bang? Justifique.

c) Que características diferenciam as explicações mitológicas da origem do Universo da explicação proposta pelos cientistas?

2 O que diferencia as teorias científicas das explicações religiosas ou mitológicas sobre a origem dos seres humanos?

3 Por que as pinturas e gravuras rupestres podem ser consideradas uma forma de expressão artística? Que informações elas contêm sobre os grupos que as produziram ou sobre a época em que foram feitas?

4 Leia o texto sobre as trocas comerciais no Saara.

As trocas comerciais através do Saara podem ser entendidas a partir de diferentes fontes: as fontes arqueológicas, escritas e também orais. As fontes arqueológicas consistem principalmente nas famosas gravuras e pinturas rupestres de que foi extraída a teoria das "estradas dos carros". Ou seja, a presença de carros puxados por bois nessas imagens mostra que esses animais, bem como os cavalos, eram usados nas trocas a longa distância, até a aparição dos camelos, que tinham sido uma raridade na África do Norte até o começo da nossa era.

Elikia M'Bokolo. *África negra: história e civilizações*. São Paulo: Casa das Áfricas; Salvador: EDUFBA, 2009. p. 34. Tomo I.

a) Com base no texto, explique como as pinturas rupestres fornecem informações sobre o uso de bois e cavalos como animais de tração nas rotas do Saara.

b) Elabore uma hipótese que explique por que, a partir do início de nossa era, os camelos passaram a ser utilizados como animais de tração nas rotas do Saara.

5 Observe o mapa da página 24. Note que a maioria das cidades indicadas nele se originou em regiões próximas a grandes rios. Agora que você sabe como ocorreu a sedentarização humana, pense em uma hipótese que possa explicar por que algumas dessas cidades surgiram perto de rios.

Caleidoscópio

Sedentarismo na África e desertificação

Atualmente, o Deserto do Saara ocupa uma área no norte da África do tamanho da Europa, mas nem sempre foi assim. Há cerca de 12 mil anos, o clima da região era mais úmido, com rios, lagos e vegetação rasteira, além de arbustos e pequenas árvores. Havia também muitos animais, o que teria atraído grupos nômades em busca de alimentos.

c. 14 000 a.C.

8 000 a.C. - 6 000 a.C. — Próximo aos rios e lagos da África Oriental, formaram-se algumas comunidades seminômades e outras sedentárias, que sobreviviam basicamente da pesca.

Já na África Ocidental, algumas plantas e animais tinham sido domesticados por comunidades sedentárias. O cultivo de tâmaras, cevada e sorgo, bem como a criação de bois, complementavam a alimentação obtida por meio da pesca, da caça e da coleta. Essas atividades mantiveram-se por quase 2 mil anos.

c. 7 000 a.C.

O clima na região do Saara sofreu grandes mudanças ao longo de milhares de anos. Por volta de 5 000 a.C., houve longos períodos de seca e aumento da temperatura, o que provocou o desaparecimento de rios e lagos e a morte da vegetação e dos animais. Aos poucos, o que um dia foi floresta se transformou em deserto.

c. 5 000 a.C.

Presente

Ao longo desse tempo, as comunidades aprenderam a viver ali, mesmo com pouca água e comida. Hoje, mais de 2 milhões de pessoas vivem no Saara – é o caso dos povos berberes, um dos mais antigos a habitar o continente africano.

O que significa desertificação?

É o processo pelo qual o clima de uma região se altera, de forma natural ou por ação humana, tornando-se mais seco e levando à formação de desertos. No Saara isso aconteceu naturalmente, mas algumas vezes pode ser consequência da ação humana.

Adaptação e modificação do espaço

Os seres humanos são os únicos animais capazes de viver em qualquer lugar e em todos os climas. Isso é possível porque nos adaptamos e também modificamos o lugar onde vivemos. Essas alterações tanto podem ser superficiais, impactando menos a natureza, quanto profundas, causando alterações das quais a natureza muitas vezes não consegue se recuperar.

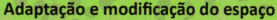

O mar que virou deserto

O Mar de Aral, localizado na Ásia Central, já foi o quarto maior lago do mundo, até por isso era chamado de mar. No entanto, ele vem sofrendo um intenso processo de desertificação desde a década de 1960.

A intervenção do ser humano na natureza está relacionada às principais causas desse desastre:
- desmatamento nas regiões próximas para o plantio de algodão;
- desvio da água dos rios que alimentavam o lago para a irrigação de plantações em outras regiões. Muita água desviada de seu curso natural, pouco ou nada chegando ao mar. Hoje, a região transformou-se num deserto.

Barcos abandonados no deserto que um dia foi o leito do Mar de Aral, no Uzbequistão, 2017.

Imagens de satélite mostram o avanço da desertificação do Mar de Aral no período de apenas 20 anos.

1. Como é possível que os seres humanos consigam sobreviver em qualquer lugar e em qualquer clima?
2. Aponte as diferenças entre o processo de desertificação ocorrido no Mar de Aral e no Saara.

CAPÍTULO 3 — Primeiros povos na América

Até poucas décadas atrás, os conhecimentos sobre Pré-História concentravam-se nos estudos de sítios arqueológicos localizados, sobretudo, na África e na Europa.

Recentemente, muitas pesquisas têm sido realizadas em sítios arqueológicos da América, revelando informações sobre o modo de vida dos antepassados dos indígenas, conhecidos como ameríndios, que habitavam esse continente na época em que chegaram os europeus.

Como e quando ocorreu o povoamento da América? Esse tema é alvo de debates entre cientistas e até o momento nenhum estudo se mostrou conclusivo. A análise de vestígios de esqueletos humanos encontrados em sítios arqueológicos espalhados pelo continente indica que, provavelmente, ocorreram diferentes ondas migratórias em direção à América.

Por essas razões, é possível que o conhecimento sobre o processo de povoamento da América se modifique bastante nas próximas décadas, com novas descobertas que deem origem a teorias inovadoras para explicar esse evento.

Vaso de cerâmica de aproximadamente 1000 a 1500 anos atrás. Encontrado em Santarém (PA).

> **Ampliar**
>
> **Os primeiros habitantes do Brasil**, de Norberto Luiz Guarinello (Atual).
>
> O autor do livro é historiador e apresenta pesquisas sobre diversos povos pré-históricos do Brasil, sobretudo o modo de vida e a rica cultura material dessas sociedades.

Cultura e trabalho nas sociedades ameríndias

As sociedades ameríndias desenvolveram diferentes culturas. Alguns grupos sobreviviam exclusivamente de caça, pesca e coleta e utilizavam arco e flecha, facas feitas de pedra e **boleadeiras**.

Com base em pesquisas da cultura material encontrada em sítios arqueológicos, concluiu-se que, entre 4 mil e 7 mil anos atrás, sociedades ameríndias utilizavam madeira, ossos, conchas e pedras para confeccionar diferentes objetos.

Provavelmente entre 2 mil e 4 mil anos atrás, havia grupos de ameríndios que praticavam a agricultura e a criação de animais. Diversos alimentos eram cultivados, dependendo da região: mandioca, feijão, abóbora, pimentão, tomate, milho, batata, abacate, cacau. Foram domesticados na América animais como a lhama e o peru. Além disso, os ameríndios desenvolveram a tecelagem e o artesanato em cerâmica e realizavam rituais religiosos.

> **Glossário**
>
> **Boleadeira:** instrumento utilizado por caçadores ameríndios para imobilizar animais, impedindo ataques e fugas.

Vestígios da Pré-História no Brasil

Estudos indicam que, milhares de anos atrás, o ambiente nas terras onde mais tarde seria o Brasil era diferente do atual. O nível do mar era mais baixo, o que tornava o litoral mais extenso. Os **cerrados** cobriam grande parte do território e as florestas eram menores. O clima era mais seco e frio. Já havia animais como tatus, preguiças, antas, macacos, além da preguiça-gigante e o tigre-dente-de-sabre, animais extintos atualmente.

Os vestígios mais antigos já encontrados sobre os primeiros habitantes que viviam nessas terras estão no sítio arqueológico da Pedra Furada, parte do Parque Nacional Serra da Capivara, no estado do Piauí. Ali foram encontrados objetos de pedra e inúmeras pinturas rupestres, nas quais estão registrados elementos da flora e da fauna e cenas de caça, coleta, danças e guerras.

No mesmo local foram descobertos restos de carvão que, para alguns pesquisadores, teriam sido utilizados em fogueiras, por isso são considerados vestígios de atividades humanas. De acordo com os testes que revelaram a idade desses e outros vestígios encontrados na região, a presença humana na América seria bastante antiga, datada de 60 mil a 100 mil anos atrás.

Sítios arqueológicos de Minas Gerais também fornecem evidências dos primeiros grupos americanos. Em Lagoa Santa, por exemplo, foram encontrados objetos pontiagudos de pedra e ossos, além de sepulturas com ossadas humanas de adultos e crianças.

Pata fossilizada de preguiça-gigante encontrada no Parque Nacional Serra da Capivara, São Raimundo Nonato (PI).

Diversas pesquisas comprovam que os grupos de caçadores e coletores que ocuparam o território brasileiro na Pré-História conviveram com animais, como as preguiças-gigantes, desaparecidas há mais de 10 mil anos.

Os habitantes dos sambaquis

Há evidências de que aproximadamente 6 mil anos atrás, no litoral das atuais regiões Sul e Sudeste do Brasil, viveram comunidades que se sedentarizaram na região graças à abundância de alimentos obtidos por pesca, coleta de moluscos e caça. Esses povos viviam em montanhas de conchas, chamadas sambaquis, que foram se acumulando ao longo dos séculos.

Em sambaquis, arqueólogos encontraram esculturas feitas com ossos de baleia, objetos feitos com dente de tubarão, instrumentos de pedra polida e sepulturas, entre outros itens de grande importância arqueológica.

Glossário

Cerrado: formação vegetal com árvores de aparência seca e caules retorcidos revestidos por casca espessa, entre outras espécies de arbustos e gramíneas. É a segunda maior cobertura vegetal do Brasil.

zoom
Por que os sítios arqueológicos são importantes para o estudo da Pré-História no Brasil?

À medida que as pesquisas em sítios arqueológicos no território brasileiro se ampliarem, outras informações poderão complementar ou modificar as teorias atuais sobre o modo de vida dos povos dos sambaquis.

Sambaqui no Cabo de Santa Marta. Laguna (SC), 2017.

SÍTIOS ARQUEOLÓGICOS MAIS ANTIGOS DO BRASIL

Há cerca de 20 mil sítios arqueológicos espalhados por todo o território brasileiro. Cada sítio tem características peculiares que lhe dão relevância arqueológica.

Considerados por lei patrimônio da União, devem contar com proteção especial, pois há grande interesse na preservação da memória coletiva e da própria história do povo brasileiro e das Américas.

Veja a seguir a localização de alguns dos sítios arqueológicos mais antigos do Brasil.

1. Parque Nacional Serra da Capivara (São Raimundo Nonato – PI)
2. Trapiá (Angicos – RN)
3. Pedra do Caboclo (Bom Jardim – PE)
4. Gruta dos Brejões (Morro do Chapéu – BA)
5. Caiapônia (Palestina de Goiás – GO)
6. Parque Nacional Cavernas do Peruaçu (Januária – MG)
7. Lapa do Poseidon (Montalvânia – MG)
8. Parque Nacional da Serra do Cipó (Santana do Riacho – MG)
9. Gruta do Gentio (Unaí – MG)
10. Lapa Vermelha (Lagoa Santa – MG)
11. Serranópolis (GO)
12. Alice Boer (Rio Claro – SP)
13. Arroio Cancela (Santa Maria – RS)

Parque arqueológico formado por conjunto de chapadas e vales que abriga vários sítios arqueológicos com pinturas e gravuras rupestres, está na lista de Patrimônio Mundial pela Unesco.

O estado de Goiás possui diversos sítios arqueológicos. A pintura rupestre de um mamífero está localizada em um desses sítios, no município de Palestina de Goiás.

Um crânio com aproximadamente 11 mil anos foi encontrado no sítio arqueológico da Lapa Vermelha em 1975. Pesquisadores descobriram que pertencia a uma mulher. Batizada de Luzia, é um dos fósseis mais antigos da América. Na imagem, reconstituição facial com base no fóssil encontrado.

Pintura rupestre com idade aproximada de 11 mil anos, representando símbolos variados, em Serranópolis, Goiás.

A escavação nos sítios é relacionada ao processo geológico de estratificação do solo. Ao retirar as peças do solo, o arqueólogo apaga ou altera os vestígios do passado, por isso é necessário elaborar uma documentação precisa e rigorosa.

CAMADAS DO SOLO

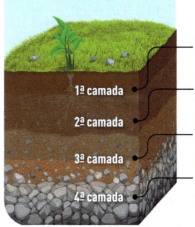

- **Camadas de cima:** resultam de ações recentes.
- **Peças encontradas em estratos próximos à superfície:** ocupação humana
- **Camadas inferiores:** resultam de ações antigas.
- **Peças em estratos profundos:** relacionadas a uma ocupação bem mais antiga.

Fontes: Ana Maria B. Neves e Flávia Ricca Humberg. *Os povos da América: dos primeiros habitantes às primeiras civilizações urbanas.* São Paulo: Atual, 1996. p. 23; Norberto Luiz Guarinello. *Os primeiros habitantes do Brasil.* São Paulo: Atual, 1994. p. 12; Patrimônio arqueológico. IPHAN. Disponível em: <http://portal.iphan.gov.br/>. Acesso em: jul. 2018.

As sociedades amazônicas

Por oferecer uma variedade muito grande de recursos naturais, a região amazônica passou a atrair diversos grupos nômades, que começaram a viver no interior das florestas e nas proximidades de rios e outras fontes de água. Com o tempo, alguns desses grupos se sedentarizaram e formaram grandes sociedades amazônicas.

Essas sociedades inicialmente praticavam caça, pesca e coleta de frutos e sementes. Aos poucos, as atividades de extração e consumo de recursos naturais causaram grandes modificações na paisagem. As sementes de árvores e outras plantas eram descartadas, o que propiciou a disseminação pelas terras da região. Esse processo fez com que as sociedades passassem a dominar práticas agrícolas, o que possibilitou o crescimento populacional das sociedades que se estabeleceram na região, dando origem a grandes civilizações, como as culturas marajoara e tapajônica, no atual estado do Pará, e as da região do Alto Xingu, no norte do estado de Mato Grosso.

Vista aérea do sítio arqueológico com as ruínas de Kuhikugu, considerada a maior cidade das sociedades amazônicas citadas no texto. Região do Xingu, Querência (MT), 2018.

As sociedades amazônicas se organizavam em aldeias que se interligavam e podiam formar grandes complexos urbanos. Além disso, desenvolveram técnicas complexas de artesanato, cerâmica e produção de ferramentas diversas.

Documentos em foco

Em setembro de 2003, pesquisadores da Universidade da Flórida desenterraram vestígios de extensos **assentamentos** urbanos na região amazônica do Alto Xingu […]. A área […] escondia sob a copa das árvores, segundo os pesquisadores, uma série de aldeias, com praças, pontes, fossos e estradas, "matematicamente paralelas", de até 50 metros de largura. De acordo com o pesquisador-chefe da universidade, Michael Heckenberger, os restos dessa cidade perdida revelam um "conhecimento astronômico e matemático muito sofisticado, algo como o que associamos à construção das pirâmides". Acredita-se que as aldeias tenham sido construídas entre quinhentos e mil anos atrás […] Novas evidências de uma civilização amazônica desaparecida surgiram em junho de 2006, quando arqueólogos descobriram ruínas de um suposto observatório astronômico de dois mil anos, construído com pedras, no Amapá. […]

Chris Burden. Louco, aventureiro e místico. In: Luciano Figueiredo (Org.). *História do Brasil para ocupados*. Rio de Janeiro: Casa da Palavra, 2013. p. 92-93.

Glossário

Assentamento: comunidade que ocupa uma região e vive nela.

1. Que vestígios de uma provável cidade perdida na Amazônia foram encontrados por pesquisadores da Universidade da Flórida?

2. Os vestígios encontrados pelos pesquisadores sugerem que o povo que construiu a suposta cidade tinha domínio de quais conhecimentos?

1. Observe atentamente as duas imagens e faça o que se pede.

Vasilha de cerâmica produzida por povos anasazi, cujas populações viviam nos Estados Unidos há cerca de 3200 anos.

Eram agricultores sedentários e cultivavam feijão, milho, abóbora e tabaco.

Recipiente de cerâmica produzido por povos da cultura paracas, cujas populações viviam na costa sul do atual Peru entre 2500 e 2000 anos atrás.

Esses povos produziram muitas peças de cerâmica, conheciam técnicas de irrigação de plantações e desenvolveram amplamente a tecelagem.

a) Formule uma hipótese para explicar de que modo os anasazi usavam a vasilha (prato) de cerâmica.
b) Elabore uma hipótese para explicar de que modo os paracas usavam o vaso de cerâmica.
c) Que tipo de informação esses dois objetos nos fornecem sobre as sociedades que os produziram? Justifique sua resposta.

2. Observe o infográfico "Sítios arqueológicos mais antigos do Brasil", nas páginas 30 e 31. Em quais estados se localizam os sítios arqueológicos indicados no mapa? Se necessário, consulte um mapa com a divisão política brasileira.

3. Em seu estado ou cidade há algum sítio arqueológico? Se houver, qual é o nome dele?

4. O trecho a seguir é um pequeno fragmento da obra do jornalista Reinaldo José Lopes, na qual ele analisa o modo como estavam organizadas diversas sociedades indígenas que viveram no atual território brasileiro antes da chegada dos europeus. Leia atentamente o texto e responda às questões.

> Temos ótimas razões para acreditar que a ação humana moldou boa parte da composição de espécies da Amazônia para seus próprios fins ao longo de milênios, tornando a mata muito mais amigável a transeuntes humanos do que provavelmente era antes que o *Homo sapiens* chegasse à América do Sul.
>
> Reinaldo José Lopes. *1499: o Brasil antes de Cabral*. Rio de Janeiro: Harper Collins, 2017. Arquivo digital sem paginação.

a) De acordo com o texto, a paisagem amazônica é resultado apenas de interações naturais sem a intervenção dos seres humanos? Justifique sua resposta.
b) De que modo é possível relacionar o trecho do texto com o surgimento de grandes sociedades amazônicas no passado?

33

CAPÍTULO 4
Cultura e trabalho nas sociedades pré-colombianas

No passado, os territórios onde hoje estão Peru, México, Bolívia, Guatemala e Chile eram habitados por grandes sociedades, e as que mais se destacaram foram as maia, asteca e inca. Esses povos dominavam o cultivo de muitos alimentos consumidos na atualidade, como diversas espécies de milho, batata, tomate e pimenta, e iniciaram a criação de animais como a lhama, utilizada para transportar pessoas e mercadorias. Eles também elaboraram sofisticados conhecimentos técnicos e desenvolveram Estados que abrigavam milhões de pessoas.

Algumas dessas sociedades estavam no auge quando os europeus chegaram à América, no final do século XV. Esse contato acabou por desestruturá-las, além de resultar na morte de milhões de pessoas. Ainda assim, a cultura que elas criaram permanece e é um dos elementos centrais para entender como vivem muitos povos americanos no presente.

Mulheres do povo quechua, que fazia parte da sociedade maia, em dança tradicional. Sangolquí, Equador, 2017.

Astecas, maias e incas

Em diversas partes da América formaram-se sociedades marcadas pelo excedente agrícola, o que possibilitou a prática do comércio, a formação de cidades complexas, o desenvolvimento de sistemas de escrita e de numeração, e técnicas de cerâmica, metalurgia e tecelagem.

Três importantes sociedades que se desenvolveram segundo esse modo de organização social foram os astecas e os maias, que ocuparam regiões da América do Norte e da América Central, e os incas, na América do Sul. É importante ressaltar que esses três povos não foram os únicos que desenvolveram técnicas agrícolas capazes de alimentar um grande número de pessoas. Em outras regiões da América, como na região amazônica, também surgiram importantes sociedades agricultoras.

Os maias

O povo maia habitava territórios onde hoje estão situados México, Belize, Guatemala, El Salvador e Honduras. Seus antepassados provavelmente chegaram à América Central por volta de 1500 a.C.

Ao longo do processo de sedentarização, os maias aprenderam a praticar a agricultura. Cultivavam gêneros como milho, feijão, abóbora, tomate, algodão e cacau e criavam animais de pequeno porte. Desenvolveram sistemas de irrigação que levavam a água de regiões alagadas para as mais secas. Confeccionavam peças de cerâmica, faziam joias, armas e estatuetas de ouro, cobre e pedras preciosas e praticavam comércio com povos vizinhos.

Os maias estabeleceram rotas comerciais que percorriam diversas regiões da América Central e da América do Norte e conseguiam, assim, controlar o abastecimento de importantes matérias-primas na região. Esse fator proporcionou o enriquecimento das cidades maias, especialmente entre os séculos VII e X.

Cada cidade maia tinha governo, economia, leis e exército próprios, o que as caracterizava como **cidades-Estado**. Os reis maias eram muito poderosos, dirigiam a política interna e externa e eram auxiliados por um Conselho de Estado.

Fonte: José Jobson de A. Arruda. *Atlas histórico básico*. 17. ed. São Paulo: Ática, 2011. p. 21.

Glossário

Cidade-Estado: cidade que tem governo próprio e organiza as leis, define os impostos, controla o exército e exerce justiça local; a autoridade desse governo é válida e respeitada pela população que vive dentro das fronteiras da cidade.

Cultura maia

Os maias desenvolveram estudos de Astronomia e Matemática que utilizavam nas práticas agrícolas. Construíram templos, pirâmides e canais de irrigação, e criaram um calendário solar e um sistema de escrita hieroglífica e ideográfica.

A religião maia era politeísta e seus deuses representavam forças da natureza. Em troca de proteção e boas colheitas, os maias ofereciam aos deuses jejuns, preces, danças rituais e sacrifícios humanos. As cerimônias religiosas eram realizadas no alto das pirâmides para que todo o povo pudesse assistir.

Escultura maia que representa o deus da chuva, c. 1200 a.C. a 1500 a.C.

Enfraquecimento político

Antes da conquista europeia, a sociedade maia já estava enfraquecida, talvez pela falta de unidade política e pela rivalidade entre as cidades-Estado. A situação foi agravada por furacões, epidemias, empobrecimento da população e enfraquecimento das crenças. Apenas a península de Iucatã escapou a esse declínio. Em 1523, o espanhol Pedro de Alvarado, vindo do México, liderou a dominação dos maias.

Os astecas

O povo asteca chegou à região que corresponde ao atual Vale do México na metade do século XIV. Lá fundaram sua capital, Tenochtitlán, que encantou os espanhóis com sua beleza e seu planejamento. Entre os séculos XV e XVI, os astecas expandiram seu território e conquistaram muitos povos, formando um império bastante poderoso.

Aproveitaram o excesso de água de solos pantanosos para irrigar as áreas secas e plantavam diversos gêneros de frutas, grãos e leguminosas. Produziam peças artesanais com cobre, bronze, ouro, prata, plumas e corantes.

A sociedade asteca era composta de nobres, sacerdotes, militares, comerciantes, artesãos, camponeses e escravos de guerra. A cobrança de tributos dos povos conquistados fez com que riquezas diversas chegassem às cidades astecas. Isso ampliou as redes comerciais e possibilitou o enriquecimento de setores importantes da sociedade.

Fonte: José Jobson de A. Arruda. *Atlas histórico básico*. 17. ed. São Paulo: Ática, 2011. p. 21.

Cultura asteca

zoom Que atividades do cotidiano asteca você identifica na imagem abaixo?

Os astecas eram politeístas e praticavam sacrifícios humanos; acreditavam que agradar aos deuses evitaria que o mundo mergulhasse no caos. Construíram praças, edifícios públicos, templos, escolas, mercados e casas. Elaboraram dois calendários detalhados, um solar e um religioso, e desenvolveram a escrita hieroglífica e a pictórica, baseadas em desenhos que representavam ideias.

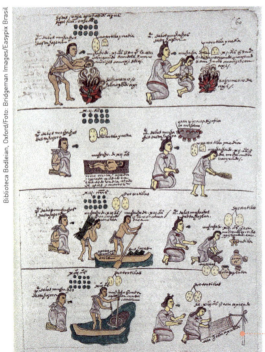

Trecho de uma página do *Codex Mendoza*, c. 1541-1542.

Esse documento traz informações sobre a sociedade asteca e foi encomendado pelo primeiro vice-rei da Nova Espanha, Antonio de Mendoza. As ilustrações mostram cenas do cotidiano e foram pintadas por astecas.

Enfraquecimento político

Em 1519, os espanhóis chegaram ao território asteca, liderados por Hernán Cortez. Inicialmente, os astecas acreditaram que os conquistadores fossem divindades, pois esperavam o dia em que o deus Quetzalcóatl chegaria pelo mar para viver com seu povo.

No entanto, ao perceberem que se tratava de uma invasão, os astecas iniciaram a guerra. O uso de armas de fogo e cavalos, além da transmissão de doenças como varíola e gripe, contribuíram para a vitória espanhola. Em 1521, o líder asteca Montezuma foi morto e seu povo, destruído.

As cidades incas – 1532

Quipo peruano, c. 1430-1530.

Os cordões dos quipos eram feitos de algodão ou de lã. A posição do nó e sua quantidade indicavam valores numéricos em um sistema decimal. As cores do cordão, por sua vez, indicavam o item que estava sendo contado; para cada atividade (agricultura, exército, engenharia etc.) era usada uma simbologia própria de cores.

Os incas

O povo inca ocupava uma extensa faixa de terras da América do Sul e, por volta do século XII, fundou a capital, Cuzco, estendendo sua dominação aos demais povos da região. Uma ampla rede de estradas e pontes e um eficiente sistema de correios facilitavam o controle do imperador sobre as regiões e o contato entre elas.

A sociedade inca era organizada em comunidades chamadas *ayllus*, cada uma com sua divindade protetora e seu chefe local. A população era composta de nobres, sacerdotes, militares, funcionários públicos, artesãos, camponeses e escravos. Uma parte das terras cultiváveis e dos rebanhos pertencia ao imperador e, em troca, o povo recebia alimentos e roupas.

Nas regiões montanhosas dos Andes, os incas desenvolveram a técnica da agricultura em terraços. Para irrigar o solo, construíram canais que traziam a água das geleiras andinas. Criavam alpacas, lhamas e vicunhas, que aproveitavam para transporte e fabricação de lã. Faziam artesanato com couro e metais diversos e praticavam principalmente o escambo, isto é, a simples troca de produtos.

Fonte: José Jobson de A. Arruda. *Atlas histórico básico*. 17. ed. São Paulo: Ática, 2011. p. 21.

Cultura inca

Os incas eram politeístas e seus principais deuses eram o Sol e Wiracocha. Raramente faziam sacrifícios humanos; o mais comum era o sacrifício de animais.

Eles desenvolveram uma escrita muito original: os **quipos**, palavra que significa "nó" na língua inca. Essa escrita era interpretada por especialistas chamados *quipucamayocs*, que anotavam informações, estabeleciam estatísticas e transmitiam ordens.

Ruínas de construções revelam que os incas tinham conhecimentos de Arquitetura e Engenharia. Tinham também noções de Astronomia e Astrologia, que utilizavam para elaborar seu calendário e prever chuvas ou secas.

Enfraquecimento político

Em 1532, os espanhóis, liderados por Francisco Pizarro, atacaram e saquearam territórios incas. No período, os irmãos Atahualpa e Huáscar, herdeiros do império, lutavam pelo trono; o primeiro assassinou o irmão e tomou o poder.

Divididos por essas lutas internas, os incas tiveram dificuldades para enfrentar os conquistadores e, em 1533, Atahualpa foi preso e executado a mando de Pizarro. As principais cidades foram destruídas e o Império Inca foi derrotado.

Documentos em foco

Muitos povos pré-colombianos explicavam sua origem por meio de mitos. Era um modo de interpretar e entender o mundo em que viviam. Os dois textos a seguir são fragmentos dos mitos de criação do mundo entre os maias e os incas. Leia-os atentamente e responda às questões.

Não havia ainda nenhuma pessoa, nenhum animal, pássaro, peixe, caranguejo, árvore, pedra, buraco, desfiladeiro, campo ou floresta. Por si só o céu existiu; a face da Terra ainda não era visível. Por si só o mar ficou represado; não havia mais nada, o que quer que fosse. Tudo em repouso, cada coisa feita silenciosamente. Feita invisível, feita para descansar no céu.

Não havia de fato nada então que estivesse imóvel lá: só a água retida, só o mar liso, por si só ele se estendia represado. Não havia nada então, nada que pudesse ter existido de fato: era só quietude, na escuridão, na noite. Apenas os Pais estavam na água, luminosos eram eles então. E cobertos de penas de quetzal e de pombo, verde-água.

Kenneth Davis. *Tudo o que precisamos saber, mas nunca aprendemos sobre mitologia*. Rio de Janeiro: Difel, 2016. Arquivo digital sem paginação.

O Sol, pai dos seres humanos, enviara dois de seus filhos, Manco Capac e Mama Ocllo, para reunirem as tribos em comunidades e ensinar-lhes a vida civilizada. O casal celestial partiu da ilha do Sol no lago Titicaca. Manco Capac levava um bastão de ouro e Mama Ocllo um fuso de prata. Cruzaram o lago numa barca de ouro. O Sol ordenara-lhe fixarem morada no local em que o sagrado bastão se enterrasse sem esforço no solo. No vale do Cuzco, cujo significado é o de "umbigo do mundo", o bastão enterrou-se e desapareceu para sempre. Ali, os filhos do Sol estabeleceram residência. Manco Capac instruiu os homens nos trabalhos da agricultura, e Mama Ocllo ensinou às mulheres os misteres da fiação e da tecelagem.

Os caciques quíchuas, que se diziam descendentes de Manco Capac e de Mama Ocllo, denominaram-se incas. Existiram treze incas; a partir do sexto tornaram-se imperadores.

Antonieta Dias de Moraes (Org.). *Contos e lendas do Peru*. São Paulo: Martins Fontes, 1989. p. 23-24.

Encenação da chegada de Manco Capac e Mama Ocllo durante celebração folclórica sobre a criação do mundo realizada anualmente. Província de Puno, Peru, 2010.

1. De acordo com o primeiro relato, como as coisas estavam organizadas no início?

2. Como o segundo mito explica a origem dos incas?

3. Você conhece algum outro mito ou crença religiosa sobre a origem do mundo e de um povo? Explique brevemente como o mito narra essa origem.

Atividades

1 Leia o texto a seguir, que analisa a organização política do Império Inca, e faça o que se pede.

> O imperador era assistido em suas tarefas governamentais por um conselho de quatro membros, cuja opinião consultava antes de tomar qualquer decisão importante. Os membros do conselho, [eram] intitulados apu [...]. Abaixo dos apu vinham os tukriquq, ou seja, os governadores de província. Os tukriquq residiam na cidade, que constituía o lugar principal da circunscrição de que estavam encarregados, incluindo uma ou várias chefias. Eles representavam o soberano junto às populações locais e em seu nome exerciam a justiça em todos os assuntos que escapavam à competência dos chefes tradicionais.
>
> Henri Favre. *A civilização inca*. Rio de Janeiro: Zahar, 1987. Arquivo digital sem paginação.

a) De acordo com o texto, é possível afirmar que o imperador inca governava sozinho o império? Justifique a resposta com elementos do texto.

b) Compare a organização política dos incas e dos maias e indique a diferença central no modo como esses dois povos organizaram seu governo.

2 A imagem ao lado é um trecho de um códice maia do século XV. Observe atentamente a imagem e, em seguida, faça o que se pede.

a) Descreva a imagem e formule uma hipótese para explicar o que ela representa.

b) Explique as principais características da religião maia.

Códice maia do século XV (detalhe).

3 Uma das importantes realizações dos astecas foi na área de Engenharia, como salientou o engenheiro e pesquisador paraibano Rômulo Navarro:

> [...] foi a partir da fundação da capital, em 1325, até a destruição pelos invasores espanhóis em 1521, que o Império Asteca **floresceu**, atingindo vasto território baseado em construções de cidades com impressionante organização, com largas avenidas centrais de onde se originavam, em **ramificação** retangular, as ruas secundárias. A admirável organização urbanística contrastava com notável desconhecimento em outras áreas. As retilíneas e largas avenidas não serviam a nenhum veículo, pois os astecas não conheciam a roda. As monumentais pirâmides [...] feitas com pedras de lava, foram construídas em degraus [...].
>
> R. F. Navarro. A evolução dos materiais. Parte II: A contribuição das civilizações pré-colombianas. *Revista Eletrônica de Materiais e Processos*, v. 3, 2008. Disponível em: <www2.ufcg.edu.br/revista-remap/index.php/REMAP/article/download/65/90>. Acesso em: jun. 2018.

Glossário

Florescer: surgir; desenvolver-se.
Ramificação: separação; subdivisão.

a) Segundo o engenheiro, quais foram as principais realizações dos astecas na área de Engenharia?

b) O que mais surpreendeu o engenheiro em sua pesquisa?

4 Você consegue identificar semelhanças entre as culturas dos incas, dos astecas e dos maias? Explique.

5 Amplie seus conhecimentos sobre as sociedades maia, asteca e inca e elabore um quadro comparativo registrando as tradições culturais, a organização social, política e da produção, e as características do espaço geográfico que cada sociedade ocupou.

Visualização

HISTÓRIA

- **Fontes históricas**
- **Patrimônio histórico**
  - Pessoal
    - Memória e identidade da família
  - Dos povos
    - Transmissão de memórias e tradições de um povo
  - Preservação
    - Interesse coletivo
    - Valorização da história e das tradições
- **História oral**
  - Preservação da memória da comunidade

ORIGEM DO UNIVERSO E DO HOMEM

- Mitologias e narrativas sagradas
- Teorias científicas
  - Big Bang: a mais aceita pela ciência

- **Povoamento da Terra**
  - A partir da África
  - Rotas terrestres
  - Rotas marítimas
    - Estreito de Bering
    - Oceanos Pacífico e Atlântico

- **Paleolítico**
  - Caçadores-coletores
  - Ferramentas de pedra lascada
  - Controle do fogo
  - Nomadismo

- **Cultura pré-histórica**
  - Arte rupestre
  - Estatuetas femininas
  - Arado
  - Roda
  - Embarcações
  - Domínio dos metais

- **Neolítico**
  - Armas e instrumentos de pedra polida
  - Domesticação de animais
  - Agricultura
  - Seminomadismo

- **Primeiras cidades**
  - Excedente de produção
  - Especialização de ofícios
  - Sistemas de escrita e numeração
  - Proteção
  - Criação de leis

1. Leia o texto a seguir que analisa a origem da expressão **fonte histórica**.

    Fonte é uma metáfora, pois o sentido primeiro da palavra designa uma bica-d'água. [...] Todos se inspiraram no uso figurado do termo *fons* (fonte) em latim, da expressão "fonte de alguma coisa", no sentido de origem, mas com um significado novo. Assim como das fontes-d'água, das documentais jorrariam informações a serem usadas pelo historiador. [...]

    Carla Bassanezi Pinsky. *Fontes históricas*. São Paulo: Contexto, 2008. p. 85.

    a) De acordo com o texto, qual é a origem da palavra fonte?
    b) O que são fontes históricas?
    c) Por que as fontes históricas são importantes para o estudo da História?

2. Durante a Pré-História, diversos grupos humanos se deslocaram para diferentes regiões do planeta. Esses deslocamentos ajudam a entender a forma como os seres humanos se espalharam pelo mundo e povoaram todos os continentes.

    a) Que situações podem ter levado grupos humanos da Pré-História a fazerem esses deslocamentos?
    b) Identifique algumas características do modo de vida dos grupos humanos no Paleolítico e indique quais delas permitem afirmar que eles eram nômades.
    c) Compare o modo de vida dos grupos nômades da Pré-História ao modo de vida dos grupos sedentários do mesmo período.

3. Observe uma das pinturas rupestres do sítio arqueológico do Parque Nacional da Serra do Cipó (MG) datada de 7 mil a 11 mil anos. O que a imagem representa?

Pintura rupestre no sítio arqueológico da Lapa da Sucupira, no Parque Nacional da Serra do Cipó. Santana do Riacho (MG), 2017.

4. A legislação brasileira estabelece que, antes de realizar uma obra pública ou privada em áreas com potencial de ocorrência de sítios arqueológicos e áreas de interesse histórico e cultural, é necessário fazer uma pesquisa autorizada pelo Instituto do Patrimônio Histórico e Artístico

Nacional (IPHAN) e coordenada por arqueólogos devidamente registrados. Caso sejam encontrados vestígios arqueológicos no local da obra, o resgate de peças e artefatos e o respectivo envio a museus também devem ser autorizados e registrados pelo IPHAN.

Quais são os objetivos dessa legislação? Forme dupla com um colega e conversem sobre o assunto. Depois, socializem as conclusões com o resto da turma.

5 Os incas são reconhecidos por historiadores como criadores de uma eficiente estrutura de comunicações. Esse sistema de comunicação utilizava diversos mecanismos para garantir a rápida circulação de informações pelo Império Inca. Leia o texto a seguir.

> [...] Os incas projetaram um complexo sistema de estradas e pontes que cortava as terras montanhosas dos Andes. Ao longo das vias, existiam inúmeras cabanas, denominadas **tambos**, abastecidas de comida e água. Cada tambo era utilizado por corredores, os **chasquis**, que corriam de um tambo a outro, entregando mensagens através de um sistema de revezamento.
>
> Os chasquis eram inacreditavelmente atléticos e podiam transmitir uma mensagem na velocidade de 320 km por dia. [...]
>
> O equipamento usado pelos chasquis era mínimo, leve e fácil de carregar durante a corrida. Levavam um **quipo**, que consistia em uma série de nós em cordas, que poderia ser usada para armazenar informações. [...] [Os chasquis] carregavam um trompete feito de uma concha, o **pututu**, que era soprado quando eles chegavam ao seu destino.

The runner's resource. Tradução livre. Disponível em: <http://runners-resource.com/the-chasquis-the-runners-who-supported-an-empire/>. Acesso em: jul. 2018.

a) Explique o que eram os **tambos**, os **chasquis** e o **pututu**.

b) Com base nas características da sociedade inca, formule uma hipótese para explicar a importância do sistema de quipos e o complexo sistema de comunicação no interior do império.

6 O texto a seguir é um trecho de reportagem sobre recentes descobertas arqueológicas na cidade do México. Leia atentamente e responda às questões.

> Foram revelados, nesta quarta-feira, novos achados arqueológicos no Centro Histórico da Cidade do México: uma grande estrutura circular [...] dedicada ao deus asteca do vento, Ehécatl-Quetzalcóatl [...], além de uma parte do campo em que o conquistador Hernán Cortés apreciou pela primeira vez o ritual do jogo de bola mesoamericano.
>
> Os vestígios que podem ser vistos fazem supor que o templo tinha dimensões monumentais — os pesquisadores estimam um tamanho de 34 metros de largura e 4 de altura [...]. A menos de sete metros e em paralelo ao templo, estão os resquícios do campo do jogo de bola, que pode ter tido 50 metros de comprimento.
>
> Ambas descobertas se somam a um impressionante acervo de vestígios no Centro Histórico da cidade — e fazem parte de tesouros arqueológicos que provavelmente permanecem escondidos sob as ruas e construções da capital.

Templo asteca é descoberto em plena capital mexicana. AFP. Tradução nossa.

a) Com base nessa descoberta arqueológica, o que é possível saber a respeito da sociedade asteca?

b) A reportagem indica que Hernán Cortés, o conquistador espanhol responsável pela destruição do Império Asteca, presenciou jogos de bola no local das recentes descobertas arqueológicas. Em sua opinião, quais teriam sido as impressões de Cortés quando se deparou com as cidades astecas?

c) Você considera importante preservar esse tipo de achado arqueológico nos dias atuais? Justifique.

43

UNIDADE 2

> **Antever**
>
> A África atualmente é formada por mais de 50 países, reúne cerca de mil línguas locais, várias religiões e muitas tradições milenares.
>
> Na Idade Antiga, já havia grande diversidade cultural no continente africano. Muitas sociedades se desenvolveram nesse continente, com modos de vida próprios.
>
> Uma das mais conhecidas é a sociedade egípcia pelo vasto patrimônio cultural que produziu, representado pelas pirâmides, construções que ainda hoje se mantêm na paisagem seca e quente do deserto. Mas outras sociedades africanas coexistiram com a egípcia e também merecem destaque, como os prósperos reinos de Cuxe e Axum.
>
> As relações entre Egito, Cuxe e Axum teriam sido de cooperação? Que razões você imagina que havia para eles se tornarem aliados? E rivais? Será que havia semelhanças na forma de organização social e política dessas sociedades? Teriam os cuxitas e axumitas erguido pirâmides como fizeram os egípcios?

Templo de Abu Simbel visto de frente. Assuã, Egito, 2014.

Culturas e poder na África antiga

CAPÍTULO 5
Egito Antigo, terra de camponeses e faraós

O Egito está situado no nordeste da África. Atualmente, tem o nome oficial de República Árabe do Egito, e sua capital, Cairo, é uma das mais importantes cidades do continente. A maioria da população segue a religião muçulmana e fala o idioma árabe.

Durante o século XX, o país investiu na construção de barragens para evitar os danos provocados pelas cheias do Nilo e para melhor utilizar os recursos oferecidos por seu único rio. Isso permitiu o desenvolvimento do cultivo de trigo, arroz, milho, cana-de-açúcar, algodão, além da produção de energia de origem hidráulica.

A agricultura e a construção de grandes obras para controlar e aproveitar as águas do Nilo são atividades praticadas há milhares de anos na região. Elas estão na base da formação cultural e da organização política da sociedade egípcia, uma das mais antigas do mundo.

Obras para o salvamento dos templos de Abu Simbel, bens do Patrimônio Cultural Egípcio que estavam na área que seria inundada pela Represa de Assuã. Egito, 1966.

Construídos a mando do faraó Ramsés II, que reinou entre 1279 a.C. e 1213 a.C., os templos foram cortados em grandes blocos, transportados e remontados em local mais alto, um trabalho de engenharia que exigiu grande esforço e cooperação internacional.

Barragem de Assuã, no Egito, 2016.

Construída entre os anos 1960 e 1970, a Barragem de Assuã formou um grande reservatório de água, conhecido como Lago Nasser. O represamento garantiu a irrigação dos cultivos e a produção de energia elétrica para todo o país, mas causou sérios danos ambientais ao alterar o regime das águas.

Uma história de muitos milênios

Grande parte do território egípcio localiza-se no Deserto do Saara. Essa área é ocupada desde a Pré-História e suas primeiras cidades se formaram cerca de 5 000 anos atrás.

Você imagina como foi possível a sedentarização de grupos humanos e o desenvolvimento de cidades em uma **região árida** como essa? De que modo os antigos egípcios obtinham alimentos para sobreviver e como se organizavam socialmente?

Alguns vestígios como registros escritos, pinturas e construções possibilitam o estudo do modo de vida dos antigos egípcios e de como sua cultura milenar se desenvolveu.

Glossário
Região árida: região com baixo índice de chuva, seca e quente.

A importância do Nilo

Antigo Egito – século IV a.C.

O Egito é banhado pelo Mar Mediterrâneo e pelo Mar Vermelho. O único rio que corre em seu território é o Nilo. Ele nasce na região central da África, e deságua no Mar Mediterrâneo. Ao se aproximar do Mediterrâneo se abre como um leque e forma o Delta do Nilo, região chamada assim porque ali o curso das águas lembra o formato da letra grega delta (Δ).

Já nos tempos pré-históricos, o Vale do Rio Nilo e as áreas próximas ao delta atraíam muitos moradores por causa das condições favoráveis para a agricultura. Na Antiguidade, o Vale do Nilo também proporcionava a ligação com povos de outras regiões da África, como os cuxitas, que habitavam a Núbia, ao sul do Egito.

Os produtos que os egípcios compravam de outras regiões chegavam pelo Mar Mediterrâneo. Por vezes, esse mar, assim como a Península do Sinai, foi a porta de entrada para povos invasores, como hicsos, assírios, babilônios e persas.

Fonte: José Jobson A. Arruda. *Atlas histórico básico*. 17. ed. São Paulo: Ática, 2011. p. 6.

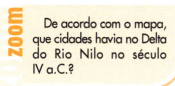

ZOOM De acordo com o mapa, que cidades havia no Delta do Rio Nilo no século IV a.C.?

As cheias do Nilo

Entre os meses de junho e setembro, em decorrência das chuvas, o nível das águas do Nilo subia cerca de 16 metros, invadia as margens e deixava as terras úmidas, prontas para o plantio.

As enchentes atingiam todo o curso do Nilo e, algumas vezes, destruíam plantações e moradias. Para evitar esses danos, os egípcios mediam o nível da água com o uso de grandes réguas de madeira fincadas no solo. Assim, calculavam com que velocidade as águas subiam, o que lhes ajudava a prever quando poderia ocorrer nova enchente.

Construíram canais de irrigação, barragens e grandes reservatórios para melhor utilizar a água.

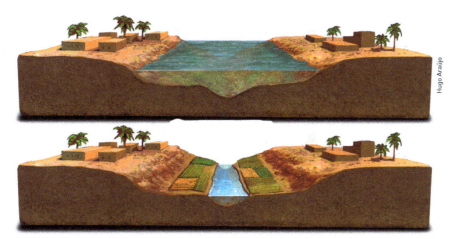

Representação de como ocorria o processo de enchente do Nilo.

Entre outubro e junho, o rio voltava ao nível normal: era a época de semear as terras fertilizadas pelo lodo e fazer a colheita.

Documentos em foco

O Nilo

O texto transcrito a seguir é o trecho de um hino escrito no Antigo Egito e faz parte da literatura egípcia da época. É pelo estudo de imagens e de textos como esses que podemos conhecer as crenças, os valores, os conhecimentos e as formas de pensar da sociedade que os produziu.

Baixo-relevo produzido por volta de 2360 a.C. Saqqara, Egito.

[...] Salve, tu, Nilo!
Que te manifestas nesta terra
E vens dar vida ao Egito!
Misteriosa é a tua saída das trevas
Neste dia em que é celebrada!
Ao irrigar os prados criados por Rá,
Tu fazes viver todo o gado,
Tu – inesgotável – que dás de beber à Terra!
Senhor dos peixes, durante a inundação,
Nenhum pássaro pousa nas colheitas.
Tu crias o trigo, fazes nascer o grão,
Garantindo a prosperidade aos templos.
Se paras a tua tarefa e o teu trabalho,
Tudo o que existe cai em inquietação.

Livros sagrados e literatura primitiva oriental. In: *Coletânea de documentos históricos para o 1º grau*. São Paulo: CENP/Secretaria de Estado da Educação, 1978. p. 55. Tomo II.

1. Qual é o assunto principal do hino?
2. Que atividades desenvolvidas no Antigo Egito são citadas no hino?
3. O hino valoriza o trabalho dos camponeses para a produção de alimentos no Egito? Explique sua resposta com base nas informações do texto.
4. Que atividade está representada na imagem?
5. De que maneira a imagem pode se relacionar com o hino? Explique.

O trabalho agrícola e artesanal

A agricultura ocupava as áreas férteis às margens do Nilo e era a principal atividade econômica no Egito Antigo. O cultivo era diversificado: alface, cebola, alho, trigo, cevada, uva, tâmara, papiro, linho e algodão.

Os egípcios complementavam sua alimentação com a pesca, realizada com arpões, redes e anzóis. Eles faziam pão, vinho, cerveja, tecidos de linho e algodão. Com as fibras do papiro produziam cestos, cordas, esteiras, sandálias e folhas, que utilizavam como papel para escrever. Também fabricavam tijolos, utensílios de argila e cerâmica, além de objetos de couro. Utilizavam ouro, cobre, bronze, madeira, marfim e pedras preciosas para fazer armas, joias e móveis.

Os faraós

O povoamento do Delta e do Vale do Rio Nilo deu origem a dois reinos, um no norte e outro no sul do território egípcio. Esses reinos se unificaram por volta do ano 3 200 a.C. e, a partir de então, o governo passou a ser exercido por faraós – termo usado para denominar os reis do Antigo Egito.

Lentamente, os faraós acumularam muito poder. Eles criavam leis e impostos; controlavam o exército, a produção agrícola e o uso da água; determinavam ainda a construção de obras públicas, como templos, palácios e canais de irrigação. Por que os faraós tinham tanto poder?

O poder dos faraós

Para a sociedade egípcia, o poder dos faraós era sagrado, pois eles eram considerados deuses vivos. Assim, eram respeitados, obedecidos e temidos pela população. Essa forma de governo em que as ordens do monarca são consideradas determinações divinas é denominada monarquia teocrática.

Os faraós tinham várias esposas e muitos filhos. Sua grande família morava em palácios luxuosos e convivia com outras famílias influentes que recebiam grandes lotes de terras do governo. Essas pessoas formavam a nobreza.

Os túmulos dos faraós e da família real eram as pirâmides. Construídas com grandes blocos de pedra, quanto maior e mais luxuosas fossem, maior era o poder do faraó que mandara erguê-las. Alguns deles passaram toda a vida organizando a construção de seus futuros túmulos.

Pinturas e textos sobre a vida e os feitos dos mortos decoravam os túmulos. Esses registros constituem uma importante fonte de informações sobre a vida dos antigos egípcios, assim como os móveis, as armas e joias que compunham a decoração do local.

Quando um faraó era sepultado, seus auxiliares e escravos colocavam no túmulo alimentos, animais de estimação, roupas e objetos pessoais, pois acreditavam que tudo isso seria necessário para a vida após a morte.

A máscara mortuária do faraó Tutancâmon, c. 1350 a.C.

Encontrada em 1922, no Vale dos Reis, região do Egito que concentra grande número de antigas construções em homenagem aos faraós, a máscara foi feita inteiramente em ouro e pedras preciosas e cobria o rosto mumificado do jovem faraó, morto aos 18 anos.

Vista das pirâmides de Gizé. Cairo, Egito, 2018.

O conjunto de três pirâmides foi construído há mais de 4500 anos nas proximidades de Mênfis (hoje Cairo, capital do Egito).

49

Viver

História recente do Egito: lutas pela democracia

No início de 2011, parte expressiva da população egípcia fez vários protestos contra o governo do então presidente do país, Hosni Mubarak, que estava no poder havia trinta anos. Jovens egípcios utilizaram as redes sociais virtuais para manifestar críticas ao governo e organizar manifestações de rua.

Mesmo com a censura do governo à internet e a prisão de manifestantes pelo exército, os populares se mobilizaram para exigir a saída de Mubarak do poder. A partir de 25 de janeiro daquele ano, eles tomaram as ruas **reivindicando** a redemocratização do país por meio da convocação de eleições e de reforma nas leis. Após 18 dias de intensos protestos, em 11 de fevereiro de 2011, Mubarak renunciou à presidência do Egito. O fato foi muito comemorado pelos egípcios e teve repercussão mundial.

Essas manifestações populares contra governos ditatoriais em países árabes tiveram início na Tunísia. O movimento, que ficou conhecido como Primavera Árabe, foi marcado pela mobilização da população. Grande parte das pessoas que participaram dos protestos utilizaram redes sociais e mensagens via celular para se comunicar e atualizar informações.

Os movimentos rebeldes tiveram sucesso na derrubada de governos ditatoriais em vários países, mas logo foram silenciados por golpes militares que implantaram regimes autoritários. Foi o que ocorreu no Egito.

Em maio e junho de 2012, como resultado das mobilizações pela democracia, os egípcios participaram pela primeira vez de eleições diretas para a presidência da República. Em 2013, porém, um golpe militar derrubou o presidente eleito, o líder muçulmano Mohamed Morsi. O comandante do golpe, marechal Abdul Al-Sisi, assumiu o poder e desencadeou uma violenta repressão contra os participantes ou simpatizantes da Primavera Árabe. Em seu governo, Mubarak foi absolvido dos crimes de assassinato e corrupção e em 2017 deixou a prisão.

Manifestação popular pela instalação de um governo civil no Egito. Praça Tahrir, Cairo, Egito, 2011.

O Egito estava sob o comando de um conselho militar desde a queda do ditador Hosni Mubarak, em fevereiro de 2011.

Ampliar

Ex-ditador Hosni Mubarak é solto

https://brasil.elpais.com/brasil/2017/03/21/internacional/1490107844_198751.html

Artigo sobre a libertação do ex-ditador do Egito Hosni Mubarak, em 2017.

Glossário

Reivindicar: exigir.

---

1. Como os governos ditatoriais se mantêm no poder sem a aprovação da maioria da população? Apoie sua resposta em fatos mencionados no texto.

2. Considerando a Primavera Árabe, dê sua opinião:
   a) Por que tantas pessoas participam de lutas pela democracia?
   b) Qual é a importância dessas lutas?

3. Na história recente do Brasil também ocorreram manifestações populares organizadas e divulgadas pelas redes sociais. Você pode citar alguma delas?

Divisão social

No Egito Antigo, a maioria da população era formada por camponeses, que trabalhavam muito e tinham de pagar pesados impostos. Algumas atividades eram mais valorizadas do que outras. Os chefes militares, por exemplo, desfrutavam mais prestígio do que os artesãos e camponeses.

Observe a representação da divisão social do Egito Antigo no esquema ao lado.

A sociedade egípcia era bastante rígida: as pessoas morriam pertencendo à mesma camada social em que haviam nascido. As leis não permitiam o casamento entre pessoas de camadas sociais diferentes. Por essas características, podemos afirmar que no Egito Antigo não havia mobilidade social.

As funções de cada um

Os camponeses, também chamados de felás, trabalhavam na agricultura e eram obrigados a contribuir com impostos, pagos em produtos. Era dessa forma que o governo sustentava a família real, a nobreza, os sacerdotes e os funcionários. Na época das cheias do Rio Nilo, os felás trabalhavam na construção de palácios, canais de irrigação, pirâmides etc.

Os escravos eram prisioneiros de guerra e faziam atividades domésticas, carregavam grandes blocos de pedra e cavavam a terra para construir represas.

Era tarefa dos artesãos produzir utensílios que a sociedade utilizava no dia a dia. Alguns deles faziam também artigos de luxo, como joias e perfumes, consumidos pela família real e pela nobreza.

Os comerciantes não eram muito numerosos e percorriam as diferentes cidades egípcias em embarcações pelo Rio Nilo.

A função dos soldados era manter a ordem e defender o território de ameaças externas. Os chefes militares comandavam o exército nas guerras de conquista e na defesa.

Os funcionários públicos trabalhavam diretamente para o faraó em atividades administrativas. Entre eles havia os escribas, que eram muito prestigiados, pois só eles sabiam ler, escrever e calcular.

Os sacerdotes organizavam as cerimônias religiosas, administravam os templos e eram conselheiros dos faraós. Os nobres ocupavam os principais cargos na corte e os postos mais altos no exército.

Escultura egípcia que representa um escriba real trabalhando, c. 1567 a.C. – 1085 a.C.

Posição social e funções das mulheres

As mulheres egípcias tinham vários direitos e liberdade para decidir questões relacionadas à própria vida. Nesse aspecto, a condição feminina no Antigo Egito era mais valorizada do que em outras sociedades da época.

Documentos históricos de cerca de 3500 e 3000 anos indicam que as mulheres podiam possuir bens próprios e administrá-los. Era possível também denunciar os maridos por maus-tratos e pedir divórcio.

Na sociedade egípcia, a mãe ocupava lugar de prestígio na família, era chamada de "senhora da casa", o que indica seu controle sobre o cotidiano doméstico e familiar. Quando namorados decidiam se casar, o jovem pedia permissão à mãe da futura esposa.

O sustento das famílias cabia aos maridos, mas algumas mulheres auxiliavam no trabalho do campo; outras cuidavam de pequenas lojas e oficinas de tecelagem. Há registros de mulheres que se dedicavam a atividades como canto, dança ou música. O cuidado dos filhos era uma tarefa feminina.

Religião no Egito Antigo

Os egípcios eram politeístas e suas divindades mais respeitadas eram Rá, Osíris e Ísis, que teriam ensinado ao povo a agricultura, as artes e as regras da vida em sociedade.

As crenças foram tema da pintura e da escultura egípcias. Os deuses eram representados de diversas formas: havia deuses semelhantes a seres humanos e a animais; e deuses cuja representação tinha formas mistas de humano e animal, chamados antropozoomórficos.

Os egípcios acreditavam que os mortos passavam por um tribunal que julgava cada um escolhendo os que mereceriam outra vida e os que seriam devorados por um monstro, como castigo pelas maldades que haviam praticado.

Os premiados precisavam ter o corpo bem conservado para abrigar sua alma quando ela retornasse. Assim, os egípcios desenvolveram a mumificação, feita por artesãos especializados. A mumificação era cara, por isso restrita aos membros das camadas sociais privilegiadas. As demais pessoas eram enterradas na areia do deserto, em cerimônias simples.

> **Ampliar**
>
> **Contos e lendas do Egito Antigo,** de Brigitte Évano (Companhia das Letrinhas)
>
> Narrativas sobre deuses, faraós e homens comuns, revelando aspectos importantes do Egito Antigo.

Papiro funerário de Nesmim, que representa o Tribunal de Osíris, produzido entre 380 a.C. e 343 a.C.

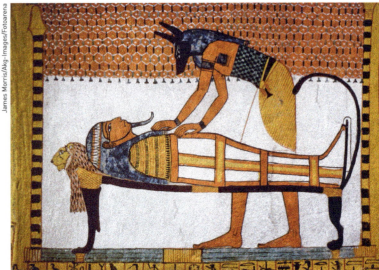

Representação de Anúbis realizando uma mumificação. Pintura produzida entre 1500 a.C. e 1200 a.C. na tumba de Sennutem, Luxor, Egito.

zoom: O deus Anúbis, representado em pé na imagem ao lado, é exemplo de deus com forma humana, animal, ou uma mistura dos dois?

Saberes dos egípcios antigos

Os egípcios acumularam muitos conhecimentos relacionados às necessidades do cotidiano, principalmente para a sobrevivência no deserto. A preocupação em prever a época das cheias do Nilo para organizar o plantio e a colheita estimulou-os a observar e estudar o movimento dos astros no céu. Desenvolveram, assim, a Astronomia e, com base nesses conhecimentos, criaram o calendário de 365 dias, organizados em 12 meses.

Com o objetivo de construir canais de irrigação, represas, pirâmides, templos e palácios, os egípcios criaram técnicas para estabelecer medidas e fazer cálculos matemáticos. Essas construções demonstravam o grande poder atribuído aos governantes e o alto grau de desenvolvimento arquitetônico no Egito Antigo.

A fim de elaborar procedimentos eficientes para a mumificação, os egípcios estudaram o funcionamento do corpo humano; assim, acabaram desenvolvendo a Medicina. Havia especialistas em tratar doenças do estômago e infecções nos olhos, em consertar ossos quebrados e operar crânios, por exemplo.

Na mumificação, os órgãos vitais do corpo eram retirados, com exceção do coração. O corpo era, então, dessecado com sais e depois envolvido em bandagens de linho e lençóis.

Pessoa usa o *shaduf* nas águas do Rio Nilo. Cairo, Egito.

O *shaduf*, criado para melhor aproveitamento das águas do Nilo e irrigação dos campos, ainda é utilizado por alguns povos africanos.

O sistema de escrita

Os egípcios criaram um sistema de escrita com símbolos que representavam palavras ou ideias, os hieróglifos. Ele era utilizado para registrar leis, ordens do faraó, tradições e textos religiosos. Somente os escribas conheciam e utilizavam essa escrita, considerada sagrada. Havia ainda duas formas mais simples de escrita: a hierática, utilizada pelos sacerdotes, e a demótica, empregada pelos comerciantes.

> **zoom**
> Parte das inscrições na Pedra de Roseta menciona a gratidão dos sacerdotes ao faraó, indicando que a religião e o governo no Egito Antigo estavam interligados. Como essa interligação pode ser explicada?

Atualmente exposta no Museu Britânico, em Londres, a Pedra de Roseta é um pedaço de pedra negra com três formas de escrita: grega, hieroglífica e demótica. Ela foi encontrada em 1799, perto da cidade de Roseta, no Egito. Em 1822, o pesquisador francês Jean-François Champollion decifrou suas inscrições. Seu estudo foi muito importante para ampliar os conhecimentos sobre o Egito Antigo.

A Pedra de Roseta, do século II a.C., contém inscrições sobre o faraó Ptolomeu V.

De olho no legado

Brinquedos e jogos também contam história

Textos sagrados, pinturas e construções monumentais são alguns dos vestígios que os pesquisadores estudam para interpretar a cultura dos antigos egípcios. Mas objetos simples, de uso cotidiano, como brinquedos e jogos, também são importantes fontes de informação. A esse respeito, leia o texto a seguir.

> As crianças passavam o tempo brincando. A educação começava aos quatro anos de idade, mas jogos e esportes continuavam a ocupar um lugar importante no cotidiano dos egípcios, que praticavam seus jogos preferidos até o fim da vida.
>
> Não faltavam brinquedos no Egito: piões de madeira e pedra, rocas, figurinhas de madeira... Os meninos mais mimados brincavam puxando cavalinhos de madeira sobre rodas com um barbante. Alguns possuíam bonecos articulados, como um jacaré que abria a boca ou um rato que mexia o rabo.
>
> Para as meninas, [...] belas bonecas de madeira com cabelos enfeitados com pérolas pretas, consideradas amuletos de boa sorte. Segundo a crença, essas bonecas garantiam belos bebês às futuras mamães.
>
> As crianças gostavam de jogar com uma bola de couro preenchida com palha ou brincar de pula-sela. Durante as colheitas, os adolescentes praticavam o "tiro a Shesemu", um jogo que consistia em tentar acertar um alvo no chão com uma vara.
>
> Os adultos preferiam os jogos de salão, dos quais o mais conhecido era o *mehen* ou jogo da cobra (o antecessor de nosso jogo de ludo), assim chamado porque era jogado sobre um tabuleiro em forma de serpente. O primeiro a chegar ao centro do tabuleiro era o vencedor. O *senet*, mais complicado, era o jogo de damas da época, contendo mais armadilhas. O tabuleiro não era neutro, tinha casas favoráveis e outras perigosas.

Larousse jovem do Egito. Trad. Tommaso Besozzi. São Paulo: Larousse do Brasil, 2005. p. 72-73.

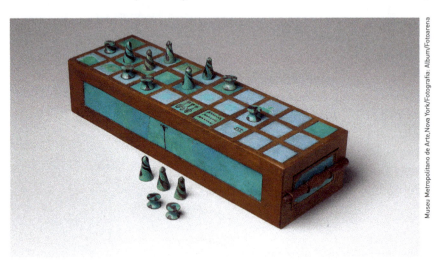

Jogo de *senet* em cerâmica, feito entre 1550 a.C. e 1295 a. C., encontrado em uma tumba em Abidos, Egito.

1. Os brinquedos usados pelas crianças no Egito Antigo são semelhantes aos brinquedos atuais? Explique sua resposta.

2. A organização da sociedade, as crenças e os valores, as técnicas desenvolvidas e os conhecimentos acumulados fazem parte da cultura de um povo, assim como os hábitos e costumes, as formas de trabalho e as formas de lazer. Que informações sobre a cultura egípcia são apresentadas nesta seção?

1 Este capítulo aborda o modo de vida no Egito Antigo e traz informações sobre a história recente daquele país. Cite algumas diferenças que podem ser observadas entre o Egito da Antiguidade e o Egito atual.

2 Releia a seção **Posição social e funções das mulheres** (página 52) e retire do texto duas situações que indicam que as mulheres egípcias eram valorizadas na sociedade.

3 Por que podemos dizer que no Egito Antigo as crenças da sociedade aumentavam o poder do faraó? Justifique.

4 Em relação à organização social do Egito Antigo, responda:
a) Havia mobilidade social? Justifique sua resposta.
b) Atualmente, a escolaridade contribui para haver mobilidade social em nossa sociedade? Por quê?

5 Caracterize a religião do Egito Antigo.

6 Escreva uma frase sobre o aspecto da cultura egípcia que você considerou mais interessante.

7 Sabe-se que os egípcios criaram um complexo sistema de escrita, a escrita hieroglífica, e dois sistemas mais simples: a escrita hierática e a demótica.
a) Qual dessas escritas era utilizada nos documentos oficiais e nos templos?
b) O código a seguir foi elaborado com base em símbolos da escrita egípcia.

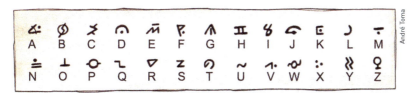

Reescreva a frase que você criou na atividade 6 com base nesse código, substituindo cada letra pelo símbolo correspondente. Troque sua "frase-enigma" com um colega e decifre o que ele escreveu para descobrir o que considerou mais interessante sobre a cultura egípcia.

8 Observe novamente as fotografias da página 46 e responda:
a) As obras que aparecem nas fotografias foram erguidas por milhares de pessoas em um trabalho árduo de muitos anos. Que dificuldades os trabalhadores dessas obras podem ter enfrentado?
b) O que pode justificar a construção de templos tão grandiosos?

9 O trabalho de camponeses e artesãos egípcios contribuiu para a sobrevivência da população e para o desenvolvimento do Egito Antigo.

Atualmente, que atividades você considera necessárias para a sobrevivência da população brasileira e o desenvolvimento do país?
- Procure imagens que representem essas atividades e cole-as no caderno. Se preferir, desenhe-as.
- Escreva uma legenda para as imagens, com informações que expliquem o que elas representam.
- Na aula, exponha suas imagens à turma, leia as legendas e comente sua resposta.
- Preste atenção na apresentação dos colegas para perceber o que cada um pensou sobre o assunto.
- Por fim, junte-se a um colega e formem uma dupla. Com base no que foi apresentado pela turma, responda: Por que o trabalho é importante para as sociedades? Leiam a resposta para a turma e ouçam a opinião das outras duplas.

10 Observe a representação do Tribunal de Osíris na página 52. Ela evidencia algum aspecto da religião dos antigos egípcios que possa ser comparado ao de alguma religião atual? Qual?

CAPÍTULO 6
Reinos de Cuxe e Axum

A África é um continente vasto, ocupado desde a Pré-História por diversos grupos humanos. Atualmente, o continente africano está dividido em 56 países e tem grande diversidade cultural, resultado das muitas sociedades que lá se desenvolveram e do contato com povos estrangeiros. Um dos exemplos mais significativos da diversidade de culturas da África são os aproximadamente 1200 idiomas falados no continente. Além das línguas locais, há países cujo idioma oficial é o inglês, o francês ou o português.

Suas condições naturais variam muito: ao norte do continente fica o Deserto do Saara; a sudoeste, o Deserto do Kalahari. Nas demais regiões, alternam-se florestas, **savanas** e **estepes**. Mas como viviam as sociedades africanas na Idade Antiga? Elas partilhavam a mesma cultura ou cada grupo criou uma cultura própria? Eram isoladas ou se relacionavam com outros reinos, como o Egito?

Ampliar
Casa das Áfricas
‹www.casadasafricas.org.br›
Espaço de estudo e preservação da cultura africana e afro-brasileira.

Glossário
Estepe: planície de vegetação rasteira, com arbustos e pequenas árvores.
Savana: paisagem de gramíneas e pequenas plantas.

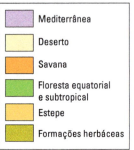

África: vegetação

Legenda:
- Mediterrânea
- Deserto
- Savana
- Floresta equatorial e subtropical
- Estepe
- Formações herbáceas

Fonte: *Atlas geográfico escolar: Ensino Fundamental – do 6º ao 9º ano*. Rio de Janeiro: IBGE, 2010. p. 106.

Povos da Núbia

A Núbia era uma região da África Antiga. Seu território correspondia ao que atualmente é o sul do Egito e o norte do Sudão. Banhada pelo Rio Nilo, a Núbia era ocupada por muitos povos africanos. Os sistemas de irrigação desenvolvidos por seus habitantes facilitaram a criação de gado e o plantio de cevada, trigo, sorgo e frutas. O ouro encontrado na região favoreceu a prática da mineração.

Glossário

Caravana: grupo de comerciantes que percorre diferentes territórios vendendo mercadorias.

A presença dos habitantes da Núbia no território do Antigo Egito por vezes representou uma ameaça ao poder dos faraós, o que colocava o governo egípcio em guerra contra os povos núbios. Por volta de 1530 a.C., o Egito dominou a Núbia e de lá passou a retirar escravos e vários produtos, como peles de animais, temperos, minerais. Contudo, entre 751 a.C. e 664 a.C., os reis núbios impuseram-se como governantes dos dois territórios e ficaram conhecidos como "faraós negros".

O domínio dos faraós negros sobre o Egito terminou após uma sucessão de batalhas contra os assírios, povo estrangeiro que conquistou o Egito. Os núbios voltaram, então, à região da Núbia e lá organizaram o Reino de Cuxe.

O Reino de Cuxe

As principais cidades do Reino de Cuxe foram Meroé, Querma e Napata. Meroé se destacou como importante centro urbano e por atrair um grande número de pessoas interessadas na agricultura, no comércio e na metalurgia.

Observe o mapa ao lado.

Comércio e artesanato cuxita

Caravanas chegavam ao Reino de Cuxe pelo Deserto do Saara carregadas de mercadorias da Ásia e de regiões próximas ao Mar Mediterrâneo. Pelo Rio Nilo, os comerciantes cuxitas transportavam produtos entre o norte e o sul da África, como peles de animais, marfim, madeiras e ouro.

Para facilitar as atividades comerciais, os cuxitas utilizaram a escrita hieroglífica egípcia e, posteriormente, a alfabética, por influência dos fenícios e dos gregos.

Fontes: Jeremy Black. *World history atlas.* Londres: Dorling Kindersley, 2008. p. 30-31; Claudio Vicentino. *Atlas histórico: geral e Brasil.* São Paulo: Scipione, 2011. p. 33.

Os contatos comerciais com diferentes povos favoreceram a criação de uma cultura material rica e diversificada. Os cuxitas confeccionavam peças de cerâmica e de madeira, joias e estatuetas de ouro, prata, bronze e marfim; faziam instrumentos musicais; produziam adornos de vidro, de conchas e de pedras preciosas.

zoom De que forma os objetos produzidos pelos cuxitas podem ajudar os historiadores a conhecer a história dessa sociedade?

A organização social

As fontes históricas sobre os cuxitas indicam que a sociedade era dividida da seguinte forma: rei e nobreza; altos funcionários públicos e chefes militares; sacerdotes; comerciantes; artesãos e soldados; camponeses.

Geralmente, as casas eram feitas de tijolos e nelas havia fogão, camas de madeira, cestos, potes de barro e objetos de bronze, prata ou vidro. Quanto maior fosse a casa e a variedade de objetos que havia nela, mais alta era a posição social de seu proprietário. A posição social também podia ser verificada pela sepultura.

Escavações arqueológicas revelam que em Meroé havia uma área cercada por uma muralha de pedra onde viviam o rei e a nobreza e ficavam os palácios, os prédios públicos e alguns templos religiosos.

Pirâmides de Meroé, uma das antigas capitais do reino de Cuxe. Sudão.

As pirâmides cuxitas constituem um dos mais importantes sítios arqueológicos africanos e fazem parte da lista de Patrimônio da Humanidade da Unesco.

A religião

O povo cuxita era politeísta e cultuava deuses antropozoomórficos. Na cidade de Napata foi construído um templo em homenagem a Amon, deus do Sol.

Os túmulos dos reis e da nobreza tinham formas de pirâmides. Mulheres e escravos eram enterrados com o morto para servi-lo na vida após a morte. Além disso, objetos e oferendas variadas eram colocados junto ao corpo. Nas demais camadas sociais, os mortos eram mumificados e enterrados em cemitérios.

O governo cuxita

O Reino de Cuxe era uma monarquia teocrática, comum em grande parte dos antigos reinos africanos que praticavam a agricultura como uma de suas principais atividades.

O reino começou a enfraquecer por volta do século IV a.C., devido a uma série de razões:

- o empobrecimento do Egito, que passou a comprar menos mercadorias cuxitas;
- a insegurança nas rotas comerciais;
- os contínuos ataques a Meroé por tribos nômades e pelo reino africano de Axum. Nesses ataques, os invasores saqueavam os estoques de alimentos e mercadorias.

Construções como essa revelam o trabalho coletivo para erguer o templo aliado a conhecimentos de engenharia que asseguraram a durabilidade da obra por mais de 2000 anos.

A passagem de entrada em Naga, no Sudão, que estima-se ter sido construída entre 300 a.C. e 100 a.C., faz parte de um conjunto de templos meroíticos.

O Reino de Axum

O Reino de Axum

Fonte: Jeremy Black. *World history atlas*. Londres: Dorling Kindersley, 2008. p. 161.

O Reino de Axum, onde atualmente se localiza a Etiópia, começou a se formar por volta do século V a.C., em uma área de solos férteis que estimularam a agricultura e a criação de animais. Entre os séculos II d.C. e III d.C., Axum dominou diversos reinos e cidades da África, dos quais cobrava tributos. O império estendeu-se também por grande parte do sul da Península Arábica, onde o controle axumita se manteve até o século VI.

Observe a extensão aproximada de Axum no mapa ao lado.

O comércio axumita

Do século III ao VI, no período de maior prosperidade, Axum controlava uma das três encruzilhadas comerciais mais importantes do mundo antigo e impunha-se como intermediário obrigatório nas trocas entre os países do Mediterrâneo e também os da Ásia oriental.

A facilidade de acesso ao Mar Vermelho e ao Rio Nilo colocou os axumitas em contato com egípcios, gregos, romanos, árabes, persas, sírios, indianos, judeus, com os quais mantiveram comércio.

As trocas comerciais possibilitaram também um **intercâmbio cultural**: a língua e a escrita de Axum assemelhavam-se às do sul da Península Arábica; seus costumes e tradições assemelhavam-se aos dos gregos e romanos (conforme veremos nas unidades 4 e 5 deste livro). As cidades mais importantes abrigavam grupos de comerciantes estrangeiros, como romanos e bizantinos, árabes e indianos.

Os axumitas compravam e vendiam marfim, algodão, linho, seda, vidro, machados, adagas, vinho, azeite, pedras preciosas e objetos de luxo. No comércio popular circulavam mercadorias como sal, alimentos, cerâmica, tecidos rústicos e utensílios de ferro. Os pagamentos eram feitos com moedas de ouro, prata e bronze.

O desenvolvimento comercial estimulou as viagens pelo Oceano Índico, pelo Mar Vermelho e pelo Mar Mediterrâneo e favoreceu a produção de conhecimentos técnicos sobre navegação. As embarcações eram feitas de pranchas de madeiras presas com cordas e resistiam a longas viagens.

Moeda axumita, século IV.

Glossário

Intercâmbio cultural: contato entre povos de diferentes culturas que favorece o aprendizado e a assimilação de parte da cultura uns dos outros.

Sociedade e cultura axumita

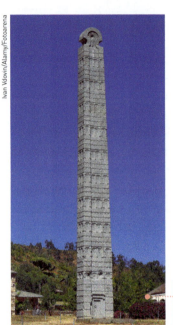

A sociedade subdividia-se em nobres, mercadores, marinheiros, artesãos, soldados e numerosos escravos. Grande parte da riqueza axumita era produzida pelo comércio, pela exploração do trabalho escravo e pela criação de gado.

As ruínas encontradas dão ideia do desenvolvimento da arquitetura e do enorme poder desse Estado africano: edifícios religiosos imponentes, túmulos e **estelas**, das quais a mais alta ultrapassa 33 metros e tem nove andares. Os templos, finamente talhados e esculpidos, eram erguidos com trabalho coletivo.

Obelisco de Axum, estela axumita do século IV, que se encontra na atual Etiópia.

> Diversos povos da Idade Antiga construíam estelas para homenagear divindades ou registrar acontecimentos importantes.

Cristianismo em Axum

Desde o princípio do Período Axumita, diferentes influências religiosas penetraram no reino. No século IV teve início em Axum a divulgação da **religião cristã**, por influência de um conselheiro real que era cristão e viera da cidade de Roma, capital do Império Romano, onde o cristianismo já havia sido difundido.

O rei Ezana, que governou entre os anos 320 e 350, converteu-se ao cristianismo e o transformou na religião oficial de Axum. A nova religião foi aceita aos poucos e conviveu por muito tempo com as crenças locais.

O cristianismo de Axum se diferenciava das tradições religiosas de Roma e de Bizâncio. A igreja axumita adotou rituais praticados pelos cristãos da cidade egípcia de Alexandria adaptando-os aos costumes locais, com a introdução de danças e tambores nas celebrações, misturando-os ainda a alguns costumes da religião judaica.

Ainda no século VI, o Império de Axum foi enfraquecendo devido a conflitos e disputas comerciais com outros impérios da época, sobretudo o Bizantino e o Persa. Nos séculos VIII e IX, sua influência política e seu poder militar diminuíram ainda mais como consequência da expansão **islâmica** na África.

Glossário

Estela: placa de pedra que forma uma coluna, com inscrições e esculturas.
Islâmico: referente aos povos que adotaram o islamismo como religião. A religião islâmica foi fundada por Maomé no século VII e divulgada inicialmente entre os árabes.
Religião cristã: religião organizada em torno dos ensinamentos de Jesus Cristo, que viveu no início do século I.

> Ao longo do século VI, muitas igrejas cristãs foram construídas em Axum, geralmente isoladas e em áreas de difícil acesso; outras eram escavadas nas rochas. Esse e outros lugares sagrados e todo o conjunto é tombado como Patrimônio da Humanidade pela Unesco.

Igreja cristã axumita escavada em rocha. Lalibela, Etiópia.

Povos bantos

O conjunto de povos africanos com origem comum, formas de organização e idiomas semelhantes e que habitam a extensa faixa de terra ao sul do Saara, da costa atlântica à índica, foi chamado de **bantos**, palavra que significa "povo" ou "seres humanos". É o plural de **muntu**, que significa "gente".

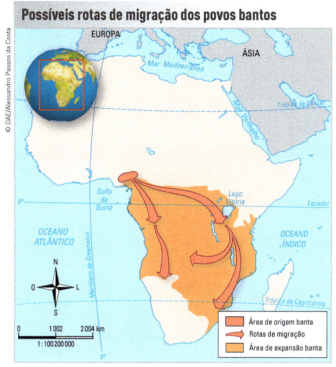

Migrações dos bantos

Estudos mais recentes mostram que os povos bantos, que atualmente ocupam diversas regiões da África Central, como a República Democrática do Congo e Angola e o norte da África do Sul, inicialmente teriam partido de onde hoje é o Camarões. Essa migração durou cerca de 2 500 anos.

Durante muito tempo os estudiosos consideraram que os bantos conseguiram povoar essas regiões porque já conheciam a metalurgia. Atualmente, pesquisadores mostraram que, provavelmente, os bantos adquiriram esse conhecimento durante o processo de migração, e não antes.

Fonte: Jeremy Black. *World history atlas*. Londres: Dorling Kindersley, 2008. p. 160.

Modo de vida dos bantos

Em geral, os bantos ocupavam terras que estavam disponíveis e formavam aldeias. Erguiam casas com varas de madeira e barro socado, cobrindo-as com sapé; o piso era feito de madeira e pedra. Derrubavam e queimavam a mata para formar roças e fazer cercados onde criavam ovelhas, cabras e bois. Pescavam nos riachos e lagos das redondezas usando anzóis e arpões de ferro. Com lanças e flechas, caçavam antílopes, búfalos e porcos selvagens.

Os bantos fizeram contatos com grupos de caçadores e coletores que viviam nas savanas e florestas africanas. As disputas de território entre eles eram frequentes; outras vezes, formavam alianças firmadas por casamentos ou troca de presentes.

Quando os recursos naturais se tornavam escassos, os bantos procuravam novas áreas para ocupar, e, naturalmente, hábitos, palavras e crenças dos povos nômades com os quais mantiveram contato eram acrescentados à sua cultura.

> **Ampliar**
>
> **Kiriku e a feiticeira**
> França-Bélgica, 1998.
> Direção: Michel Ocelot.
>
> Animação baseada em lenda da África Ocidental sobre coragem e astúcia.

Habitações tradicionais do povo zulu, cuja língua pertence ao grupo linguístico banto. Shakaland, África do Sul, 2016.

As habitações, feitas de madeira, sapé e pedras, foram construídas recentemente.

A arte dos povos bantos

Os povos bantos são conhecidos pela ampla produção de obras de arte, consideradas de excelente qualidade. São esculturas representando ancestrais; objetos ligados ao poder do chefe, como tronos e cajados; além de máscaras.

As máscaras produzidas pelos povos bantos apresentam grande variedade de formas e podem ser usadas em diferentes cerimônias: agrícolas, funerárias e de iniciação masculina – para celebrar quando os meninos passam da infância para a adolescência. O material mais utilizado pelos artistas na produção das máscaras é a madeira.

Milhares de obras africanas dos povos bantos podem ser vistas em museus de diversos países.

Marionetes do povo zulu. África do Sul.

 Conviver

A influência dos bantos na cultura afro-brasileira

Entre os séculos XVI e XIX, desembarcaram nos portos do Brasil milhões de africanos para trabalhar como escravos, sobretudo nas lavouras e na exploração de metais preciosos. Grande parte dos africanos trazidos para o Brasil era formada por povos bantos, muitos dos quais viviam no local onde atualmente é Angola. A influência dos povos bantos sobre a cultura brasileira é encontrada em nosso idioma, em nossa culinária e em nossa música. A língua falada no Brasil tem palavras de origem banto, como **moleque**, **camundongo**, **marimbondo**, **macaco**, **cochilar**, entre muitas outras.

Vamos pesquisar um pouco mais a influência da cultura banto e de outras culturas africanas no Brasil? Siga o roteiro.

1. Em grupo, pesquisem informações sobre a influência africana na cultura brasileira. O professor dará orientações sobre fontes de consulta confiáveis.
2. Se possível, selecionem imagens de tradições culturais africanas que fazem parte da cultura brasileira.
3. Dividam o texto de sua pesquisa nas quatro partes explicadas a seguir.
   - Introdução: redijam uma breve explicação sobre sua pesquisa.
   - Desenvolvimento: elaborem um texto que explique o tema da pesquisa.
   - Conclusão: apresentem as conclusões às quais chegaram ao pesquisar o tema.
   - Bibliografia: citem, em ordem alfabética, todo o material que vocês pesquisaram (livros, *sites*, notícias de jornais ou revistas e outras fontes).

 Ampliar

Museu Afro
www.museuafrobrasil.org.br
Site do museu dedicado à cultura africana e afro-brasileira.

Arte africana
www.arteafricana.usp.br
Nesse *site* você pode visualizar obras de arte africanas e afro-brasileiras do acervo do Museu de Arqueologia e Etnologia da Universidade de São Paulo (MAE-USP).

1. A África foi e ainda é um continente com grande diversidade cultural? Justifique.

2. Represente a organização da sociedade cuxita em uma pirâmide social de acordo com os passos a seguir:
   - registre quais e quantas eram as camadas sociais do Reino de Cuxe;
   - desenhe uma pirâmide e divida-a na quantidade de camadas sociais do Reino de Cuxe;
   - numere cada parte da pirâmide e crie uma legenda fazendo a correspondência entre essa numeração e as camadas sociais.

   Lembre-se de que, quanto maior o poder e o prestígio de uma camada social, mais próxima do topo da pirâmide deve estar.

3. Responda às perguntas a seguir sobre a organização política e o desenvolvimento cultural e econômico dos reinos do Egito, de Cuxe e de Axum e sobre as migrações e a metalurgia do povo banto.
   a) Tanto no Egito quanto em Cuxe a forma de governo era a monarquia teocrática. O que caracteriza esse tipo de governo?
   b) Quais são as características comuns entre a organização social egípcia, cuxita e axumita?
   c) O que diferencia a religião difundida no Reino de Axum a partir do século IV da religião do Reino de Cuxe?
   d) Com base no que você aprendeu sobre Axum, escreva um parágrafo explicando a relação entre desenvolvimento comercial e intercâmbio cultural naquele reino.

4. Leia o texto a seguir e faça o que se pede.

   > As línguas bantas estão bem presentes no continente africano: cerca de 310 milhões de africanos, a maioria em países da África subsariana, falam estas línguas. Mas se chegaram tão longe é porque há uma história da sua expansão. [...]
   >
   > As línguas bantas fazem parte da família linguística nigero-congolesa e formam um grupo com mais de 500 línguas [...]. A grande jornada das línguas bantas pelo mundo iniciou-se há cerca de quatro mil anos. Nessa altura, os seus falantes viviam na zona ocidental de África, que hoje corresponde à fronteira entre a Nigéria e Camarões [...].
   >
   > [...] Os cientistas observaram então que os falantes de línguas bantas do Leste e do Sul da África tinham mais semelhanças genéticas com as populações de Angola do que entre si, ou com a sua população mais originária [...]. E foi aí que perceberam que os bantos migraram primeiro para o sul, através do Gabão até Angola, e que aí ocorreu uma divisão populacional há dois mil anos, com duas ondas migratórias: uma para sul através da costa Oeste, até à África do Sul; e outra para leste para a zona dos grandes lagos, seguindo depois para sul, através da costa Leste, chegando a Moçambique e, por fim, também à África do Sul.
   >
   > Teresa Sofia Serafim. Há um novo mapa da história das línguas bantas (e Angola é importante). Público, 23 maio 2017. Disponível em: <www.publico.pt/2017/05/23/ciencia/noticia/ha-um-novo-mapa-da-historia-das-linguas-bantas-e-angola-e-importante-1773067>. Acesso em: jun. 2018.

   a) De acordo com o texto, qual é a origem das línguas bantas?
   b) Qual é a importância da região de Angola nos fluxos migratórios dos povos falantes das línguas bantas?
   c) Apresente algumas características mais importantes do modo como as sociedades falantes das línguas bantas se organizavam.

5. De acordo com o conhecimento adquirido, responda: o termo banto refere-se a um único povo?

63

CAPÍTULO 7
Mitologias africanas

Uma característica marcante do continente africano é a diversidade de povos e culturas. Desde a origem da humanidade até hoje, a África se destaca pelo grande número de povos com práticas, costumes, hábitos e crenças distintos. Essa riqueza fica muito clara quando observamos a atual diversidade religiosa do continente.

Dançarinas géledes durante ritual iorubá na República de Benim.

Ritual judaico em sinagoga em Gondar, Etiópia.

As origens da diversidade

Muitas religiões africanas se organizaram em torno de crenças politeístas, que cultuavam deuses que representavam aspectos variados da natureza, espíritos, outras entidades e os ancestrais da comunidade. Nessas religiões, existia a crença de que alguns indivíduos tinham poderes especiais para entrar em contato com deuses e outras entidades a fim de solicitar o apoio desses seres para a proteção da comunidade e de seus membros.

Também existiram povos que criaram religiões politeístas associadas à organização política da sociedade, como é o caso das religiões do Antigo Egito e do Reino de Cuxe. Nessas religiões, o governante era visto como um deus, motivo pelo qual deveria ser respeitado por todos. Por sua vez, os sacerdotes tinham grande poder, podendo auxiliar o governante a comandar a sociedade.

Além das religiões criadas pelos povos africanos, muitas sociedades foram influenciadas por religiões de outras partes do mundo. Os maiores exemplos são as religiões monoteístas, como o cristianismo e o islamismo, que se disseminaram pela África ao longo do tempo e atualmente são as maiores religiões do continente.

Neste capítulo, vamos estudar duas manifestações religiosas importantes da África, a religião banta e a iorubá. Elas são importantes para entender não apenas a forma pela qual as sociedades africanas se organizaram ao longo do tempo, mas também a cultura brasileira. Por conta da escravidão, muitos indivíduos bantos e iorubás foram trazidos para a América. Assim, suas crenças influenciaram a cultura brasileira, dando origem às chamadas religiões afro-brasileiras.

A religião banta

A base do pensamento religioso banto era a ideia da existência de dois mundos diferentes. O mundo visível, no qual estavam todos os seres vivos, os minerais e os fenômenos naturais, e o mundo invisível, formado por espíritos da natureza e divindades. Havia um sistema de hierarquias que organizava esses dois mundos: O mundo invisível vinha em primeiro lugar, tendo uma divindade suprema, responsável pela criação de tudo que existe, seguida por outros deuses, espíritos, antepassados e demais entidades. Depois, estava a hierarquia do mundo visível, que começava com as autoridades políticas das comunidades bantas, e seguia classificando tudo que existia em ordens de importância.

As comunidades bantas davam diferentes nomes próprios para o deus criador de tudo, como Kalunga, Lessa ou Zambi, entre outros. Apesar de ser responsável pela criação, esse deus não intervinha na vida e no mundo visível. Os bantos acreditavam que, após ter feito tudo, essa divindade ordenou que seus filhos deveriam se responsabilizar pela manutenção da ordem do mundo visível. Foi a ação desses deuses que teria dado origem às primeiras **linhagens** dos povos bantos.

Ampliar

O fuxico de Janaína, de Janaína de Figueiredo (Aletria).

A obra recria tradições e narrativas importantes da África de modo a explorar aspectos relevantes das religiões africanas.

Glossário

Linhagem: relação de parentesco.

De acordo com as crenças bantos, existiam também os espíritos dos ancestrais e dos antepassados. Os primeiros eram espíritos de indivíduos que, em um passado longínquo, contribuíram para o desenvolvimento das comunidades. Já os antepassados eram espíritos dos parentes que, depois de mortos, continuavam protegendo as comunidades.

Entre todos esses seres, estavam os espíritos da natureza, considerados importantes porque podiam ser convocados para solicitar o auxílio dos ancestrais, antepassados e outras divindades. Além disso, os bantos acreditavam que era possível negociar com esses espíritos para solicitar ajuda e proteção.

Um aspecto essencial das crenças religiosas dos bantos é que o mundo invisível está em permanente contato com o mundo visível. Os poderes fornecidos pelos espíritos e divindades serviam para proteger os membros da comunidade e garantir sua continuidade. Por essa razão, os bantos atribuíam grande importância aos indivíduos considerados capazes de se comunicar com o mundo invisível. Esses intermediários entre os dois mundos recebiam nomes diversos, como *nganga* ou *ndoki*, entre outros. Por meio de rituais, eles podiam realizar ações de proteção contra forças malignas, curas de doenças ou problemas físicos, solicitar sorte favorável em combates, e outras ações benignas.

Figura de madeira de Nzambi, do final do século XIX ou início do XX.

zoom

Quais são as principais diferenças entre a religião banta e as religiões monoteístas, como o cristianismo?

Máscara *nganga* produzida no século XIX.

A religião iorubá

A cultura iorubá surgiu em regiões que correspondem ao atual território da Nigéria. De lá, seus praticantes se espalharam para diversas áreas da África Ocidental, construindo uma importante civilização. Não existiu um Estado que unisse todos os povos iorubás: formaram-se diversas sociedades distintas, independentes e que muitas vezes não estabeleceram contatos entre si. Ainda assim, havia elementos culturais comuns que possibilitaram aproximar essas diversas sociedades, como a religião iorubá.

A base da religião iorubá, de forma semelhante ao que vimos na religião banta, é a ideia de que existem dois mundos. No caso iorubá, o mundo chamado de Orum consiste em um plano espiritual. Já o Aiyê é o plano material, onde estão os seres vivos, os objetos e tudo aquilo que forma nosso mundo. No início de tudo, os dois mundos estavam unidos e o deus criador de tudo, chamado Olorum ou Olodumaré, permitia que os seres humanos vivessem em contato direto com as divindades iorubás, os orixás. Todavia, quando os humanos se tornaram desobedientes, Olorum decidiu separar os dois mundos.

A partir de então, os deuses foram separados dos seres humanos e o contato direto foi impossibilitado. A única forma de os humanos entrarem em contato com o mundo espiritual eram rituais em que os deuses utilizavam os corpos dos seres humanos para atuar no mundo físico. A figura responsável pela comunicação com o mundo espiritual recebe o nome de babalaô. Por meio dele, seria possível solicitar proteção e a realização de ações mágicas para auxiliar nos mais diversos problemas.

As crenças dos povos iorubás não eram baseadas na noção de bem e mal, mas sim na existência de uma força vital presente em tudo que existe. Os orixás podem usar essa força para beneficiar aqueles que os convocam, mas também para prejudicar os adversários dessas pessoas.

A religião iorubá era politeísta, e os iorubás cultuavam um grande número de divindades. Elas representavam aspectos da natureza, dos conhecimentos técnicos dos povos iorubás e de outras dimensões da vida, como o deus do ferro (chamado de Ogum), o deus da justiça (Xangô), o deus da chuva (Oxumaré), entre muitos outros.

Além disso, os iorubás cultuavam seus ancestrais e acreditavam que aqueles que morriam passavam a fazer parte do mundo espiritual, ajudando a proteger os membros da comunidade.

> **Ampliar**
>
> **Contos e lendas afro-brasileiras – A criação do mundo,** de Reginaldo Prandi (Companhia das Letras).
>
> A obra narra algumas das principais lendas da religião iorubá.
>
> **Omo-Oba – Histórias de princesas,** de Kiusam de Oliveira (Mazza).
>
> A obra reconta alguns dos principais mitos iorubás, ressaltando a importância das divindades femininas para esse povo.

Estatueta que representa Exu, o deus iorubá da mudança e da incerteza.

Acredita-se que esse deus é muito brincalhão e causa situações de discussão apenas para testar a paciência das pessoas e ver como se comportam.

Documentos em foco

O texto a seguir conta o mito de criação dos mundos da religião iorubá. Leia-o atentamente e, em seguida, responda às questões.

Em um tempo imemoriável a Terra não existia, era uma região coberta apenas por água e pântanos, um lugar desabitado e **inóspito**. [...] Milhares de anos se passaram sem que houvesse mudanças. Porém, certa vez, o criador dos orixás, Olorun, mandou chamar à sua presença seu filho mais velho, chamado Obatalá. Eram tempos de transformação e o senhor supremo do cosmos ordenou a criação de um mundo abaixo do seu.

Para executar a tarefa, Obatalá recebeu um saco com terra e uma galinha com pés de cinco dedos. Como não poderia deixar de ser, antes de iniciar sua jornada ele foi consultar Orunmilá, conselheiro das decisões importantes relacionadas às viagens, divindade da sabedoria, **oráculo** dos deuses e dos homens. Seria preciso realizar as oferendas obrigatórias para que tudo corresse bem. Porém, Obatalá se esqueceu de fazer os sacrifícios.

> **Glossário**
> **Imalés:** divindades criadas por Olorun.
> **Inóspito:** inadequado para a vida.
> **Oráculo:** divindade que prevê o futuro.

Estátua de Obatalá. Costa do Sauípe (BA), 2015.

Odudua, outro importante orixá, acompanhava a tudo de perto. [...]

No dia da criação, Obatalá e seus **Imalés** iniciaram a jornada até o local escolhido para criar a Terra. Seu destino final estaria além das fronteiras do Orun, sendo preciso a permissão de Eshu, o senhor dos caminhos, das fronteiras e da comunicação, para atravessar tais limites. Obatalá, porém, havia se esquecido da oferenda de Eshu, que ofendido com o ato lançou sobre este um de seus feitiços. [...]

Após se certificar que Obatalá adormecera, Odudua apanhou o saco de terra e a galinha e foi procurar o pai de todos os Orixás para contar o ocorrido. Vendo que Odudua falava a verdade, Olorun, entregou a ele a tarefa de criar o mundo. Com as oferendas feitas ele desceu [...] até o okun, o mar ou as águas intermináveis, e despejou o conteúdo do saco.

Em seguida, lançou a galinha sobre o montículo formado, esta ciscou e espalhou a terra para todos os cantos. Neste momento, Odudua exclamou: Ilè nfè! Naquele local surgiria mais tarde a primeira cidade, o "umbigo" do mundo, chamada de Ifé, cuja população descenderia de Odudua.

No Orun, Obatalá, ao despertar, ficou sabendo do ocorrido. Procurou Olorun para narrar sua versão da história. Era tarde demais, o mundo já havia sido criado. [...] Porém, Olorun, reservou a Obatalá outra missão. Ele deveria criar os seres vivos que habitariam o mundo. Desta vez Obatalá cumpriu as oferendas e realizou as ordens recebidas. Do barro modelou o homem a quem o sopro de Olorun deu vida. O mundo estava formado e habitado. A rivalidade entre Obatalá, Odudua e Eshu, no entanto, apenas tivera início.

Anderson Ribeiro Oliva. A invenção dos iorubás na África Ocidental – Reflexões e apontamentos acerca do papel da história e da tradição oral na construção da identidade étnica. *Estudos Afro-Asiáticos*, ano 27, n. 1/2/3, p. 141-179, jan./dez. 2005.

---

1. De acordo com a narrativa iorubá, como se deu a origem do mundo?
2. Quais são os principais orixás apresentados na narrativa? Indique seus nomes e o que eles representam.
3. Como a narrativa iorubá explica a origem dos seres humanos?
4. A cidade de Ifé é considerada a origem de todos os povos iorubás. Como esses povos explicam sua origem?

A influência das religiões africanas no Brasil

Muitas religiões africanas influenciaram a cultura brasileira. Isso está diretamente relacionado à permanência da escravidão e à migração forçada de milhões de africanos por muitos séculos para o Brasil, entre eles, sobretudo, bantos e iorubás.

Existem muitos registros de práticas religiosas africanas no Brasil entre os séculos XVI e XIX. As autoridades portuguesas temiam essas práticas, chamadas por elas de calundus, e agiam para reprimir aqueles que as realizavam. Diante das inúmeras violências que marcaram as relações escravistas, as práticas religiosas eram importantes instrumentos de resistência. Por meio delas, os africanos mantinham os vínculos entre si e com suas culturas de origem, bem como lidavam com a violência física que sofriam. Por isso, era comum a realização de rituais de cura de doenças e ferimentos, além daqueles que visavam proteger seus praticantes ou mesmo prejudicar os senhores de escravos.

Ampliar

Religião africana no Brasil, de Antonio Jonas Dias Filho e Márcia Honora (Ciranda Cultural).

A obra reflete sobre o processo de formação das religiões afro-brasileiras e a importância das tradições africanas.

Ao longo do tempo, as diferentes crenças religiosas africanas foram se misturando a crenças indígenas e elementos do catolicismo, dando origem às religiões afro-brasileiras, como o candomblé. Essa crença se organizou pelo culto aos orixás dos povos iorubás e teve influências de outros povos africanos, como o culto aos vodus dos povos fons (africanos que viviam nos atuais territórios de Benin e Togo). Há também o candomblé de raiz banto, como o chamado candomblé de Angola.

Atualmente, o candomblé é uma das principais religiões do Brasil, com grande número de praticantes nas mais diversas regiões. Sua base é o culto aos orixás, mediado por um pai de santo, o responsável pela organização de um terreiro, isto é, pelo local de culto. Os rituais do candomblé, que visam ao bem-estar, à proteção e ao auxílio a seus praticantes, contam com sacrifícios simbólicos, feitos de forma a agradecer o apoio oferecido a seus praticantes pelos orixás. A umbanda é outro exemplo importante de religião afro-brasileira baseada no culto aos orixás.

Ritual de candomblé em terreiro. Lauro de Freitas (BA), 2014.

Apesar de essas religiões contarem com um grande número de seguidores, ainda existe muita discriminação contra elas: manifestações de violência contra os praticantes e seus terreiros, expressões de discriminação racial e de ameaça à liberdade religiosa. Por essa razão, é extremamente importante combater os atos de intolerância e garantir que os praticantes de todas as religiões tenham o direito de seguir suas crenças e praticar seus rituais.

Atividades

1 O mito de criação do mundo é apenas um dos inúmeros criados pelos povos iorubás para explicar o surgimento dos seres vivos, a organização do mundo e o funcionamento da sociedade. Com base nisso, pesquise outro mito iorubá, à sua escolha, registre as principais informações e, em seguida, apresente-as aos colegas em sala de aula.

2 Leia atentamente o texto e faça o que se pede.

> Dados compilados pela Comissão de Combate à Intolerância Religiosa do Rio de Janeiro (CCIR) mostram que mais de 70% de 1 014 casos de ofensas, abusos e atos violentos registrados no Estado entre 2012 e 2015 são contra praticantes de religiões de matrizes africanas.
>
> [...] A BBC Brasil ouviu especialistas sobre as razões da hostilidade contra as religiões de origem africana e o que pode ser feito.
>
> Para eles, há duas explicações. Por um lado, o racismo e a discriminação que remontam à escravidão e que desde o Brasil colônia rotulam tais religiões pelo simples fato de serem de origem africana, e, pelo outro, a ação de movimentos neopentecostais que nos últimos anos teriam se valido de mitos e preconceitos para "demonizar" e insuflar a perseguição a umbandistas e candomblecistas.
>
> Jefferson Puff. *Por que as religiões de matriz africana são o principal alvo de intolerância no Brasil?*
> Disponível em: <www.bbc.com/portuguese/noticias/2016/01/160120_intolerancia_religioes_africanas_jp_rm>. Acesso em: jun. 2018.

a) De acordo com o texto, quais são as religiões que mais sofrem ofensas, abusos e atos violentos no Brasil?

b) Para os especialistas, quais são as principais causas do preconceito e discriminação contra as religiões afro-brasileiras?

c) Discuta com os colegas algumas atitudes que podem ser tomadas para modificar essa situação e combater o preconceito contra religiões afro-brasileiras.

3 As culturas tradicionais africanas revelam grande respeito pelas gerações passadas, isto é, pelos ancestrais e antepassados. Comente como isso se manifesta na religião banto.

4 Nas crenças religiosas dos bantos, os *ngangas* (ou *ndokis*) têm papel importante. Por quê?

5 Considerando as crenças religiosas dos povos iorubas, identifique corretamente os seguintes elementos e divindades:

Orun	
Aiyê	
Odolumaré	
Oxumaré	
Ogum	
Xangô	

6 Vimos que as religiões africanas influenciaram a cultura brasileira, sendo muito praticadas pelos escravos entre os séculos XVI e XIX. Com base no estudo do capítulo, explique por que essas práticas religiosas eram instrumentos de resistência à escravidão.

7 De acordo com o dicionário ioruba-português, **candomblé** é o nome que define os cultos afro-brasileiros de origem jeje, iorubá ou banto. Qual é a base do candomblé?

Visualização

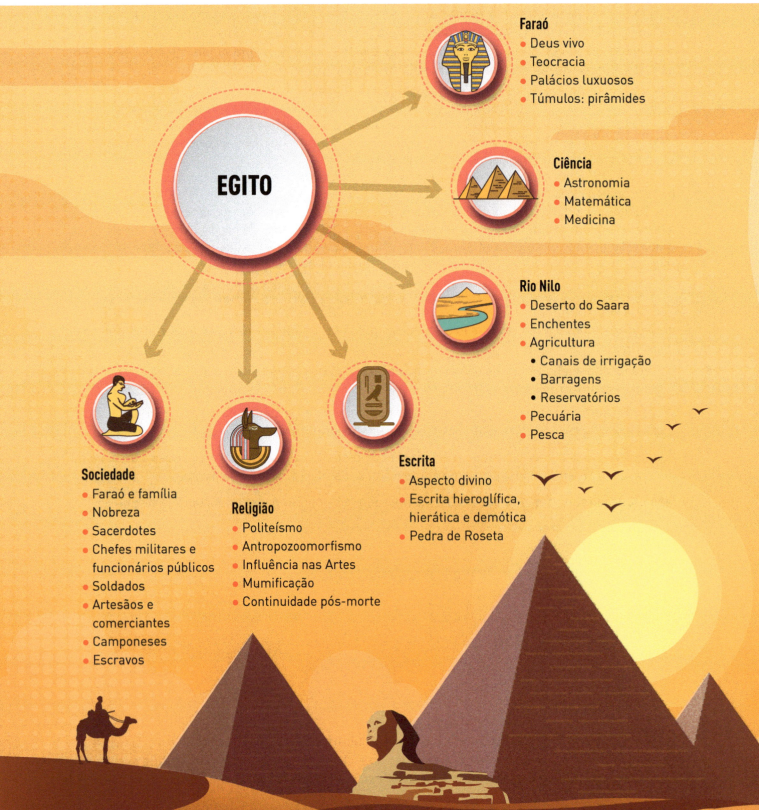

REINO DE AXUM

- Atual Etiópia
- Desenvolvimento comercial
- Navegações
- Intercâmbio cultural
- Centros urbanos
- Arquitetura desenvolvida
- Cristianismo misto e islamismo

REINO DE CUXE

- Região da Núbia (sul do Egito)
- Agricultura
- Metalurgia
- Comércio
- Rica cultura material
- Escrita hieroglífica e alfabética
- Centros urbanos
- Monarquia teocrática
- Politeísmo

BANTOS

- Seminomadismo
- Caça
- Agricultura
- Obras de arte sofisticadas

MITOLOGIAS AFRICANAS

Banto
- Dois mundos: o invisível e o visível
- Deus criador de tudo: Kalunga, Lessa ou Zambi
- *Nganga* ou *ndoki*: comunicação com o mundo invisível
- Culto aos ancestrais e antepassados

Iorubá
- Dois mundos: material e imaterial
  - No princípio eram juntos, mas foram separados
- Deus criador de tudo: Olorum ou Olodumaré
- Babalaô: comunicação com o mundo invisível
- Orixás: divindades
- Culto aos ancestrais

RELIGIÕES AFRO-BRASILEIRAS

- Mitologia africana
- Migração forçada e escravidão de povos africanos
- Religião como resistência
- Mistura de elementos
  - Crenças indígenas
  - Elementos do catolicismo
  - Religiões africanas
- Candomblé
- Umbanda

Retomar

1. Observe as imagens abaixo e responda às perguntas.

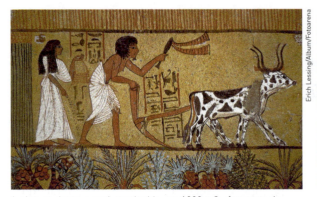

A pintura deste mural, produzida em 1290 a.C., faz parte da tumba de Sennedjem. Está localizada na necrópole de Deir el--Medina, em Luxor, Egito.

Detalhe de um conjunto de pinturas, produzidas entre 1425 a.C. e 1400 a.C., na tumba de Rekhmire, em Luxor, Egito.

a) Que atividades estão representadas nas imagens?
b) Quais delas dependem diretamente do Rio Nilo?
c) Onde foram feitas essas pinturas egípcias?
d) O que você observa de comum entre elas?
e) Qual delas é mais recente?

2. Observe a fotografia, leia a legenda e faça o que se pede.

a) Que aspectos da paisagem da cidade do Cairo são comuns também a outras cidades do Brasil e do mundo?
b) Quais elementos dessa paisagem não poderiam ser observados no entorno do Nilo na Antiguidade?

Vista do Rio Nilo e da cidade do Cairo, atual capital do Egito.

3. Leia o texto a seguir, que analisa algumas das principais características da cultura nok, que também se desenvolveu na África. Em seguida, faça o que se pede.

Nok é uma das civilizações mais antigas da África ao sul do Saara, situada onde atualmente é o país africano chamado Nigéria. Estudos constataram que essa cultura existiu entre os séculos VII a.C. e IX d.C. Os nokes praticavam agricultura, criavam bois e cabras e construíam casas retangulares usando varas de madeira e barro, cobertas por palha.

A cultura nok produziu esculturas humanas em terracota de tamanhos que variam de 9 cm a 1,20 m, indicando artesãos com grande conhecimento sobre técnicas de cozimento e modelagem da argila. As esculturas nok foram encontradas de maneira casual, em uma mina de estanho.

O povo nok utilizava uma argila de grande qualidade e não usava molde para confeccionar as obras. A característica mais marcante da escultura nok está na maneira de representar os olhos, que podem aparecer num tamanho exagerado e com a pupila quase sempre perfurada.

a) Descreva a cultura nok.
b) Qual teria sido a intenção do artista ao modelar uma cabeça em tamanho natural?
c) Quais informações sobre o povo nok é possível obter ao interpretar sua arte?

4) Leia o texto a seguir, sobre a religião banta, e responda às questões.

Encontrada em 1954, essa escultura representa uma cabeça em tamanho natural, com 36 cm de altura.

As esculturas mais recentes do povo nok datam do século II d.C.

Logo abaixo dos ancestrais, na hierarquia espiritual, merecia grande destaque a figura dos antepassados. Mais próximos dos seres humanos, eles eram em geral parentes próximos e, como defuntos mais recentes, eram personalizados. Para que o espírito de uma pessoa falecida se tornasse um antepassado era preciso considerar a forma como ele morreu e a conduta que teve em vida. Era preciso ter deixado as marcas de uma boa conduta moral, ter vivido até a velhice, não ter se suicidado, e ter deixado grande descendência. Além disso, o antepassado deveria se manifestar em algum vivo por meio da possessão, enviando mensagens aos seus familiares com os quais passava a desenvolver uma relação de muita proximidade. Todos esses sinais apontavam para o perfil do antepassado que, assim como os ancestrais, passava a ser cultuado e assumia a função de intermediário entre o Ser Supremo e determinada comunidade dos vivos. Embora falecidos, os antepassados continuavam membros ativos do grupo familiar e da comunidade a que pertenceram durante sua vida. Eles se tornavam os guardiões e os protetores de seus parentes vivos. Em contrapartida, o grupo familiar precisava alimentá-los e cultuá-los. Caso contrário, eles podiam acabar esquecidos da memória dos vivos com o passar do tempo.

Robert Daibert. A religião dos bantos: novas leituras sobre o calundu no Brasil Colonial. *Estudos Históricos*, Rio de Janeiro, v. 28, n. 55, p. 12, jan./jun. 2015.

a) De acordo com o texto, qualquer membro da comunidade banta poderia ser cultuado como um antepassado após sua morte? Justifique sua resposta.
b) Qual era o papel dos antepassados na religião banta?
c) Para que os antepassados desempenhassem suas funções, a comunidade banta também tinha de adotar certas práticas para auxiliar o antepassado. Quais eram essas práticas?

5) A escrita hieroglífica é uma marca da cultura do Antigo Egito. Caracterize-a.

6) A presença núbia era constante ao longo dos milênios da história do Império Egípcio e é atestada nas pinturas das paredes das pirâmides, nas ilustrações dos papiros […]. Os habitantes de Núbia constituíam uma ameaça para a estabilidade do poder faraônico.

José Rivair Macedo. *História da África*. São Paulo: Contexto, 2013. p. 25 (grifo nosso).

a) Que fontes históricas citadas no texto comprovam a presença de núbios no Antigo Egito?
b) Identifique uma situação histórica que justifica a afirmativa destacada no texto.

UNIDADE 3

> **Antever**

Durante a Idade Antiga, formaram-se na Ásia cidades e impérios muito poderosos. Cobiçada por muitos povos, a região denominada atualmente Oriente Médio abrigou civilizações que produziram um vasto patrimônio cultural. Que razões poderiam explicar sua importância no mundo antigo?

A construção de imponentes templos, palácios e portais indica o domínio de conhecimentos relacionados à Arquitetura e à Engenharia, além do trabalho árduo dos que erguiam as edificações. Nos dias atuais, parte desse patrimônio encontra-se parcial ou totalmente destruído e a ação do tempo não é a única responsável por isso. Muitas guerras foram travadas na região causando sofrimento à população local e devastação da paisagem.

Nos últimos anos, o grupo Estado Islâmico, que adota táticas de violência extrema para tomar o poder naquela região, realizou vários atentados contra o patrimônio material herdado das antigas culturas que lá viveram. Essas ações são consideradas crimes de guerra pela Unesco, entidade internacional que tem entre suas funções preservar o Patrimônio Cultural da Humanidade. Por que a destruição do patrimônio material dos povos que viveram na Ásia durante a Idade Antiga, causada por guerras na região, afeta a comunidade mundial?

Grande Colunata de Palmira, 2016. Atualmente, é um importante sítio arqueológico localizado na Síria.

Antigas sociedades e culturas da Ásia

CAPÍTULO 8
Povos e culturas da Mesopotâmia

Desde o início do século XX, o Oriente Médio atrai a atenção mundial por ser uma região rica em petróleo. Essa situação, somada às rivalidades e divergências entre algumas nações, torna a área sujeita a permanente tensão e eventuais conflitos.

Durante a Idade Antiga, desenvolveram-se ali sociedades de notável expressão cultural identificadas como "mesopotâmicas", que fundaram as primeiras cidades do mundo e criaram a primeira forma de escrita. Neste capítulo, abordamos as formas de organização social e política que esses povos adotaram, os conhecimentos que produziram e a importância dessa região no mundo antigo.

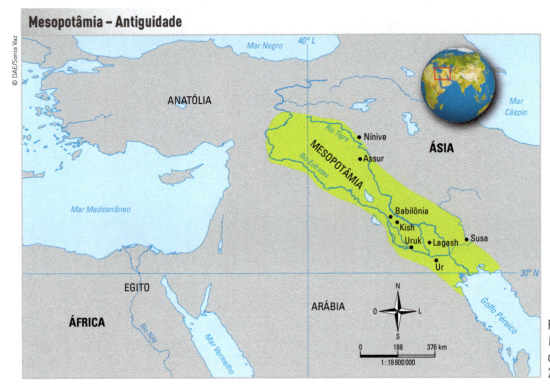

Fonte: Jeremy Black. *World history atlas*. Londres: Dorling Kindersley, 2008. p. 220.

A região da Mesopotâmia

As primeiras cidades mesopotâmicas formaram-se por volta de 3500 a.C., próximas aos rios Tigre e Eufrates, que banham a região.

A Mesopotâmia é uma zona de passagem entre três continentes: Ásia, África e Europa. Por isso, a história da região foi marcada por sucessivas invasões de diferentes povos e por guerras entre eles.

De forma semelhante ao que ocorria no Egito com as enchentes do Nilo, as cheias dos rios Tigre e Eufrates fertilizavam as terras na Mesopotâmia entre os meses de abril e maio, quando as geleiras das montanhas localizadas na atual Armênia descongelavam. O norte da Mesopotâmia era um território montanhoso e árido e na região sul havia planícies férteis, que favoreciam a agricultura.

Origens do Estado

Zigurate erguido no século XVI a.C., na região da Mesopotâmia, atual Iraque.

A formação das primeiras cidades deu origem a muitas transformações. O trabalho, que até então era realizado de forma coletiva com o objetivo principal de produzir alimentos, passou também a ser exercido por artesãos especializados: ceramistas, tecelões, ferreiros, carpinteiros, ourives etc.

Defender as cidades de invasões e de saques exigia que as muralhas e os portões de acesso fossem vigiados, tarefa que passou a ser exercida por soldados. Assim se formaram os primeiros exércitos, grupos permanentemente armados e treinados para a guerra, liderados por chefes militares que passaram a ter grande prestígio naquelas sociedades urbanas.

Para favorecer o abastecimento de água e alimentos à população das cidades, era necessário construir canais de irrigação, reservatórios, celeiros, mercados, o que envolvia centenas de trabalhadores. Mas como organizar essas novas atividades?

As populações urbanas, cada vez mais voltadas a atividades específicas, passaram a encontrar dificuldades para tomar decisões coletivas sobre todos os assuntos do cotidiano. Aos poucos, o governo das cidades passou a ter funcionários públicos chefiados pelo rei que se ocupavam de administrar as cidades.

Surgiram assim os primeiros Estados, governos centralizados com autoridade sobre o povo e seu respectivo território.

Glossário

Cunhar: imprimir relevo ou inscrição em superfície de metal, como nas moedas e medalhas.
Zigurate: templo característico da arquitetura mesopotâmica.

O poder dos reis

A origem do poder dos primeiros reis foi variada, dependia da cultura e das necessidades de cada povo. Alguns o conquistaram por sabedoria, outros por força ou por ter riqueza.

Os reis passaram a centralizar o governo em suas mãos e exerciam funções diversas:
- nomeavam os funcionários públicos;
- determinavam a cobrança de impostos;
- **cunhavam** moedas;
- chefiavam os exércitos;
- criavam leis e mandavam registrá-las por escrito;
- ordenavam a construção de obras públicas;
- atuavam como juízes e sacerdotes supremos.

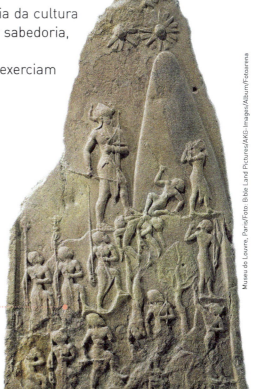

Estela de Naram-Sin,
c. 2254 a.C.–2218 a.C.
Descoberta em Susa, Irã.

Nessa estela está representada a vitória de um rei mesopotâmico sobre seus inimigos. No alto, astros simbolizam deuses.

Povos que dominaram a Mesopotâmia

Ao longo de quase três mil anos (entre 3500 a.C. e 539 a.C.) vários povos migraram para o território da Mesopotâmia, motivados pela presença de terras férteis, o que foi facilitado pela navegação nos rios e no Golfo Pérsico.

Diferentes povos sucederam-se no domínio da região: sumérios, acádios, amoritas, hititas, cassitas, assírios, caldeus e persas. Tais domínios sucessivos fizeram da Mesopotâmia uma região com grande diversidade cultural.

Observe no mapa a sobreposição de conquistas territoriais na região da Mesopotâmia entre 3500 a.C. e 539 a.C.

Fonte: Jeremy Black. *World history atlas*. Londres: Dorling Kindersley, 2008. p. 220.

Os sumérios

Os sumérios ocuparam as planícies férteis do sul da Mesopotâmia formando cidades como Uruk, Kish e Lagash.

O desenvolvimento agrícola aumentou a produção de excedentes, contribuindo para a prática do comércio. As mercadorias eram transportadas pelos rios Tigre e Eufrates. Os principais produtos cultivados e comercializados pelos sumérios eram trigo, gergelim, legumes, frutas e cevada. Eles também vendiam produtos artesanais: objetos de cerâmica e de metais, tecidos de linho, tijolos, joias e bebidas. Costumavam comprar marfim da Índia, mármore e madeira do Líbano e cobre da Ilha de Chipre. Geralmente comercializavam à base de trocas e só passaram a usar moedas por volta de 700 a.C.

> **zoom** Que razões contribuíram para a ocupação da Mesopotâmia por diferentes povos?

Estandarte de Ur, c. 2500 a.C., detalhe.

É um mosaico de dois painéis: um mostra o rei e seus súditos e, o outro, cenas de guerra. A arte, o comércio e várias outras atividades eram amplamente praticadas na Mesopotâmia.

Documentos em foco

Esculturas registram a história da Mesopotâmia

A arte da escultura foi bastante desenvolvida entre os povos mesopotâmicos. Feitas em pedra, muitas peças sobreviveram ao tempo, estão preservadas até os dias atuais e fazem parte do acervo de diferentes museus.

As esculturas a seguir estão expostas no Museu do Louvre, em Paris, França, e representam registros materiais de antigas sociedades mesopotâmicas. Observe-as.

Representação de uma embarcação (na parte inferior) e uma cena de banquete (na parte superior). Placa esculpida em pedra, c. 2700 a.C.-2650 a.C.

A navegação é um tema bastante frequente na arte mesopotâmica. Pelos rios Tigre e Eufrates, os comerciantes transportavam mercadorias entre as cidades da região e conheciam outros lugares.

Escultura em diorito, representa o rei Gudea, que governou Lagash, na Suméria, c. 2120 a.C.

A escultura foi encontrada na antiga Girzu (atual Iraque).

1. Na placa esculpida em pedra, é feita uma relação entre a cena superior – o banquete – e a cena inferior – os navegantes. Pense: qual seria essa relação?

   a) Os navegantes partiam para outra região ou voltavam dela. Com base na legenda, qual foi a provável finalidade da viagem?

   b) É possível que o banquete tenha reunido os comerciantes que organizaram a viagem representada na cena inferior. Nesse caso, o que os participantes do banquete poderiam estar comemorando?

2. Destaque um elemento da escultura de Gudea que indica se tratar de um governante.

Outros povos da Mesopotâmia

O desenvolvimento agrícola e comercial da Suméria atraiu o interesse de outros povos. Para se proteger das invasões, as cidades sumérias foram cercadas com muralhas e cada uma passou a ter governo, leis e costumes, agricultura e comércio próprios. Portanto, na Suméria não se organizou um único governo, foram constituídas cidades-Estado independentes, que por vezes tentavam dominar outras, causando conflitos entre elas. As rivalidades entre as cidades-Estado sumérias acabaram por enfraquecê-las, o que facilitou a invasão dos acádios, por volta de 2300 a.C. Originário do norte da Mesopotâmia, esse povo centralizou seu governo na cidade de Ur.

Cerca de trezentos anos depois, os acádios foram derrotados pelos amoritas. Entre 2000 a.C. e 1750 a.C., os amoritas formaram o I Império Babilônico, com governo único e centralizado na cidade de Babilônia, localizada na região central da Mesopotâmia. Entre 1750 a.C. e 1300 a.C., o I Império Babilônico sofreu sucessivas invasões de hititas e cassitas. Em 1300 a.C., os assírios, vindos do norte da Mesopotâmia, invadiram a região. Eles praticavam a agricultura e o comércio, mas se dedicavam sobretudo a atividades militares. Ficaram conhecidos por saques de guerra e pela crueldade com que tratavam os povos derrotados para obrigá-los a pagar impostos.

As principais cidades do Império Assírio foram Assur e Nínive, que se sucediam como capitais do império. Em 612 a.C., os caldeus conseguiram derrotar os assírios, conquistando a Babilônia e o restante da Mesopotâmia. Formaram assim o II Império Babilônico, que sobreviveu até 539 a.C., quando foi dominado pelos persas.

Os povos que viveram na Mesopotâmia davam atenção especial à formação de exércitos e às atividades militares, pois o desenvolvimento agrícola e comercial da região atraía a atenção de povos invasores. No alto da imagem estão representados carregadores e oficiais assírios; abaixo, o exército pronto para atacar a cidade de Khazazu Numrud, na Assíria, cidade cujo território atual localiza-se no Iraque.

Detalhe dos portões de madeira de Shalmaneser III, c. 853 a.C., com faixas em relevo de bronze.

zoom No Brasil, as cidades são governadas por prefeitos e vereadores. No entanto, elas não são cidades-Estado. Pense a respeito e explique por quê.

Reconstrução do Portal de Ishtar, construído por Nabucodonosor no século VI a.C., em homenagem à deusa Ishtar. Berlim, Alemanha.

Nabucodonosor foi o monarca babilônico de maior poder no século VI a.C. Ele investiu em grandes obras, como palácios, muralhas e templos.

Relações sociais na Mesopotâmia

A conquista sucessiva da Mesopotâmia por vários povos fez com que sua organização social apresentasse características diferenciadas, conforme a cultura, a época ou a região. Na sociedade assíria, por exemplo, os chefes militares ocupavam posição de destaque, pois a guerra era uma atividade valorizada. Nos demais povos mesopotâmicos, os sacerdotes e os nobres tinham mais privilégios que os militares.

Apesar de diferenças como essas, pode-se dizer que nas sociedades da antiga Mesopotâmia os reis, os sacerdotes, os nobres, os militares e os comerciantes formavam as camadas privilegiadas.

Acreditava-se que as terras férteis pertencessem aos deuses, por isso elas ficavam sob controle dos sacerdotes, o que ampliava o poder desse grupo social. Já as camadas populares incluíam artesãos, camponeses e escravizados, que eram pouco numerosos, geralmente pessoas que não conseguiam pagar dívidas ou prisioneiros de guerra.

Os camponeses compunham a maior parte das sociedades mesopotâmicas e pagavam com produtos os impostos cobrados pelo governo. Com os escravizados, eles eram obrigados a construir templos religiosos, canais de irrigação, reservatórios de água e outras obras públicas à semelhança do que ocorria no Egito.

> **Ampliar**
>
> **A Mesopotâmia,** de Marcelo Rede (Saraiva).
>
> O livro analisa as organizações sociais e econômicas, as relações políticas, a cultura e o modo de vida dos antigos povos da Mesopotâmia.
>
> **Sociedades do antigo Oriente Próximo,** de Ciro Flamarion S. Cardoso (Ática).
>
> A obra apresenta uma interessante comparação entre as sociedades do antigo Oriente Próximo utilizando os exemplos do Egito e do sul da Mesopotâmia.

Baixo relevo que representa a criação de animais na antiga Mesopotâmia, c. 883 a.C.-859 a.C.

A criação de animais era uma das atividades praticadas pelos camponeses, que sustentavam a sociedade com seu trabalho e com o pagamento de impostos.

Cultura dos povos mesopotâmicos

Os sumérios criaram uma das primeiras formas de escrita, que foi posteriormente adotada pelos demais povos mesopotâmicos. Com uma espátula, desenhavam em placas de argila sinais com o formato de pequenos triângulos chamados de cunha – por isso sua escrita foi denominada **cuneiforme**. A abundância de argila nos vales do Tigre e do Eufrates explica o uso desse material na escrita.

As sociedades mesopotâmicas utilizavam a escrita para controlar as atividades comerciais: marcavam o que era estocado, comprado ou vendido, os pagamentos efetuados, os preços das mercadorias. Faziam também registros dos grandes acontecimentos, de rituais religiosos, leis e canções.

Ampliar

Mesopotâmia: o amanhecer da civilização, de Olavo Leonel Ferreira (Moderna).

O livro narra as origens das sociedades mesopotâmicas.

Placa de argila do século XIV a.C., encontrada em Ugarit, na Síria.

Nesta placa estão os primeiros registros musicais encontrados até hoje em escavações arqueológicas.

Crenças

Os povos mesopotâmicos eram politeístas, ou seja, acreditavam em vários deuses; realizavam rituais de magia e sacrifícios de animais. Acreditavam que algumas pessoas podiam ficar invisíveis ou mudar da forma humana para outra para escapar da ação dos demônios. Eles também acreditavam que, após a morte, todas as pessoas iriam para o "país dos mortos", onde se alimentariam de pó e de barro.

No entanto, preocupavam-se mais com a vida na Terra. Desenvolveram conhecimentos de Astrologia estudando a influência dos astros no dia a dia e, com base em observações do céu, criaram os signos do zodíaco. Faziam o horóscopo das pessoas e previsões sobre o futuro.

Estatueta encontrada em Nippur, atual Iraque, c. 2500 a.C.

Estatueta feita de pedra, é considerada figura votiva, isto é, oferecida aos deuses em agradecimento por um desejo atendido.

Conhecimentos

Também com base no estudo dos astros, os povos mesopotâmicos criaram um calendário que dividia o ano em doze meses, a semana em sete dias, o dia em 24 horas e a hora em sessenta minutos.

Obtiveram grande avanço na Astronomia, descrevendo fenômenos, como o movimento elíptico dos astros, e também na matemática desenvolvendo o comércio e a construção de grandes obras de engenharia, utilizando cálculos que envolviam a multiplicação e a divisão.

Calendário astrológico da cidade de Uruk. Terracota, c. 2000 a.C.-1000 a.C.

Arquitetura

A Arquitetura mesopotâmica caracterizou-se por construções típicas.

Para facilitar a defesa, as cidades eram cercadas por muralhas e o acesso a elas era por meio de grandes portões de metal. As obras públicas eram, em geral, luxuosas e imponentes, como os Jardins Suspensos da Babilônia. Nos principais templos religiosos erguiam-se torres denominadas zigurates, construídas em degraus e revestidas com tijolos esmaltados. Os zigurates chegavam a medir 100 metros de altura e também foram utilizados como observatórios astronômicos.

No entanto, as moradias da maioria da população eram simples e feitas de barro, sem luxo ou conforto.

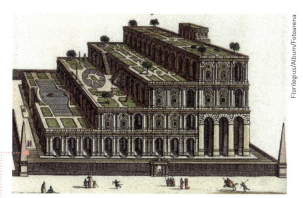

Friedrich Johann Bertuchs. *Representação dos Jardins Suspensos da Babilônia*, 1792. Gravura.

Diversos artistas ao longo da história criaram representações dos Jardins Suspensos, mas não se conhece, até hoje, sua real forma. Nenhum vestígio arqueológico foi encontrado e não há descrições detalhadas sobre eles.

Zigurate de Ur, construído em homenagem a Nanna, o deus da Lua, c. 2113 a.C.-2096 a.C. Iraque.

Foi reconstruído por Nabucodonosor II, por volta do século VI a.C., depois de ter sido destruído pelos acádios.

Viver

Em 1902, pesquisadores encontraram em Susa, no Irã, ruínas de um monumento de pedra com 3600 linhas, nas quais estava escrito o Código de Hamurábi – o primeiro conjunto de leis escritas dos povos do Oriente. O código foi elaborado durante o governo de Hamurábi, no I Império Babilônico. Leia uma parte desse documento a seguir.

- Se um homem cegou o olho de um homem livre, o seu próprio olho será cego.
- Se cegou o olho de um escravo, ou quebrou-lhe um osso, pagará metade do seu valor.
- Se uma taberneira, em cuja casa se reuniram malfeitores, não prendeu esses malfeitores e não os conduziu ao palácio: essa taberneira será morta.
- Se um homem tiver arrancado os dentes a um homem de sua categoria, os seus próprios dentes serão arrancados.
- Se um médico tratou, com faca de metal, a ferida grave de um homem e lhe causou a morte ou lhe inutilizou o olho, as suas mãos serão cortadas.
- Se um filho bateu em seu pai: cortarão sua mão.
- Se um construtor fizer uma casa e esta não for sólida e caindo matar o dono, este construtor será morto.
- Se causou a morte do filho do dono da casa: matarão o filho desse construtor.
- Se causou a morte de um escravo do dono da casa: ele dará ao dono da casa um escravo equivalente.
- Se causou a perda de bens móveis: compensará tudo que fez perder. Além disso, porque não fortificou a casa que construiu e ela caiu, deverá reconstruir a casa que caiu com seus próprios recursos.

Secretaria de Estado da Educação. *Coletânea de documentos históricos para o 1º grau – 5ª a 8ª séries*. São Paulo (estado), SE/CENP, 1979. p. 53.

Código de Hamurábi, c. 1792 a.C.-1750 a.C. Escultura em basalto, 225 cm × 65 cm.

O princípio das leis do Código de Hamurábi era de que a pena para um crime deveria ser proporcional ao dano causado. Desse princípio nasceu a ideia de justiça baseada na Lei de Talião, resumida na frase "olho por olho, dente por dente", que orientou muitos códigos de leis dos povos antigos.

No contexto em que foram criadas, elas pretendiam impor regras para a prática da justiça, apresentando punições diferentes para crimes cometidos contra homens livres e contra escravizados, sendo as penas para o último caso menos rigorosas.

Atualmente, nos países democráticos, incluindo o Brasil, a justiça está fundamentada no princípio de que as pessoas são iguais diante das leis, que devem ser aplicadas a todos independentemente de condição social, crença, gênero ou etnia.

1. As punições do Código de Hamurábi para quem ferisse um escravo estabeleciam que seu dono recebesse algum tipo de recompensa e não o próprio escravo. O que esse critério de aplicação de justiça demonstra? Você considera essa desigualdade justa? Por quê?

2. A igualdade de todos diante das leis é um princípio adotado por inúmeras sociedades democráticas do mundo atual, para a aplicação de leis e justiça. Discuta com os colegas qual é a importância desse princípio para os direitos individuais, isto é, de cada um de nós.

Atividades

1) A palavra **mesopotâmia** significa "entre rios". Quais rios justificam essa denominação para a região? Como eles contribuíram para a formação populacional do local?

2) Os povos que viveram na Mesopotâmia constituíram sociedades diversificadas, com diferentes grupos sociais que exerciam funções específicas.

a) Identifique a função exercida pelos sacerdotes, pelos militares e pelos camponeses.

b) Parte das sociedades formadas na Mesopotâmia era composta por escravizados. Em que situação alguém era escravizado e que atividade realizava?

c) Em sua opinião, havia desigualdade social nas sociedades da Mesopotâmia? Justifique.

3) Enquanto os sumérios formaram cidades-Estado, como Ur, Uruk e Nínive, outros povos formaram impérios, como o Império Babilônico.

a) Quais povos mesopotâmicos formaram impérios?

b) Explique a diferença entre cidade-Estado e império.

> **Glossário**
> **Legado:** herança; patrimônio.

4) Na história dos sumérios, a invenção e o uso da escrita relacionam-se ao comércio e à religião. Explique por quê.

5) Os povos mesopotâmicos criaram um vasto **legado** cultural em muitos campos do saber, como Arquitetura, Astrologia, Astronomia, Matemática e Literatura.

a) Identifique conhecimentos da cultura desses povos que permanecem atualmente.

b) Você sabe qual é a diferença entre Astrologia e Astronomia? Pesquise o assunto e anote as principais diferenças entre essas áreas de conhecimento.

6) Responda às perguntas a seguir sobre os primeiros Estados da Mesopotâmia.

a) No processo de formação dos primeiros Estados, a população reconhecia a autoridade do governante sobre ela. Por que esse reconhecimento foi importante para o rei exercer o governo?

b) Na formação dos primeiros Estados foi significativa a atuação dos funcionários públicos. Converse com adultos e anote exemplos de cargos exercidos por funcionários públicos no Brasil.

c) A afirmação "O Brasil é um Estado subdividido em outros estados" apresenta a palavra estado com significados diferentes. Consulte um dicionário para diferenciar esses significados e registre no caderno.

7) Compare o mapa ao lado com o mapa da página 76 e identifique quais países, atualmente, localizam-se no território que correspondia à Mesopotâmia na Idade Antiga.

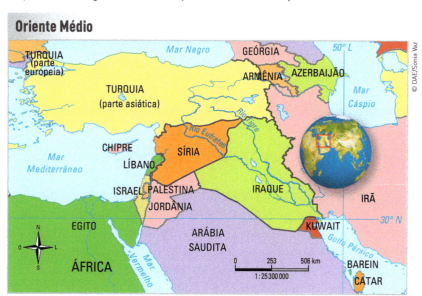

Fonte: *Atlas geográfico escolar*. 7. ed. Rio de Janeiro: IBGE, 2016. p. 49.

85

Poder e cultura no Império Persa

Recentemente, um dos países mais antigos do Oriente Médio, o Irã, viveu um período de agitações populares no qual manifestantes protestavam contra a crise econômica e o governo. Na Idade Antiga, esse mesmo território abrigou o Império Persa, um dos mais poderosos de sua época. Até 1935, o Irã guardava essa herança no nome do país, pois era chamado de Pérsia.

Sua história tem início por volta de 2000 a.C., quando duas tribos nômades, os medos e os persas, ocuparam um planalto a leste da Mesopotâmia e lá se sedentarizaram, organizando dois reinos rivais. Posteriormente, os persas derrotaram os medos e, entre os séculos VI a.C. e IV a.C., realizaram diversas conquistas territoriais, expandindo suas fronteiras em um vasto e poderoso império.

Observe, nos mapas a seguir, o território persa no seu início e do atual Irã.

Fonte: José Jobson de Arruda. *Atlas histórico básico*. São Paulo: Ática, 2011. p. 9.

Fonte: *Atlas geográfico escolar*. Rio de Janeiro: IBGE, 2016. p. 49.

Formação do Império Persa

Em 559 a.C., sob o comando do rei Ciro, o Grande, os persas derrotaram os medos e iniciaram um período de conquistas territoriais, impondo sua dominação sobre regiões vizinhas: Mesopotâmia, Fenícia e Palestina. Assim, a Pérsia transformou-se em um império, ou seja, um reino que domina outros povos e submete-os às leis e às decisões do governo imperial.

Depois de Ciro, a expansão territorial persa prosseguiu com o imperador Cambises, que liderou o exército persa na conquista do Egito. Mas foi durante o longo governo de seu sucessor, Dario, que a Pérsia se tornou um dos impérios mais organizados e poderosos de seu tempo.

O governo de Dario

Dario tinha um jeito próprio de governar. Em primeiro lugar, detinha um controle absoluto sobre o império, mantendo numerosos funcionários públicos com a função de percorrer e fiscalizar constantemente os territórios dominados e de passar todas as informações importantes para o imperador. Esses funcionários eram conhecidos como "os olhos e os ouvidos do rei".

Para melhor governar, Dario dividiu o império em vinte províncias, chamadas satrapias. Cada uma delas era governada por um sátrapa, que obedecia fielmente às ordens do imperador. Diferentemente dos outros impérios da época, a Pérsia tinha cinco capitais: Persépolis, Susa, Sardes, Ecbátana e Babilônia.

O imperador mandou construir estradas ligando as principais cidades e organizou um sistema de correios, cujas mensagens eram levadas por pessoas a cavalo. Tanto as estradas como os correios foram essenciais para integrar e manter uma boa comunicação entre as diversas regiões do grande império. Nesse período, as atividades comerciais foram muito intensificadas, o que levou à criação de uma moeda única para todo o império: o dárico.

As relações com os povos conquistados

Dario exigia que os povos dominados pagassem altos impostos e fornecessem homens para servir o exército e construir estradas e outras obras públicas. Em troca, permitia que eles mantivessem seus costumes, leis, língua e religião. Respeitando a cultura dos povos conquistados, durante muito tempo o imperador conseguiu evitar que eles se revoltassem contra a dominação persa.

Painel retratando soldados da guarda do imperador Dario, conhecidos como "os imortais", século V a.C. (detalhe).

Máxima extensão do Império Persa – século IV a.C.

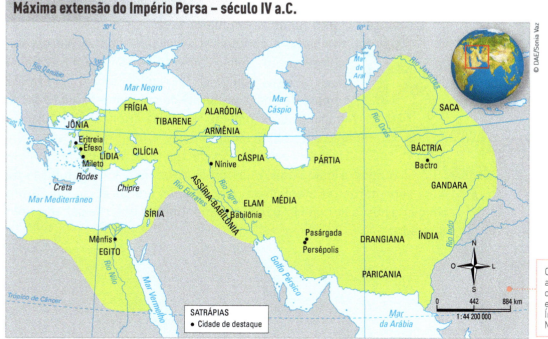

O comércio entre as diversas regiões do Império Persa estendia-se da Índia até o Mar Mediterrâneo.

Fonte: Patrick O'Brien. *Atlas of world history*. Nova York: Oxford University Press, 2012. p. 42-43.

Sociedade e economia na Pérsia

O planalto persa tinha poucos vales férteis, cujas terras eram aproveitadas para o cultivo de hortaliças, centeio, trigo e cevada, além da criação de bois, ovelhas e cabras. Os saques de guerra e os tributos pagos pelos povos conquistados eram importantes fontes de riqueza para o império. Dispondo de uma boa rede de estradas, os persas praticavam comércio com povos estrangeiros, e as várias províncias do império comercializavam entre si.

Na sociedade persa, a família real, os sacerdotes, os proprietários de terras e os comandantes do exército tinham muito poder e prestígio. Artesãos e comerciantes formavam uma camada social intermediária; alguns deles enriqueceram muito com o desenvolvimento comercial do império. Os camponeses trabalhavam gratuitamente nas obras públicas e pagavam altos impostos ao governo; para os proprietários de terras, tinham de entregar parte do que produziam na agricultura e na pecuária. Na sociedade persa, os escravos eram um grupo social pouco numeroso.

> **ZOOM**
> Diferentemente do que ocorreu com os egípcios e os povos mesopotâmicos, a agricultura não foi uma atividade muito praticada pelos persas. Como podemos justificar esse fato se a prática agrícola era necessária para a produção de alimentos?

Práticas da sociedade persa no cotidiano

Como geralmente acontecia nas sociedades militares daquela época, os meninos eram mais valorizados do que as meninas, pois eles se tornariam guerreiros: futuros soldados ou chefes militares do exército.

A atuação das mulheres não se limitava aos afazeres domésticos. Muitas vezes, elas podiam administrar os negócios da família. A mãe cuidava das crianças até os 5 anos de idade; entre 5 e 7 anos, elas ficavam sob os cuidados do pai. Aos 7 anos iam à escola, onde faziam exercícios físicos, como natação, montaria e caminhada, e aprendiam a caçar e plantar. Na escola, alimentavam-se basicamente de pão, água e agrião e havia severas punições. Tal rigidez tinha o objetivo de prepará-las para possíveis dificuldades na vida adulta.

A partir dos 14 anos de idade, as crianças das famílias nobres aprendiam ainda religião, Direito e Medicina.

Homens e mulheres da nobreza usavam joias, perfumes e maquiagem nos olhos e vestiam longas túnicas de linho bordadas e enfeitadas. As pessoas em geral consideravam a higiene pessoal muito importante e mantinham unhas e cabelos bem aparados.

> **Ampliar**
> **História do mundo**
> www.historiadomundo.com.br/persa/civilizacao-persa.htm
> *Site* que conta com texto e imagens sobre a história do Império Persa.

Brinco produzido pelos persas, c. 550 a.C.-330 a.C.

Cultura persa

Vista do Canal de Suez. Ao fundo, a ponte Al Salam. Egito, 2017.

Os antigos egípcios já haviam construído um canal entre os mares Mediterrâneo e Vermelho, que fora coberto pelas areias do deserto. Os persas o reconstruíram, mas novamente as areias do deserto o soterraram. O Canal de Suez foi mais uma vez reconstruído no século XX e existe até hoje.

Em virtude do intenso e diversificado contato que mantinham com as sociedades da época, os persas incorporaram muitos elementos da cultura dos egípcios, dos hebreus, dos povos mesopotâmicos e de outros povos conquistados por eles.

Na arquitetura, observa-se a influência dos mesopotâmicos e dos egípcios, sobretudo na construção de palácios e túmulos, nos quais se destacavam ladrilhos esmaltados, tijolos coloridos, amplos terraços e colunas de pedra com bois e cavalos esculpidos.

A arte persa, particularmente a escultura, era muito utilizada na arquitetura e tinha características monumentais, pois servia para demonstrar e exaltar o poder dos imperadores. Na engenharia, merece destaque a construção de um canal entre o Mar Vermelho e o Mediterrâneo, ligando a Pérsia ao Egito. Trata-se do Canal de Suez.

Diferentemente de outros povos, os persas não construíam templos religiosos. No entanto, os artistas confeccionavam estatuetas de cerâmica e grandes estátuas de mármore que representavam figuras antropozoomórficas e cenas de guerra. Produziam também sofisticados tecidos de lã, rendas e sedas. Os tapetes, muito coloridos, eram decorados com motivos florais e animais, exigindo um trabalho minucioso dos artesãos, cujas técnicas eram transmitidas às gerações mais jovens para que a tradição de produzi-los não se perdesse.

Na arte decorativa destacavam-se joias, vasos, taças e vasilhas, trabalhados em ouro, prata e pedras preciosas, indicando um artesanato com técnicas sofisticadas.

zoom Na arte persa, era frequente a presença de figuras antropozoomórficas. O que isso significa?

Estatueta de bronze da civilização persa. Encontrada em Lorestão, Irã.

Religião persa

Até aproximadamente o século VII a.C., os persas eram politeístas e, em seus cultos, praticavam sacrifícios de animais e consumiam bebidas consideradas sagradas. Entre os séculos VII a.C. e VI a.C., um sacerdote chamado Zoroastro começou a fazer pregações nas quais criticava o politeísmo tradicional e propunha uma religião dualista baseada na existência de duas divindades opostas, que estavam em constante luta: Aura-Mazda (deus do bem), associado a princípios como vida, verdade e justiça, e Arimã (deus do mal), associado à morte, desonra, injustiça.

Os sacerdotes politeístas combateram Zoroastro, mas, com o passar do tempo, grande parte do povo persa adotou a nova religião, acreditando que o comportamento das pessoas podia garantir a vitória de um deus sobre o outro: se elas agissem com base nos bons princípios, o bem derrotaria o mal; caso contrário, Arimã venceria Aura-Mazda.

Também aguardavam a vinda de um "Salvador" que prepararia seu povo para o fim do mundo. Nesse dia aconteceria o Juízo Final, quando os mortos ressuscitariam e seriam julgados: os bons iriam para o paraíso e os maus, para o inferno. Tais crenças influenciaram o judaísmo, o cristianismo e o islamismo.

Reunidos no livro sagrado *Zend-Avesta*, os ensinamentos da religião persa foram inicialmente organizados por Zoroastro, motivo pelo qual a religião é também conhecida por zoroastrismo. Seus seguidores não representam os deuses em esculturas, como em outras religiões. Atualmente, há seguidores do zoroastrismo sobretudo no Irã e na Índia, onde são chamados de parses.

zoom

① Entre os povos antigos, a religião tinha um papel de destaque no cotidiano, orientando os comportamentos e as regras sociais, tal qual para diversos grupos de nossa sociedade atual.
a) Por que a religião persa é considerada dualista?
b) Que aspecto da antiga religião persa mais chamou sua atenção? Por quê?

Templo de Jandial dedicado a Zoroastro, século I a.C. Punjab, Paquistão, 2016.

Documentos em foco

Tapete persa, uma arte milenar

Desde os tempos antigos, desenvolveu-se entre os persas a tapeçaria, isto é, a arte de fazer tapetes manuais. As origens dessa tradição remontam ao trabalho de artesãos das tribos nômades da Pérsia; o tapete era usado para protegê-los do inverno rigoroso. A confecção de tapetes tornou-se uma expressão artística marcante da cultura persa que ainda se mantém no Irã.

Os primeiros registros sobre os antigos tapetes persas foram encontrados em textos produzidos na China há mais de 500 anos.

Em 1949, arqueólogos encontraram o tapete Pazyryk, reproduzido na fotografia abaixo. As pesquisas indicam que foi confeccionado há mais de 2 500 anos, sendo considerado o tapete mais antigo do mundo. Acredita-se que foi feito em um centro artesanal durante a época em que o imperador Ciro governava os persas. Nele predominam as cores vermelho e verde. O tapete tem duas grandes bordas, uma com representação de gamos (animais similares a veados) e a outra com cavaleiros persas montados em cavalo. Observe:

O tapete recebeu esse nome porque foi encontrado em uma escavação arqueológica na área gelada do Vale Pazyryk, nas montanhas de Altai, na Sibéria, extremo norte da Ásia.

Tapete persa Pazyryk, c. século V a.C.-IV a.C.

1. Atualmente, o tapete Pazyryk está exposto no museu São Petersburgo, na Rússia, país onde foi encontrado em escavações arqueológicas em 1949. Qual é a importância histórica desse tapete?

2. De que maneira o tapete Pazyryk comprova que os persas já conheciam o cavalo 2 500 anos atrás?

3. Hoje em dia, tapetes persas confeccionados manualmente, de acordo com técnicas tradicionais, são bens artísticos e culturais muito valorizados por colecionadores de peças raras e antigas, que pagam muito dinheiro para adquiri-los. Na época em que os primeiros tapetes persas eram feitos pelas tribos nômades, eles também tinham essa característica? Justifique sua resposta.

O enfraquecimento do Império

Os persas foram o primeiro povo da Idade Antiga a pagar salários aos soldados, geralmente recrutados entre os povos conquistados. Acreditava-se que esses soldados estrangeiros – chamados de mercenários – estariam sempre motivados a lutar, incentivados pelo dinheiro que ganhavam. Esse costume tornou possível a organização de um exército com milhares de soldados de origens diversas.

No entanto, o exército de mercenários mostrou-se insuficiente nas guerras travadas contra um temido inimigo da Pérsia: a Grécia. Entre 500 a.C. e 479 a.C., nas Guerras Médicas (assim denominadas porque os gregos chamavam os persas de medos), a Pérsia foi enfim derrotada. Por serem estrangeiros, os mercenários do exército persa falavam línguas diferentes e muitos não compreendiam as ordens dos comandantes; outros desistiam, pois não estavam lutando por seu próprio povo. Embora fossem numericamente inferiores, os gregos resistiram de maneira surpreendente e lutaram de forma unificada para defender suas terras, tradições e, principalmente, sua liberdade.

Essa teria sido uma das principais razões do início do processo de enfraquecimento do Império Persa. Após essa derrota, os imperadores enfrentaram muitas dificuldades para continuar sua dominação, defender seu território e submeter os povos conquistados. As constantes revoltas dos povos dominados e as lutas pelo poder dentro do governo também contribuíram para o declínio do império. A destruição final do império ocorreu em 330 a.C., quando os macedônicos, liderados por Alexandre, o Grande, conquistaram a Pérsia.

Ampliar

Os iranianos, de Samy Adghurni (Contexto).

Apresenta aspectos da história do povo que remonta aos persas, revelando facetas da diversidade cultural do atual Irã.

Ruínas do palácio de Dario, construído na antiga cidade de Persépolis, uma das cinco capitais do Império Persa. Atual Irã, 2016.

1 A formação de diferentes impérios ao longo da história ocorreu por sucessivas conquistas territoriais, muitas das quais foram feitas por meio de guerras contra os povos que viviam nos territórios conquistados.

A situação descrita é válida para o Império Persa? Justifique sua resposta.

2 O Império Persa foi fundado pelo rei Ciro, em 559 a.C. Ele foi sucedido por seu filho Cambises, que foi declarado faraó do Egito. Se Cambises era imperador persa, o que explica ele ter recebido o título de faraó do Egito?

3 Durante o governo do rei Dario (512 a.C.-484 a.C.), o Império Persa atingiu sua máxima extensão territorial, chegando até a Índia. Com as conquistas territoriais, Dario implantou medidas para melhor administrar o vasto império e sua grande população.

   a) De que forma a criação das satrapias contribuiu para a administração do vasto Império Persa no reinado de Dario?

   b) Qual era a importância dos funcionários popularmente conhecidos por "olhos e ouvidos do rei" para a administração do Império Persa?

   c) Em sua opinião, essa foi uma boa medida para administrar o império? Por quê?

   d) O rei Dario também se preocupou em evitar que os povos dominados se revoltassem contra o Império Persa. Que estratégia política ele usou para evitar essas revoltas?

   e) Você avalia ter sido uma boa estratégia? Por quê?

   f) Facilitar a comunicação entre as diversas partes do vasto Império Persa também foi uma preocupação do rei Dario. O que foi feito para isso?

4 O Império Persa teve grande desenvolvimento econômico, resultado das muitas trocas comerciais realizadas nele. De que forma a construção pelos persas de um canal para ligar o Mar Vermelho ao Mediterrâneo poderia favorecer o comércio no império?

5 Nas tradições das famílias persas, o nascimento das crianças era uma ocasião a ser celebrada, especialmente se fosse um menino. Como podemos explicar isso?

6 O zoroastrismo é a religião fundada pelo profeta Zoroastro na Pérsia Antiga. Nela, o bem é representado por Aura-Mazda, senhor da sabedoria, e o mal por Arimã, responsável pela desordem do mundo.

   a) De acordo com as crenças do zoroastrismo, na vida cotidiana, de que forma o bem, representado por Aura-Mazda, derrotaria Arimã, a força do mal?

   b) Comente a importância do *Zend-Avesta* para o zoroastrismo.

   c) O zoroastrismo foi uma religião que se manifestou apenas nos tempos do Império Persa? Justifique sua resposta.

   d) Além do dualismo, que outra característica do zoroastrismo você destaca?

7 Qual teria sido a origem do nome da moeda do Império Persa?

8 Observe o mapa da página 87. De acordo com seus conhecimentos adquiridos anteriormente, quais dos povos estudados foram dominados pelo Império Persa?

9 A contratação de soldados mercenários para atuar no exército persa mostrou-se uma vantagem e uma desvantagem. Por quê?

CAPÍTULO 10
Questão territorial e religiosidade do povo hebreu

Cerimônia em comemoração à Pessach, a "páscoa judaica", que celebra a libertação dos hebreus escravizados no Antigo Egito e sua saída do país. Jerusalém, Israel, 2016.

Nos últimos anos, conflitos armados entre israelenses e palestinos na região do Oriente Médio, sobretudo na área denominada Faixa de Gaza, são assunto de notícias frequentes. Há mais de 60 anos esses povos disputam territórios que ambos consideram seus por direito pelo fato de terem sido ocupados por seus antepassados.

Os israelenses descendem dos hebreus, povo que na Idade Antiga viveu em diversas regiões do Oriente, mas foi na Palestina que se sedentarizou e desenvolveu grande parte de sua cultura. A história e a cultura do povo hebraico estão ligados à sua religião, que deu origem ao atual judaísmo.

Migrações dos hebreus

Na Antiguidade, os hebreus migraram pelo Oriente em busca de melhores condições de vida. Após serem expulsos da Suméria, iniciaram uma caminhada rumo à Palestina, que, de acordo com sua tradição, era a terra que Deus lhes havia prometido. Por quase três séculos, eles ocuparam essa região, localizada entre as montanhas da Síria, o Deserto da Arábia, o Mar Vermelho e o Mediterrâneo. Como o solo palestino era pouco fértil, os hebreus, após enfrentarem um longo período de seca – aproximadamente em 1700 a.C. –, migraram para as áreas próximas ao delta do Rio Nilo, no Egito.

Os hebreus no Egito

De acordo com a narrativa religiosa contida tanto na Torá quanto na Bíblia, os hebreus migraram para o Egito porque os irmãos de José, filho preferido do patriarca Jacó, enciumados, venderam-no a comerciantes de escravos. Ele teria sido levado para o Egito, onde foi acusado injustamente por um crime que não cometera; na prisão, tornou-se conhecido por interpretar sonhos dos outros presos e até mesmo dos carcereiros.

Enquanto isso, o faraó Apopi I estava intrigado havia algum tempo por um sonho que se repetia todas as noites e nenhum sacerdote havia sido capaz de decifrar: sete vacas magras devoravam sete vacas gordas e, mesmo assim, permaneciam magras. Um dos servidores de Apopi I lembrou-se da fama de José, e o faraó mandou chamá-lo. Prontamente, o hebreu interpretou o sonho como uma previsão: o Egito passaria por sete anos de abundância, seguidos de sete anos de escassez.

O faraó mostrou-se tão satisfeito com a interpretação que mandou construir celeiros para armazenar alimentos durante o período de fartura para que seu povo pudesse enfrentar o período de dificuldades. Além disso, libertou José e o transformou em um de seus homens de confiança. A boa condição em que José passou a viver no Egito teria atraído crescente número de hebreus para lá.

Inicialmente a convivência entre hebreus e egípcios foi pacífica, mas a situação modificou-se a partir de 1580 a.C., quando os hebreus passaram a ser perseguidos e escravizados no Egito. A escravização dos hebreus pelos egípcios pode ter se iniciado por dois motivos:

- pelo fato de os hebreus terem-se aliado aos hicsos, povo que invadira e dominara o Egito entre 1800 a.C. e 1700 a.C.;
- para conter o aumento da população hebraica, cujo crescimento preocupava o governo egípcio.

Ampliar

O príncipe do Egito.
EUA, 1998.
Direção: Brenda Chapman, Steve Hickner e Simon Wells.
Animação sobre a história de Moisés, que viveu no Egito Antigo no período em que os hebreus permaneceram ali.

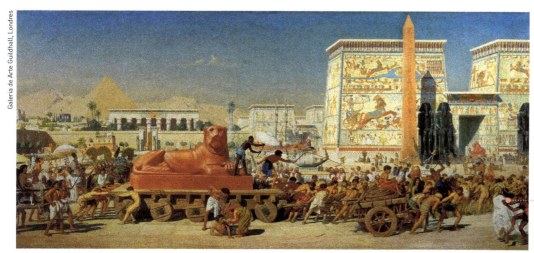

Edward John Poynter. *Israel no Egito*, 1867. Óleo sobre tela, 13,7 m × 31,7 m.

A obra mostra aspectos da convivência entre os hebreus e os egípcios. Os hebreus foram retratados trabalhando na construção das cidades de Pitom e Ramessés.

Por volta de 1250 a.C., os hebreus se livraram da opressão, fugindo do Egito. Segundo a narrativa religiosa, eles retornaram à Palestina liderados por Moisés. A **peregrinação** pelo deserto teria durado 40 anos, durante os quais o povo hebraico se dividiu em várias tribos. Essa passagem da história hebraica é conhecida como Êxodo.

Êxodo hebraico

Fonte: Georges Duby. *Atlas histórico mundial*. Barcelona: Larousse, 2007. p. 29.

zoom
O que significa a palavra **êxodo**? Por que ela denomina o episódio da saída dos hebreus do Egito?

Glossário

Peregrinação: visita de fieis a lugares considerados sagrados.

95

Juízes e reis dos hebreus

Por volta de 1200 a.C., os hebreus chegaram à Palestina, então ocupada pelos filisteus, o que deu início a aproximadamente dois séculos de lutas pela disputa desse território.

Cada tribo hebraica era governada por um juiz, que desempenhava as funções de chefe militar e religioso. As tribos produziam o necessário à sobrevivência, não havendo desigualdade social entre seus membros. Praticavam principalmente a agricultura e a criação de animais.

Em 1030 a.C., temendo a derrota para os filisteus, as tribos hebraicas se uniram sob um governo monárquico, cujo primeiro rei foi Saul. As poucas terras férteis que ocupavam passaram a pertencer a apenas algumas famílias – assim, a maior parte da população hebraica passou a trabalhar em terras que não eram suas.

Na mesma época, comerciantes e funcionários públicos também compunham a sociedade hebraica, formando suas camadas intermediárias.

Sob o governo de Davi, sucessor de Saul, os hebreus derrotaram definitivamente os filisteus, e a cidade de Jerusalém tornou-se a capital do reino. No reinado de Salomão, que sucedeu a Davi, o reino hebraico alcançou grande desenvolvimento. Nesse período, o comércio teve grande impulso, tornando-se fonte de riqueza para o reino; organizou-se a construção de templos, palácios e fortalezas militares (obras públicas financiadas com o aumento dos impostos); e permitiu-se a **escravidão por dívidas**, o que dificultou a situação das camadas mais pobres da população.

> **Glossário**
> **Escravidão por dívida:** forma de escravidão em que o indivíduo que não conseguia pagar todos os impostos se tornava escravo, condição herdada por seus descendentes.

> **zoom**
> Por que a escravidão por dívidas indicava que havia desigualdade social durante a monarquia hebraica?

> **Ampliar**
> **O que sabemos sobre o judaísmo?**, de Doreen Fine (Callis).
> Esse livro traz as principais informações históricas, culturais e religiosas sobre o judaísmo.
>
> **Diálogos**
> Brasil, 2011. Direção: Alice Riff.
> Documentário sobre a convivência entre palestinos e israelenses em Israel.

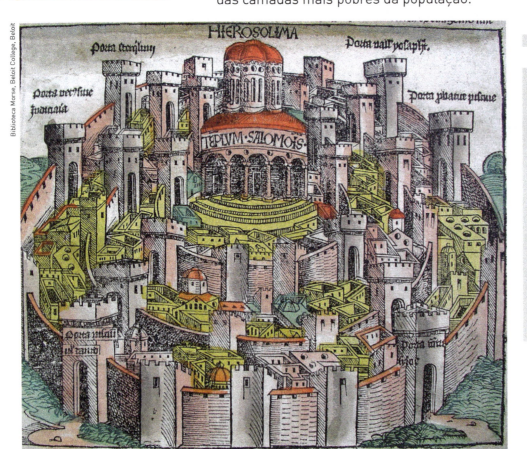

Gravura alemã que representa a cidade de Jerusalém, o Templo de Salomão e os portões da cidade, 1493.

Cisma hebraico

Após a morte do rei Salomão, seu filho e sucessor, Roboão, aumentou a já elevada carga de impostos cobrados do povo. O descontentamento popular com essa situação provocou revoltas que, em 926 a.C., levaram à divisão do povo hebreu em dois reinos – o de Israel (situado no norte da Palestina) e o de Judá (no sul da Palestina). Essa passagem da história é chamada de Cisma hebraico.

Em 722 a.C., cerca de dois séculos após sua formação, o Reino de Israel foi dominado pelos assírios. Com o tempo, os hebreus do Reino de Israel assimilaram a cultura dos povos com que conviveram, abandonando em parte as tradições e os costumes hebraicos.

Os hebreus do Reino de Judá conseguiram evitar o domínio assírio e manter sua independência por meio do pagamento de muitos impostos. Assim, puderam conservar suas tradições e seus costumes religiosos. A partir de então, os hebreus passaram a ser conhecidos como judeus.

Judá, em 586 a.C., foi dominada pelos caldeus, povo que formara o II Império Babilônico, e os judeus foram levados à cidade da Babilônia, onde foram mantidos prisioneiros por quase 50 anos. Em 539 a.C., os persas derrotaram os caldeus e libertaram os judeus da escravidão na Babilônia, permitindo que retornassem a suas terras, na época sob domínio do Império Persa. Nem todos quiseram sair da Babilônia, porque lá estavam estabelecidos como comerciantes.

Depois do domínio persa, o território palestino sofreu ainda invasões dos macedônicos e, posteriormente, dos romanos. Esses últimos tomaram Jerusalém em 63 a.C., incorporando a cidade a seu império. Os judeus reagiram ao domínio romano com rebeliões; esforçaram-se em manter suas práticas culturais e, dessa forma, impedir que a dominação se estendesse sobre as tradições e costumes do povo.

Em resposta à resistência dos judeus, no ano 70 d.C. o exército romano destruiu o principal centro religioso judaico, o Templo de Jerusalém, fato que deu início ao processo de **diáspora**. A partir de então, os judeus migraram para várias partes do mundo; no entanto, não perderam sua identidade cultural.

Glossário
Diáspora: fato histórico em que um povo é obrigado a mudar da região em que vive.

Cisma hebraico

Fonte: Georges Duby. *Atlas histórico mundial*. Barcelona: Larousse, 2007. p. 29.

Observando o mapa, responda: Qual reino hebraico situava-se ao norte da Palestina? E ao sul?

De olho no legado

Recentes questões territoriais entre israelenses e palestinos

A partir da Diáspora, no ano 70 d.C., os judeus passaram a viver em várias partes do mundo, enquanto a Palestina permaneceu ocupada por povos nativos da região, denominados palestinos. Com o passar dos séculos, povos árabes ali se estabeleceram e divulgaram a religião muçulmana (baseada na crença em Alá, seu único Deus).

Os judeus, por sua vez, mantiveram o desejo de retornar à Palestina. No século XIX, comunidades judaicas que viviam na Europa organizaram um movimento que defendia a formação de um Estado judaico no território palestino, que nessa época fazia parte do Império Otomano. Desde então, muitas famílias judaicas retornaram à Palestina. As diferenças culturais e religiosas entre judeus e palestinos dificultaram a convivência pacífica. Os dois povos começaram a disputar terras e o controle de cidades como Jerusalém, considerada sagrada para ambos.

Em 1948, com o fim da Segunda Guerra Mundial, na qual milhões de judeus foram mortos por nazistas, foi criado o Estado de Israel, que ocupava pouco mais da metade do território palestino. O restante ficou sob controle dos árabes palestinos, que não aceitaram a nova situação e lutaram pela ampliação de seu território.

Com a vitória em sucessivas guerras, Israel ampliou o controle sobre a Palestina.

Porém, em 1993, israelenses e palestinos assinaram um acordo de paz que prevê a coabitação pacífica entre os dois povos. Mas isso ainda não é uma realidade. Os palestinos reivindicam a formação de um Estado palestino e a devolução de territórios em poder de Israel, que, por sua vez, impõe condições que dificultam o processo de paz. Nesse cenário, as discussões permanecem.

Primeiro Ministro israelita Yitzhak Rabin e o líder palestino Yasser Arafat apertando as mãos após assinarem um acordo de paz na Casa Branca. (Washington, D.C., Estados Unidos). Ao fundo, o Presidente dos Estados Unidos, Bill Clinton, 1993.

1. Na atualidade, como está a situação entre israelenses e palestinos? Houve avanços recentes no processo de paz entre os dois povos?

Procure informar-se sobre o assunto em publicações recentes ou em *sites* de notícias. Leia as notícias pesquisadas, observe as datas de publicação, grife as informações que você considerou mais importantes e, com suas palavras, escreva-as no caderno. Apresente à turma as informações que obteve e complemente-as com as dos colegas. Depois, discuta com eles: Que medidas podem contribuir para que os impasses entre os dois povos sejam superados pacificamente?

A cultura hebraica

O legado cultural dos hebreus é principalmente religioso. Dispersas em diversas regiões em diferentes momentos da história, as comunidades judaicas uniram-se em torno de suas tradições religiosas, que influenciaram os modos de vida, costumes e valores de seu povo. Alguns de seus rituais e cerimônias religiosas, inclusive, celebram diferentes passagens da história do povo hebraico.

Os hebreus adotaram o monoteísmo (crença em um único deus) e anunciaram a vinda de um messias, isto é, de um salvador para o povo. Nesse sentido, eram exceção entre as sociedades politeístas da Idade Antiga. Mais tarde, o judaísmo influenciou outras religiões monoteístas, como o cristianismo e o islamismo, fundadas, respectivamente, nos séculos I e VII d.C.

> **Glossário**
> **Iluminura:** arte encontrada em manuscritos medievais composta de cenas pintadas com cores vivas, ouro ou prata.

Iluminura da capa do Deuteronômio, um dos cinco livros que compõem a Torá, século XIV.

Conviver

Oásis de paz

Desde o final do século XX, as lideranças políticas israelenses e palestinas pouco avançaram nas negociações pela paz. Entretanto, há uma iniciativa, na qual prevalece o respeito mútuo, que fortalece a ideia de convivência harmoniosa entre israelenses e palestinos.

Na década de 1970, foi fundada a comunidade Neve Shalom-Wahat al-Salam. O nome significa "oásis de paz" em hebraico e em árabe, respectivamente, e lá convivem igual número de famílias judaicas e palestinas, todas nascidas em Israel. A vida comunitária está baseada no respeito e na cooperação entre seus integrantes.

No local funciona uma escola cujo principal objetivo é criar um ambiente educacional que incentive o entendimento entre crianças dos dois povos. Um diretor judeu e outro palestino decidem conjuntamente o currículo oferecido aos estudantes.

Eles aprendem o idioma, a história e as tradições de seu povo. Também discutem temas que provocaram guerras entre judeus e palestinos e expressam seus sentimentos sobre essa situação.

Nos últimos anos, outras escolas bilíngues em Israel têm se inspirado no modelo educacional de Neve Shalom-Wahat al-Salam, indicando a construção de um caminho para a paz.

Em grupo, troquem ideias sobre as questões a seguir.

1. Uma das funções da educação é colaborar para melhorar a realidade. Vocês consideram que a escola de Neve Shalom-Wahat al-Salam está cumprindo essa função? Por quê?

2. Criem um desenho para representar a comunidade Neve Shalom-Wahat al-Salam. Apresentem-no à turma e expliquem o que ele simboliza.

Pontos de vista

Quem é
Airton José da Silva

O que faz
Teólogo e professor.

A história de Israel no debate atual

O professor de teologia Airton José da Silva mantém um *site*, dedicado ao estudo acadêmico da Bíblia, em que publicou um artigo sobre pesquisas recentes referentes à história dos hebreus. Leia trechos desse artigo a seguir.

Até meados da década de 70 do século XX, havia um razoável **consenso** na história de Israel. Entre outras coisas, o consenso dizia que a *Bíblia Hebraica* era guia confiável para a reconstrução da história do antigo Israel. Dos Patriarcas a Esdras, tudo era histórico.

Se algum dado arqueológico não combinava com o texto bíblico, arranjava-se uma interpretação diferente que o acomodasse ao testemunho dos textos […].

O melhor livro para detalhada exposição e defesa deste consenso é o de John Bright, *História de Israel* […]. Bright pertence à escola americana de **historiografia** de W. F. Albright e esta sua *História de Israel* foi o manual mais utilizado por nós nos anos 70 e 80 do século passado. […]

O uso dos textos bíblicos como fonte para a "História de Israel" é questionado por muitos. A arqueologia ampliou suas perspectivas e falar de "arqueologia bíblica" hoje é proibido […].

A construção de uma "História de Israel" feita somente a partir da arqueologia e dos testemunhos escritos extrabíblicos é uma proposta cada vez mais tentadora. […]

A História de Israel no debate atual. Disponível em: <https://airtonjo.com/site1/historia-de-israel.htm>. Acesso em: jul. 2018.

Glossário

Consenso: concordância a respeito de algo; acordo sobre um fato ou ideia.
Historiografia: estudo dos historiadores sobre um tema da História.

---

1. De acordo com o texto, algumas décadas atrás havia um consenso entre vários historiadores sobre as pesquisas históricas referentes aos hebreus. Qual era esse consenso?

2. "A construção de uma 'História de Israel' feita somente a partir da arqueologia e dos testemunhos escritos extrabíblicos é uma proposta cada vez mais tentadora."

   a) Com base no conteúdo do texto, explique o que significa a expressão "testemunhos escritos extrabíblicos".

   b) Com suas palavras, reescreva o trecho acima.

3. O que as pesquisas mais recentes sobre a história dos hebreus, iniciadas no final do século XX, têm de diferente em relação às pesquisas mais antigas sobre o tema?

4. É possível que as atuais pesquisas sobre a história de Israel apresentem informações diferentes daquelas obtidas nos antigos estudos sobre o assunto? Justifique sua resposta com base nas informações do texto.

5. Como as informações do texto reforçam o fato de que as pesquisas históricas estão constantemente abertas a revisões e que o conhecimento histórico não produz uma verdade absoluta, isto é, que nunca muda?

1. A história dos hebreus é marcada pelas tradições religiosas. Eles foram o primeiro povo antigo a adotar o monoteísmo em uma época em que grande parte dos povos com os quais conviviam eram politeístas.

   a) Por que a religião dos hebreus é monoteísta?
   b) Quais são as fontes históricas sobre os hebreus?

2. Os hebreus viveram no Egito por mais de quatro séculos – aproximadamente entre 1700 a.C. e 1250 a.C. –, sendo esse um período marcante na história desse povo, de acordo com suas narrativas religiosas.

   a) Do ponto de vista das fontes históricas não religiosas, por que eles se dirigiram para o Egito?
   b) Como foi a convivência entre hebreus e egípcios nesse período?

3. A história dos hebreus na Idade Antiga é marcada pelas relações com outros povos que viviam na região que atualmente corresponde ao Oriente Médio. Os nomes desses povos e as passagens da história hebraica às quais estão ligados encontram-se embaralhados no quadro a seguir.

Povos	Fatos históricos
persas	escravidão na Babilônia
filisteus	fim da escravidão na Babilônia
assírios	fim do Reino de Israel
egípcios	Diáspora
caldeus	organização da monarquia entre os hebreus
romanos	Êxodo

Com base no que você estudou, organize o quadro considerando as seguintes orientações:

a) Refaça o quadro no caderno associando cada povo ao respectivo fato da história hebraica.
b) Numere esses fatos históricos em ordem cronológica, isto é, na sequência em que ocorreram.
c) Com suas palavras, explique os fatos da história hebraica indicados no quadro.

4. Leia as seguintes afirmativas sobre o reino hebraico durante o governo de Salomão:

   I. O reino hebraico alcançou grande desenvolvimento econômico.
   II. As camadas sociais mais pobres da população hebraica nem sempre se beneficiaram das riquezas do reino.

   - Justifique cada afirmativa.

5. Observe novamente o mapa "Êxodo hebraico", disponível na página 95, e responda às questões a seguir.

   a) De acordo com a rota de migração indicada nele, os hebreus, em seus deslocamentos, passaram por áreas próximas a quais rios?
   b) Em que regiões cada um dos rios está localizado?

Visualização

MESOPOTÂMIA

Características
- Oriente Médio
- Rios Tigre e Eufrates
- Diversidade cultural
- Sucessivas conquistas

Origens do Estado
- Primeiras cidades
- Novas formas de organização social
- Exército
- Agricultura
- Comércio
- Poder real
  • Controle administrativo
  • Controle religioso
  • Controle do exército

PÉRSIA

Formação do império
- Persas em conflito com os medos
- Expansão territorial
  • Ciro, o Grande
  • Cambises
  • Dario

Estado
- Satrapias: subdivisões do império
- Construção e manutenção de estradas
- Sistema de correios
- Impostos
- Comércio
- Dárico: moeda única
- Respeito à cultura dos povos dominados

HEBREUS

Migrações
- Mesopotâmia
- Palestina
- Egito e o Êxodo
- Retorno à Palestina
- Cisma hebraico e cativeiro na Babilônia
- Retorno à Palestina
- Domínio romano e diáspora

Organização política
- Lideranças em diferentes tempos
  • Patriarcas
  • Juízes
  • Reis

Povos
- Sumérios: cidades-Estado
- Acádios: governo centralizado
- Amoritas: I Império Babilônico
- Assírios: atividades militares
- Caldeus: II Império Babilônico

Sociedade
- Características diferenciadas, conforme a cultura, a época ou a região
- Camadas privilegiadas
  - Sacerdotes
  - Nobres
  - Militares
  - Comerciantes
- Camadas inferiores
  - Artesãos
  - Camponeses
  - Escravizados

Cultura e religião
- Primeiras formas de escrita
- Código de Hamurábi: primeiro conjunto de leis escritas
- Politeísmo
- Astrologia
- Calendário
- Matemática
- Arquitetura: grandes obras públicas
  - Muralhas e portões
  - Zigurates
  - Jardins suspensos

Sociedade
- Camadas privilegiadas
  - Família real
  - Sacerdotes
  - Proprietários de terras
  - Chefes militares
- Camadas intermediárias
  - Comerciantes
  - Artesãos
- Camadas inferiores
  - Camponeses
  - Escravizados

Cultura e religião
- Influência dos povos dominados
- Artesanato sofisticado
- Arquitetura
- Engenharia
- Politeísmo
- Zoroastrismo

Declínio do império
- Guerras Médicas
- Revoltas dos povos conquistados
- Chegada de Alexandre, o Grande

Cultura e religião
- Legado cultural ligado à religião
- Monoteísmo: judaísmo
- Livro sagrado: Torá
- Influenciou outras religiões
  - Cristianismo
  - Islamismo

103

Retomar

1 O texto a seguir foi extraído de uma reportagem sobre a grave situação que vem afetando o patrimônio cultural representado por construções e monumentos erguidos pelos povos que ocuparam a Mesopotâmia e as regiões vizinhas na Idade Antiga. Leia-o com atenção:

> **Glossário**
> **Mutilado:** deteriorado; estragado.
> **Relíquia:** objeto antigo e precioso.

Nas ruínas de Nimrud, norte do Iraque, uma escultura com torso de leão, asas de águia e cabeça humana resiste há três mil anos na entrada de uma estrutura. [...] A escultura está intacta e seus ornamentos bem delineados. Fundada em 1300 a.C. na antiga Mesopotâmia, hoje um sítio arqueológico, a cidade de Nimrud foi capital de uma das primeiras grandes civilizações de que se tem registro, o Império Assírio. O que sobrou desse reino, que sobreviveu ao abandono e à força da natureza por milênios, está à beira da extinção pelas mãos do [...] Estado Islâmico. [...] Naquele dia 5 de março, o Estado Islâmico começava a destruir mais uma **relíquia** de valor cultural inestimável. [...]

O sítio arqueológico de Nimrud, como muitas outras raridades históricas no Iraque e na Síria, nunca mais será apreciado ao vivo. "O que eles atacam está perdido para sempre, não tem como recuperar", pontua Antonio Brancaglion Junior, professor de arqueologia no Museu Nacional, casa de alguns cursos da Universidade Federal do Rio de Janeiro. A importância desses lugares para a história da humanidade, segundo ele, é maior do que se imagina. "Nossa cultura [...] tem muito dessas civilizações. Eram centros intelectuais da humanidade, onde se desenvolveu a matemática, a filosofia e outras importantes áreas do conhecimento." [...]

Na Síria, o grupo também promove destruições tão grandes quanto no Iraque. Foi o caso de Raqqa, [cidade do] centro-norte do país. Mariam Naasan, segunda secretária e cônsul da Embaixada Síria no Brasil, chama a atenção para o valor desse passado **mutilado**. "O que foi destruído é uma parte do legado e testemunho do desenvolvimento humano. Não se trata apenas do passado dos sírios. Trata-se do passado de toda a humanidade."

Victor Calcagno. A destruição de monumentos históricos pelo Estado Islâmico. *Poleiro*, 1º jul. 2015. Disponível em <https://revistapoleiro.com.br/a-destruicao-de-monumentos-historicos-pelo-estado-islamico-41137d7bca6c>. Acesso em: jun. 2018.

a) Qual é o assunto tratado no texto?

b) Por que toda a humanidade perde com a destruição do patrimônio cultural causada pelo Estado Islâmico nos territórios controlados por ele?

2 O texto a seguir é um documento, produzido por pesquisador brasileiro, sobre as estratégias de guerras usadas pelos assírios:

Nos combates, as tropas alinhavam-se frente a frente e depois avançavam para o ataque. Vencia o exército que conseguisse abater o inimigo ou colocá-lo em fuga. Mas essa estratégia foi sendo modificada com o passar do tempo. O uso das tropas de arqueiros, que atacavam de longe, o uso de cavalos, de carros de guerra e até de camelos (tática que os assírios usaram em período mais recente de sua história) resultaram na maior mobilidade e eficiência dos exércitos em luta. A conquista de uma cidade obrigava a cercos prolongados e à utilização de técnicas sofisticadas para vencer a reação de seus habitantes. As muralhas representavam o obstáculo mais difícil de transpor. [...] Para atingir o alto dos muros, eram utilizadas escadas portáteis ou construídas rampas de terra que se elevavam até a altura desejada, permitindo a passagem dos atacantes. Outras técnicas utilizadas foram a construção de torres móveis, que eram transportadas até perto das muralhas, e a escavação de túneis, que possibilitavam a entrada na cidade por baixo de seus muros defensores.

Olavo Leonel Ferreira. *Mesopotâmia: o amanhecer da civilização*. São Paulo: Moderna, 1993. p. 28-29.

a) De acordo com o texto, quais foram as técnicas de guerra introduzidas pelos assírios? Por que elas foram bem-sucedidas?

b) "A conquista de uma cidade obrigava a cercos prolongados e à utilização de técnicas sofisticadas para vencer a reação de seus habitantes."

Pelo trecho destacado anteriormente podemos concluir que as relações entre os assírios e os povos que eles dominavam eram de cooperação ou tensão? Explique sua resposta.

c) Com base nas informações do texto, você imagina que a guerra era uma atividade importante para os assírios? Justifique sua resposta.

3. Os persas fundaram um dos maiores e mais poderosos impérios da Idade Antiga. O período de maior desenvolvimento do Império Persa ocorreu durante o reinado de Dario.

Com base na análise da arquitetura da tumba de Dario, ao lado, seria possível afirmar que ele foi um imperador muito poderoso? Explique.

4. Observe a fotografia abaixo, da cidade de Jerusalém, hoje localizada em Israel. Nela, vê-se o Muro das Lamentações, local muito valorizado nas tradições judaicas. Qual é a ligação desse local com a história hebraica e com a religiosidade dos judeus?

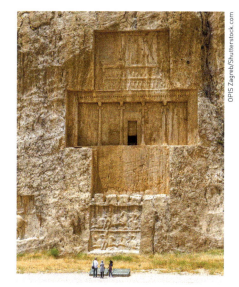

Tumba do imperador Dario, Persépolis, atual Irã, 2015.

Muro das Lamentações e, ao fundo, mesquita de Al--Aqsa, santuário da religião muçulmana, predominante entre os palestinos. Jerusalém, Israel, 2016.

O Muro das Lamentações é a única parte que restou do antigo Templo de Jerusalém, construído durante o reinado de Salomão. Localizado na cidade de Jerusalém, ainda hoje é considerado um local sagrado, recebendo a visita de milhões de pessoas de todo o mundo. Para os judeus, é um local de orações e de culto a Deus.

5. A partir da Diáspora, no ano 70 d.C., os judeus migraram para diversas partes do mundo, sem terem um território que correspondesse à sua pátria e ficasse sob sua administração. Em 1948, essa situação mudou com a criação, pela Organização das Nações Unidas (ONU), do Estado de Israel, no território da Palestina, no Oriente Médio.

a) Quantos anos se passaram entre a Diáspora e a criação do Estado de Israel?

b) Por que a criação do Estado de Israel provocou tensões e conflitos com os palestinos?

c) O nome adotado pelo país relembra qual acontecimento da história hebraica?

6. Em 1993, israelenses e palestinos assinaram o primeiro acordo que prevê a **coabitação pacífica** entre ambos os povos no território da Palestina. O que você entende pela expressão destacada?

UNIDADE 4

> **Antever**
>
> Nossa sociedade atual é o resultado da influência de muitas outras sociedades, inclusive de algumas que existiram na Antiguidade. Entre os diversos povos daquela época que nos influenciaram, existe um que merece destaque especial: os gregos.
>
> Os gregos foram os criadores de diversas tradições, como o teatro, a pesquisa histórica e a democracia. Além disso, foram eles quem criaram as bases do alfabeto que utilizamos até hoje. Os mitos e as crenças religiosas dos gregos também são muito influentes e marcam nossa cultura até o presente.
>
> Atualmente, as ideias e práticas culturais podem circular rapidamente graças à internet e outras tecnologias de comunicação. Na Antiguidade, esse tipo de tecnologia não existia. Como você imagina que as tradições culturais gregas se disseminaram entre os povos que viviam em regiões muito distantes?
>
> Essas tradições foram preservadas por diversas razões, mas em especial pelo fato de os gregos terem influenciado muitos outros povos da Antiguidade com sua cultura. Assim, a cultura grega se espalhou pelo Mundo Antigo, enriquecendo-se pelo contato com outros povos e, mesmo após mais de dois milênios, continua preservada em nosso mundo.
>
> Assim como a cultura grega, qualquer cultura pode se enriquecer quando entra em contato com outros povos. Você conhece práticas ou atividades culturais que se enriqueceram pelo contato com outras tradições?

Vista da Acrópole de Atenas, Grécia, 2017.

Cultura e política na Grécia Antiga

CAPÍTULO 11
Mitos e práticas sociais na Grécia Antiga

Você já ouviu falar dos jogos olímpicos dos povos indígenas? Os chamados Jogos Mundiais dos Povos Indígenas (JMPI), ou Olimpíadas Verdes, realizam-se no Brasil desde 1996. Seus idealizadores são os irmãos Carlos e Marcos Terena, lideranças que dirigem o Comitê Intertribal Indígena.

Os objetivos dessas olimpíadas são fortalecer a autoestima dos grupos participantes, promover as diversas manifestações culturais e o intercâmbio cultural entre índios e não índios e utilizar o esporte como instrumento de integração e interação de valores das diversas etnias do Brasil e do mundo.

Arco e flecha, canoagem, cabo de guerra, corrida de tora, lutas corporais e zarabatana são algumas modalidades que fazem parte dos jogos, os quais estimulam práticas cooperativas e de confraternização entre seus participantes.

Ampliar

Olimpíadas
http://olimpiadas.uol.com.br/historia-das-olimpiadas/atenas-1896

Site com reportagens especiais sobre as Olimpíadas: história, curiosidades, modalidades antigas e novas, quadros de medalhas.

Disputa de cabo de guerra durante 14ª edição dos Jogos dos Povos Indígenas, em Palmas (TO), 2015.

Participaram dos jogos cerca de 1700 atletas indígenas, com 1129 povos brasileiros e 566 de origem estrangeira.

Abertura dos Jogos Olímpicos Indígenas. Palmas (TO), 2015.

AS OLIMPÍADAS NO PASSADO E NO PRESENTE

Foi na cidade de Olímpia que os antigos jogos se desenvolveram de forma organizada e com grande número de participantes, atraindo também competidores de outras cidades gregas. Eles passaram a ser conhecidos por Jogos Olímpicos.

A fonte histórica mais antiga que se conhece sobre essa competição é uma inscrição em pedra datada do século VIII a.C., na qual há o registro de uma trégua de guerra para que fossem realizadas as Olimpíadas. Naquela época, os gregos interrompiam qualquer atividade, até mesmo uma guerra, para participar delas. Os vencedores dedicavam a vitória aos deuses, ganhavam como prêmio uma coroa de louros e eram recebidos como heróis em suas cidades.

CATEGORIAS

Stadio: corrida de 192 metros.

Corrida equestre.

Pugilato: luta.

Hoplitódromos: corrida em que atletas usavam elmo, escudo e caneleira.

Tethrippon: corrida de quadrigas, veículo puxado por quatro cavalos.

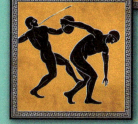

Pentatlo: combinação de lançamento de dardo e disco, salto em distância, corrida e luta.

As Olimpíadas atuais, realizadas a cada quatro anos com atletas de diversos países do mundo, pretendem simbolizar a união entre os povos, além de destacar a capacidade dos atletas. Essa união está representada na bandeira olímpica, composta de cinco arcos interligados, que representam cada continente (**Europa**: azul, **Ásia**: amarelo, **África**: preto, **Oceania**: verde, **América**: vermelho). As edições de 1916, 1940 e 1944, no entanto, foram canceladas em virtude das guerras mundiais.

Os Jogos Olímpicos contam com mais de 30 modalidades, que podem ser individuais ou coletivas. Atualmente a premiação contempla os três primeiros colocados com medalhas de ouro, prata e bronze, respectivamente. Em 1952, foram criados os Jogos Paralímpicos, dos quais participam atletas com alguma deficiência física e/ou mental.

De olho no legado

A Olimpíada Brasileira de Matemática

A Olimpíada Brasileira de Matemática para Escolas Públicas e Privadas (Obmep) é um evento anual realizado desde 2005. Podem se inscrever alunos desde o 6º ano do Ensino Fundamental até o último ano do Ensino Médio. A 1ª fase é realizada nas próprias escolas; posteriormente, os alunos classificados fazem a 2ª fase em locais espalhados por todo o Brasil. Ao final, muitos alunos, escolas e professores são premiados com medalhas de ouro, prata e bronze, menções honrosas e troféus.

Além de estimular o estudo da Matemática, a olimpíada contribui para a melhoria da educação, incentiva o aperfeiçoamento de professores das escolas públicas e promove a inclusão social por meio do conhecimento.

Em 2017, mais de 18 milhões de alunos participaram da Olimpíada.

Premiação da décima edição da Olimpíada Brasileira de Matemática. Brasília (DF), 2015.

Na Grécia Antiga, as olimpíadas eram grandiosas festas em homenagem aos deuses, em que os atletas demonstravam suas habilidades físicas em diversas competições esportivas.

Como vimos, com o passar do tempo, muitos conhecimentos e costumes dos antigos gregos chegaram até nós. As olimpíadas, por exemplo, não têm mais a característica de ritual religioso, mas conservam a tradição de celebrar a união entre os povos; além disso, a palavra **olimpíada** é associada aos mais variados tipos de competição.

1. Como a Olimpíada de Matemática recupera a tradição dos antigos gregos?
2. Compare a Obmep com as Olimpíadas da Grécia Antiga.
3. Nas Olimpíadas da Grécia Antiga, a maior realização dos atletas era imaginar que estavam se apresentando diante dos deuses. E na Obmep, qual é a maior realização dos participantes?

Humanismo

A partir dos séculos IV a.C. e V a.C., a cultura grega tornou-se mais humanista, ou seja, passou a valorizar capacidades humanas como a criatividade e a sabedoria. Na arquitetura, na pintura e na escultura gregas destacavam-se os ideais de beleza, perfeição, equilíbrio e harmonia do corpo humano.

Os gregos desenvolveram estudos de Arquitetura, Medicina e Matemática, principalmente na área de Geometria.

Entre o final do século VII a.C. e o início do século VI a.C., criaram a Filosofia, ciência que estuda o pensamento humano e o comportamento social. Filósofos como Aristóteles, Platão e Sócrates desenvolveram ideias a respeito de como viver em sociedade, de como os governantes devem agir e do sentido da vida e da morte.

Mitologia e religião

A cultura grega foi muito influenciada pela religião. Os gregos eram politeístas e acreditavam na imortalidade de seus deuses, que teriam poderes sobrenaturais e viviam no Monte Olimpo, no norte da Grécia. Acreditavam que as emoções e as ações divinas interfeririam no cotidiano e no destino das pessoas.

Ampliar

O minotauro, de Monteiro Lobato (Editora Globo).

Relato das aventuras da turma do Sítio do Pica-pau Amarelo pela Grécia Antiga, viajando em busca da tia Nastácia, que fora presa no Labirinto de Creta, nas garras do minotauro.

Mitos gregos, de Eric A. Kimmel (Martins Fontes).

Coletânea de mitos gregos com linguagem agradável e instigante.

Muitas histórias e aventuras envolvendo deuses, semideuses e heróis compõem a mitologia grega. O nascimento da deusa Atena, por exemplo, é narrado no mito em que Zeus chama Hefesto para curar sua dor de cabeça: com um machado, este lhe dá um golpe no crânio, de onde sai Atena vestida com armadura completa. Por isso, os antigos gregos a consideravam a deusa da sabedoria e da guerra.

Deuses com aspectos humanos

Os antigos gregos representavam seus deuses com aparência e personalidade humanas e com sentimentos típicos dos seres humanos, como amor, solidariedade, coragem, raiva, inveja.

No mito de Héracles, herói grego também chamado de Hércules, podemos encontrar alguns desses elementos. Conta-se que Zeus se apaixonou pela mortal Alcmena, mas ela era casada com Anfitrião. Como ele estava participando de uma guerra, Zeus se disfarçou de Anfitrião e ordenou que o tempo se tornasse mais lento para que pudesse passar mais horas ao lado da amada. Desse encontro, nasceu Héracles, o protetor dos homens e dos deuses. Por ser filho de um deus com uma mulher mortal, era considerado semideus.

Representação em vaso de cerâmica da deusa Atena com o semideus Héracles, c. 470 a.C.

Documentos em foco

As obras de arte como documentos históricos

Assim como outros povos, os gregos representavam suas crenças, seus valores morais e seu cotidiano por meio da arte. Vasos pintados à mão exibem cenas da mitologia e são valiosas fontes históricas sobre os costumes e o modo de vida da sociedade grega. A escultura foi bastante desenvolvida entre os gregos, que a utilizaram para representar deuses, semideuses, heróis, atletas e sábios. Observe estas três peças de arte:

Ânfora de cerâmica produzida em Atenas, c. 520 a.C.-510 a.C.

Escultura em bronze do deus Zeus, c. 520 a. C.-510 a.C.

1. No caderno, descreva as três peças explicando o que está representado em cada uma.

2. O que há em comum entre as três obras de arte gregas aqui representadas?

3. Muitos mitos dos antigos gregos estão presentes ainda hoje na literatura, no teatro, no cinema e na música. Você conhece algum filme, desenho animado ou história em quadrinhos inspirado na mitologia grega? Comente.

4. Pesquise outros personagens da mitologia grega. Escolha um deles, desenhe-o no caderno e conte a história dele aos colegas.

Busto grego de Sófocles, c. 496 a.C.

A arte inspirada nos gregos

O conhecimento científico desenvolvido por estudiosos gregos da Idade Antiga influenciou por muitos séculos as sociedades europeias. Uma demonstração disso é o fato de artistas europeus de diferentes épocas terem criado obras em homenagem a sábios da Grécia, mesmo tendo vivido muito tempo depois deles.

Em *A escola de Atenas*, do artista renascentista Rafael Sanzio, por exemplo, estão representados alguns dos principais filósofos e cientistas gregos da Antiguidade, como Platão e Aristóteles na cena central da obra.

Rafael Sanzio. *A escola de Atenas*, 1511. Afresco.

A obra, encomendada pelo papa Julio II, representa um encontro imaginário de importantes pensadores e cientistas da Grécia Antiga que valorizavam o conhecimento científico e racional.
Ao centro, estão os filósofos gregos Platão e Aristóteles. Platão acreditava que, além do mundo material, havia um mundo de ideias. Por isso, Rafael o representou apontando para o céu e segurando o livro *Timeo*. Aristóteles, por sua vez, segura sua obra *Ética* em uma das mãos enquanto a outra aponta para o chão, simbolizando sua crença de que o conhecimento só pode ser alcançado por meio da observação empírica do mundo material.

Já *A morte de Sócrates*, de Jacques-Louis David, representa a dignidade e a tranquilidade do filósofo Sócrates em seu leito de morte.

Jacques-Louis Davi. *A morte de Sócrates*, 1787. Óleo sobre tela, 1,9 m × 1,3 m.

A obra representa o filósofo grego Sócrates (ao centro) na prisão, em companhia de seus discípulos, momentos antes de sua morte. O filósofo passou suas últimas horas de vida debatendo sobre a imortalidade da alma. O braço levantado e o dedo indicador apontando para o alto simbolizam sua crença em uma existência mais elevada que a vida terrena.

Teatro e literatura

O teatro também foi uma criação dos antigos gregos. Ele era muito apreciado, principalmente na cidade de Atenas. Em teatros ao ar livre encenavam-se histórias trágicas ou cômicas, e não havia cenários ou efeitos especiais. Somente homens atuavam na Grécia Antiga, e eles usavam máscaras para expressar as características e os sentimentos dos personagens. O público grego apreciava as peças teatrais de autores como Ésquilo, Sófocles, Eurípedes e Aristófanes, que continuam sendo encenadas no mundo inteiro.

Entre os povos do Ocidente, os gregos foram os primeiros a registrar por escrito a própria história. Fizeram descrições de batalhas, de cenas cotidianas, de decisões tomadas nas assembleias populares etc. A palavra **história** é de origem grega e significa "investigação, informação".

As obras literárias, filosóficas e científicas dos antigos gregos divulgaram o idioma por várias partes do mundo antigo, influenciaram outras línguas e culturas através dos tempos e chegaram até nossos dias. A língua portuguesa, por exemplo, tem inúmeras palavras de origem grega: democracia, biografia, geometria, paleontologia, arqueologia, politeísmo, monoteísmo, teocracia, geografia, biologia etc.

Máscara de comédia do teatro grego, século II a. C.

Conviver

Encenação teatral

Você já assistiu a uma peça de teatro?

Forme um grupo com alguns colegas e pesquisem uma história da mitologia grega que vocês gostariam de encenar. Distribuam os papéis e as falas e, em uma data combinada com o professor, apresentem a peça escolhida à turma.

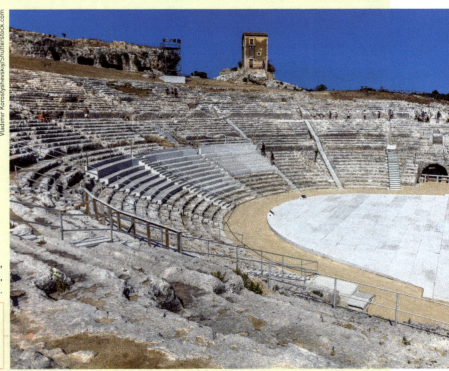

Ruínas do teatro grego de Siracusa, construído no século V a.C. Sicília, Itália, 2016.

Nesse teatro, centenas de pessoas conseguiam ver e ouvir perfeitamente o espetáculo. Isso revela que os arquitetos calculavam com precisão o alcance do som, a distância entre o público e os atores e o tamanho das arquibancadas.

Atividades

no caderno

1. Você conhece alguma lenda grega?
   a) Pesquise o assunto, escolha uma lenda e reúna imagens e informações. Você também pode representar a lenda escolhida com um desenho.
   b) Cole as imagens no caderno e elabore um pequeno texto contando o que aprendeu.
   c) Compartilhe as informações com os colegas.

2. Em sua opinião, por que o teatro grego permanece como um legado cultural que atravessou o tempo e as fronteiras geográficas?

3. O teatro foi uma produção cultural muito apreciada pelos antigos gregos, sobretudo entre os atenienses. Como eram feitas as encenações das histórias no teatro grego?

4. Os teatros atuais são construções semelhantes aos antigos teatros gregos?

5. Cite três elementos culturais que eram compartilhados pelos antigos gregos mesmo vivendo em lugares diferentes.

6. Quais modalidades das Olimpíadas da Antiguidade você considera mais semelhantes aos esportes atuais?

7. Na mitologia grega, os ancestrais dos deuses e dos seres humanos eram chamados de titãs.

> O titã Cronos, filho de Urano (Céu) e Gaia (Terra), personificava o tempo. Ele reinava no Universo porque havia destronado seu pai com a ajuda de Gaia. Temendo que um de seus filhos o traísse e o tirasse do trono, como ele havia feito com Urano, Cronos devorava os filhos logo após o nascimento. Reia, mulher de Cronos, cansada de perder seus filhos, escondeu o último deles, Zeus, e enganou o marido dando-lhe uma pedra para devorar. Quando Zeus cresceu, ele voltou para lutar contra Cronos, derrotando-o e fazendo-o vomitar seus irmãos. Ao derrotar Cronos e os outros titãs, Zeus tornou-se imortal e o deus dos deuses. Os titãs foram então presos no Tártaro, o mundo subterrâneo.

• Nesse mito grego, que sentimentos os titãs e os deuses manifestam?

8. Desde os tempos mais remotos, as sociedades humanas demonstram curiosidade para compreender suas emoções e os fenômenos da natureza. Assim, desenvolveram as histórias que, transmitidas oralmente de uma geração a outra, forneceram as explicações para o que era difícil de explicar, formando a cultura de cada povo.

Uma das bases que constituem a cultura de um povo é sua mitologia. Os mitos ou lendas são histórias fabulosas, mas geralmente guardam um fundo de verdade.

Com os antigos gregos não foi diferente: eles desenvolveram uma das mais ricas mitologias de todos os tempos.

> Poseidon, por exemplo, era o deus dos mares, irmão de Zeus (o deus dos deuses) e tinha um temperamento difícil. Em algumas histórias da mitologia, ele aparece como forte e generoso; em outras, como invejoso e vingativo.
>
> Embora fosse casado com a deusa Anfitrite, ele se envolveu com diversas deusas e teve muitos filhos. Algumas versões mitológicas trazem Poseidon como pai carinhoso e orgulhoso da coragem de Teseu, herói que matou o monstro Minotauro.
>
> Poseidon ajudou os gregos contra os troianos somente para se vingar do rei de Troia; provocou tempestades assustadoras a fim de dificultar o retorno do herói Ulisses para casa depois da Guerra de Troia; exigiu o sacrifício da filha de Cassiopeia, rainha da Etiópia, somente porque esta dizia ser mais bela do que as nereidas (**ninfas** protegidas por ele).

   a) Como os antigos gregos acreditavam que seus deuses se comportavam?
   b) Explique por que, em geral, os mitos são criados para explicar fenômenos de difícil compreensão.

Glossário

Ninfa: seres mitológicos que habitavam o fundo do mar.

115

CAPÍTULO 12
Atenas e Esparta

Vista da cidade de Mikonos, Grécia, 2017.

Atualmente, a Grécia é um dos destinos turísticos mais procurados do mundo pela extrema beleza e diversidade de suas paisagens naturais e urbanas.

Uma característica importante do mundo grego na Antiguidade também foi sua diversidade, mas por outras razões. Os gregos criaram cidades autônomas e com características próprias, que se distinguiam umas das outras. Essa diversidade resultou em estruturas sociais particulares, modos diferentes de organização política, educacional e mesmo de aspectos cotidianos. Por isso, não é possível falar em apenas uma Grécia, única e homogênea; mas em diversas experiências sociais com base em elementos culturais comuns e outros muito diversos.

Nesse contexto, duas cidades destacaram-se no mundo grego e exerceram grande influência nas sociedades ocidentais: Atenas e Esparta. As duas cidades tornaram-se, ao longo do tempo, as principais forças políticas, econômicas e militares do mundo grego, influenciando outros territórios. Por isso, é muito importante analisar as características principais de ambas para entender a forma como essa civilização se organizou na Antiguidade.

A formação do mundo grego

O atual território da Grécia localiza-se no sul da Europa, em uma região denominada **Península Balcânica**, e é composto também de diversas ilhas. Durante a Antiguidade, os gregos ocuparam o mesmo local, além de se fixarem no litoral oeste da Ásia.

Por volta do século VIII a.C., os gregos começaram a migrar da Península Balcânica e, navegando pelos mares Mediterrâneo e Negro, fixaram-se no litoral e nas ilhas, onde fundaram colônias que funcionavam como produtoras e distribuidoras de mercadorias para as demais regiões gregas.

> **Glossário**
> **Península Balcânica:** região geográfica localizada no centro-sul da Europa, banhada pelos mares Mediterrâneo, Jônico, Egeu, Adriático e Negro.

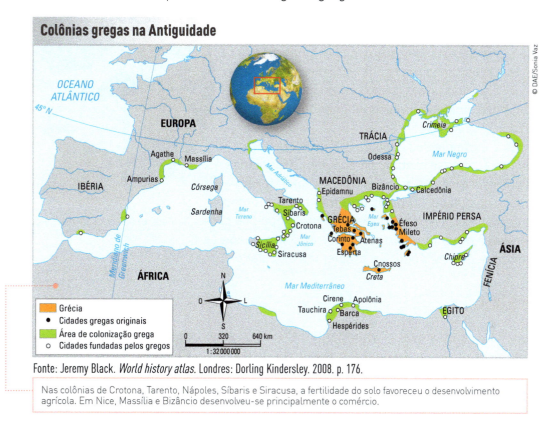

Fonte: Jeremy Black. *World history atlas*. Londres: Dorling Kindersley. 2008. p. 176.

Nas colônias de Crotona, Tarento, Nápoles, Síbaris e Siracusa, a fertilidade do solo favoreceu o desenvolvimento agrícola. Em Nice, Massília e Bizâncio desenvolveu-se principalmente o comércio.

Na Grécia não houve um governo único e centralizado, a divisão política era em cidades-Estado, chamadas de pólis. Cada pólis desenvolveu uma forma própria de organizar seu governo, suas leis, o trabalho realizado pela população e as atividades cotidianas. A independência de cada cidade-Estado tornou-se tão grande que a população considerava estrangeiros os gregos que viviam em outra pólis.

> **zoom**
> Como a localização geográfica de Massília e Bizâncio se relaciona ao comércio, principal atividade econômica realizada nessas cidades? Comente.

Escravidão na Grécia

A formação de colônias ampliou o comércio na Grécia. Dessa forma, os gregos precisaram de mais trabalhadores, o que os levou a adotar a escravidão.

Escravizavam prisioneiros de guerra, gregos endividados e também compravam escravos dos fenícios. Além de trabalharem em atividades variadas, alguns escravos atuavam como professores de crianças de famílias mais ricas; nesse caso, eram chamados de pedagogos.

Atenas

Atenas foi uma das principais pólis gregas. Localizada em uma região denominada Ática, seus portos naturais favoreceram o desenvolvimento comercial e o transporte de diversas mercadorias.

Organização social

A sociedade livre ateniense estava organizada da seguinte maneira:

- Eupátridas: Proprietários de terras e grandes comerciantes, tinham riquezas e prestígio por serem considerados descendentes dos fundadores da cidade. Durante cerca de duzentos anos, eles foram os únicos a poder participar das decisões políticas.
- Metecos: Os estrangeiros não tinham direitos políticos. Eles dedicavam-se ao comércio e ao artesanato, e alguns eram pequenos proprietários de terras.
- Artesãos e camponeses: Não possuíam terras.

No século V a.C., quase metade da população ateniense era formada por escravos. Os homens livres frequentavam todos os espaços da cidade, como os movimentados mercados nos quais se comercializavam escravos e diversos tipos de produtos. Os mercados eram também pontos de encontro, onde se conversava sobre negócios, política e problemas da cidade.

Peter Connolly (1935-2012). Representação de um sapateiro trabalhando.

Aquarelas criadas com base em imagens decorativas de vaso grego do ano 530 a.C., aproximadamente.

Educação ateniense

Em nossos dias, a educação é importante para ampliar a cidadania e oferecer qualificação para o mercado de trabalho. E na antiga Atenas, como se organizava a educação?

Até os 7 anos, as crianças atenienses ficavam em casa sob os cuidados da mãe. Após essa idade, os meninos iam à escola e as meninas continuavam em casa. A educação feminina era tarefa das mulheres mais velhas, que ensinavam leitura, escrita, Matemática e música; mas dedicavam-se principalmente ao ensino das tarefas domésticas, como cozinhar, fiar e tecer. Por volta dos 15 anos, muitas meninas se casavam com maridos escolhidos pelos pais.

Entre os 7 e 14 anos, os garotos frequentavam a escola para aprender leitura, escrita, Matemática, poesia, História e Ciências. Ensinava-se também oratória para que eles aprendessem a expressar opiniões publicamente. Dos 14 aos 18 anos, os jovens dedicavam-se aos exercícios físicos e, dos 18 a 21 anos, recebiam ensinamentos militares. Em Atenas, as escolas eram particulares e funcionavam nas casas dos mestres.

Peter Connolly (1935-2012). Representação de um jovem escrevendo.

zoom: O que está representado em cada uma das imagens desta página? O que elas indicam a respeito da educação dos antigos gregos?

Formas de governo em Atenas

Por volta do século VIII a.C., na época de sua fundação, o governo de Atenas era uma **monarquia**, ou seja, exercido por um rei, também chamado de basileu. Com o passar do tempo, as famílias eupátridas tomaram o poder do rei e passaram a controlar o governo, transformando-o em uma **oligarquia**.

No século VII a.C., diante de crescentes conflitos provocados pelas desigualdades sociais em Atenas, o governo oligárquico realizou algumas reformas políticas. A principal reforma foi a criação de leis escritas. Com isso, mais pessoas tiveram acesso às leis, o que diminuiu o poder da oligarquia, que não pôde mais interpretar as leis orais a seu favor.

Como nem todos os problemas foram resolvidos, a população continuou a pressionar por mais mudanças. Assim, no século VI a.C., a escravidão por dívidas foi abolida e terras foram distribuídas aos camponeses, o que favoreceu as camadas humildes da sociedade ateniense e estimulou os eupátridas a comprar escravos como forma de reduzir os gastos com a mão de obra.

Glossário

Oligarquia: palavra de origem grega que significa "governo exercido por representantes de um só grupo social ou de poucos grupos sociais".

Ruínas de Ágora. Atenas, Grécia, 2016.

A ágora era um espaço público em que os cidadãos exerciam direitos políticos debatendo assuntos de interesse coletivo.

zoom

Em Atenas, na Idade Antiga, as assembleias dos cidadãos ocorriam na Ágora. Você sabe em quais locais os governantes de sua cidade exercem o poder?

Ainda no século VI a.C., homens livres e adultos nascidos em Atenas, cujos pais fossem atenienses, conquistaram a cidadania, ou seja, o direito de participar da vida política. Iniciou-se assim em Atenas a **democracia**, palavra de origem grega que significa "governo do povo". No entanto, os escravos, os estrangeiros e as mulheres eram excluídos das discussões e participação política.

A democracia em Atenas

O principal órgão da democracia ateniense era a Assembleia Popular (Eclésia), na qual todos os cidadãos podiam expressar opiniões e era respeitada a decisão da maioria. No Conselho dos Quinhentos (Bulé), os integrantes elaboravam leis, que depois eram votadas pela Assembleia Popular. Havia também os estrategos, cidadãos que lideravam o exército e punham em prática as decisões da Assembleia Popular, e os membros do Tribunal de Justiça (Heleia).

Aos poucos, a democracia ateniense foi sendo aperfeiçoada. Os cidadãos pobres passaram a receber pagamento para exercer atividades políticas, por exemplo, o que ajudou a garantir sua participação na Assembleia.

Óstrakon produzido em 482 a.C., com nome de Themistocles, que viveu em Atenas entre 514 a.C. e 449 a.C.

> Na tentativa de garantir o bom funcionamento da democracia, o governo ateniense criou o "Ostracismo", lei que previa um exílio de dez anos a quem fosse considerado uma ameaça à democracia. O termo **ostracismo** originou-se da palavra grega *ostrakon*, um caco de cerâmica no qual eram escritos o nome dos candidatos ao exílio. O indivíduo que tivesse seu nome citado por 6 mil cidadãos era condenado.

Viver

O filósofo grego Aristóteles viveu entre 384 a.C. e 322 a.C. Entre os muitos temas que estudou e debateu com outros pensadores da época destacam-se aqueles ligados à política. Suas obras abordam assuntos como governo, ética e justiça. No texto a seguir, ele comenta as razões para dissenções, isto é, diferenças de opiniões nos governos democráticos.

> Os ricos são pouco numerosos em toda a parte, enquanto os pobres constituem a grande maioria. Assim, portanto, a verdadeira diferença entre a democracia e a oligarquia é a da pobreza ou riqueza; daí resulta necessariamente que cada vez que a riqueza dá o poder, há oligarquia; e, ao contrário, democracia, quando os pobres têm o poder.
>
> Mas, como dissemos, geralmente os ricos estão em minoria, e os pobres em maioria; uns têm a riqueza e os outros o número; tal é a causa das perpétuas dissensões de uns e de outros a respeito do governo.
>
> Aristóteles. In: Gustavo de Freitas (Org.). *900 textos e documentos em História*. Lisboa: Plátano, 1975. p. 64.

1. Como Aristóteles explica as divergências de opiniões entre os cidadãos na democracia?

2. Atualmente vivemos em uma democracia. Somos cidadãos e temos vários direitos políticos. Entre esses direitos estão escolher representantes para a Câmara dos Vereadores, a Assembleia Legislativa e o Congresso Nacional, votar em candidatos a prefeito, governador e presidente da República. Reflita sobre a democracia brasileira e responda:
   a) Há aspectos de nossa democracia que podem ser aperfeiçoados?
   b) Há aspectos que podem ser criticados?
   Troque opiniões com os colegas da turma sobre esse tema.

3. A democracia grega era direta, pois os próprios cidadãos participavam das assembleias que governavam a cidade. No Brasil, a democracia também é direta? Por quê?

Esparta

Na região grega do Peloponeso localizava-se a cidade-Estado de Esparta. Por volta de 1200 a.C., os dórios, povo nômade provavelmente de origem asiática, fixaram-se na Península Balcânica, onde fundaram a cidade de Esparta, na região do Peloponeso (veja o mapa da página 117).

A sociedade de Esparta manteve a tradição militar dos dórios durante toda a Idade Antiga. Eles usavam armas de ferro, metal que ainda era desconhecido na Grécia e, como dedicavam-se à guerra, destruíram a civilização dos povos que lá viviam e escravizaram sua população.

Ampliar

Os combates de Aquiles, de Mano Gentil (Seguinte).

Nesse livro, a história de Aquiles é apresentada aos jovens leitores, assim como curiosidades e interpretações a respeito do mito.

Viver em Esparta

Cercada por montanhas e solos férteis, Esparta desenvolveu como principais atividades econômicas a agricultura e a criação de animais. Sua sociedade destacou-se principalmente pela rigidez de costumes e por seu espírito guerreiro; um bom exemplo era a dedicação aos treinamentos físicos e militares.

Ruínas da cidade de Esparta, Grécia.

Os espartanos valorizavam a guerra como forma de demonstrar honra, coragem e força física, características que os historiadores geralmente relacionam à herança militar dos dórios, povo fundador de Esparta.

Organização social

Na sociedade espartana os esparciatas consideravam-se os únicos descendentes dos dórios. Eram a minoria da população, donos das melhores terras e, além disso, somente eles tinham direito à cidadania, controlando o governo.

Os periecos viviam nos arredores da cidade e eram proprietários das terras menos férteis; alguns eram pequenos comerciantes, outros, artesãos.

Havia também os hilotas, prisioneiros de guerra que trabalhavam como agricultores ou soldados. Eles pertenciam ao governo, que tinha o poder de libertá-los. Aqueles que ganhavam a liberdade dedicavam-se a diferentes atividades e podiam possuir bens. Filhos de mulher hilota e pai esparciata poderiam ser reconhecidos como cidadãos de Esparta.

Estátua de bronze de soldado espartano, século VI a.C.

Os soldados espartanos tinham pouco tempo livre para a vida familiar, mas isso não era motivo de insatisfação, pois a sociedade valorizava a dedicação de seus guerreiros.

Governo de Esparta

O governo da cidade-Estado de Esparta foi por muito tempo controlado pelos esparciatas. Em fins do século VII a.C., organizou-se na cidade a **diarquia**, isto é, um governo exercido por dois reis com funções religiosas e militares. Em tempos de guerra, um deles chefiava as tropas enquanto o outro ficava na cidade. Eles eram de famílias esparciatas, tinham grande prestígio, mas pouca influência política. Seu poder era limitado por três órgãos formados por esparciatas.

- **Eforato:** composto de cinco membros chamados de éforos. Eles eram eleitos anualmente, governavam a cidade e controlavam o poder dos reis. Participavam das decisões militares, econômicas e das negociações com outras cidades.
- **Gerúsia:** conselho formado pelos dois reis e por 28 esparciatas com mais de 60 anos, que elaboravam as leis. Seus membros também eram chamados de gerontes.
- **Ápela:** assembleia de cidadãos com mais de 30 anos que escolhiam os éforos e os membros da Gerúsia.

> **zoom** Qual órgão do governo espartano exerce a administração da cidade? Por quê?

Busto de Licurgo, século I d.C.

Nos ensinamentos transmitidos pela tradição oral grega, consta que Licurgo foi o mais importante legislador de Esparta, responsável por implantar o modelo de governo espartano. Valorizava o cumprimento das leis, a necessidade de homenagear os mais velhos, respeitar as crenças religiosas e as tradições do povo.

Educação espartana

Na sociedade espartana, aos 7 anos, os meninos das famílias esparciatas eram enviados para acampamentos militares onde praticavam exercícios físicos, enfrentavam fome, sede e frio a fim de se prepararem para dificuldades que provavelmente enfrentariam em uma guerra. Aprender a ler e escrever não era considerado importante.

Para aperfeiçoar seu treinamento, aos 14 anos os jovens acompanhavam os soldados em batalhas de verdade. Aos 20 anos eram considerados preparados para participar das guerras; somente abandonavam o exército e as funções militares ao completarem 60 anos de idade.

Nas famílias mais poderosas, as meninas eram cuidadas para crescerem saudáveis e terem filhos fortes para servir ao exército. Elas praticavam jogos, ginástica, dança e aprendiam música e canto. Quando adultas, casavam-se, criavam os filhos e eram respeitadas por serem mães e esposas dos guerreiros.

As famílias menos abastadas geralmente criavam suas filhas dentro de casa, mas muitas mulheres de trabalhadores exerciam atividades fora dela para ajudar no sustento familiar.

Estatueta de atleta espartana, que indica prática de exercícios físicos pelas mulheres de Esparta, 525 a.C.

Documentos em foco

Honra, coragem e orgulho dos soldados espartanos

Na cultura espartana, a formação dos guerreiros começava já na infância. Os rígidos treinamentos militares tinham início aos 7 anos de idade. Contudo, não se voltavam apenas ao domínio de técnicas de luta. A honra e a coragem eram virtudes muito valorizadas naquela sociedade e desenvolvê-las também estava entre os principais objetivos da educação de seus soldados. Por isso, para os soldados espartanos era muito importante ter uma carreira militar de grandes feitos; todos queriam conquistar respeito, admiração e ser motivo de orgulho.

O texto a seguir é fragmento de um poema escrito por Tirteu, poeta espartano que viveu no século VII a.C. Leia atentamente o texto e, em seguida, responda às questões.

> Eu não lembraria nem celebraria um homem
> pela sua excelência na corrida ou na luta,
> nem que tivesse dos Ciclopes a estatura e a força
> e vencesse na corrida o trácio Bóreas,
> nem que tivesse figura mais graciosa que Titono,
> ou fosse mais rico do que Midas e Ciniras,
> ou mais poderoso que Pélops, filho de Tântalo,
> ou tivesse a eloquência dulcíssima de Adrasto
> ou possuísse toda a glória — se lhe faltasse a coragem valorosa.

Delfim Ferreira Leão (Org.). *Cidadania e paideia na Grécia Antiga*. Coimbra: FCT, 2010. p. 16.

Ampliar

A Grécia Antiga passo a passo, de Éric Teyssier (Companhia das Letras).

Por meio de uma narrativa divertida e didática, o autor do livro analisa alguns dos principais aspectos da sociedade grega e das principais pólis que se formaram na Antiguidade.

Hoplita espartano representado em cerâmica grega, século V a.C.

O cidadão-soldado espartano era conhecido como hoplita. Nos combates, além do uso do elmo para proteger a cabeça e da couraça para proteger o peito, os hoplitas portavam lança e escudo, importante equipamento de proteção.

1. Qual é o tema central do poema?

2. De que modo esse poema pode ser relacionado com a educação e a vida dos espartanos?

3. Os soldados espartanos lutavam com grande determinação e não temiam a morte. O que pode explicar esse comportamento?

4. O poeta menciona diversas figuras lendárias de seu tempo, como os Ciclopes, o trácio Bóreas, Titono, Ciniras, Pélops ou Adrasto. Escolha um desses personagens e pesquise informações sobre ele. Em seguida, conte aos colegas o que você descobriu.

Atividades

1. Observe os mapas a seguir e faça o que se pede.

Fonte: José Jobson de A. Arruda. *Atlas histórico básico.* 17. ed. São Paulo: Ática, 2011. p. 8.

a) Explique o significado das expressões "Grécia continental", "Grécia insular" e "Grécia asiática".

b) Compare os dois mapas e responda:

- Na Idade Antiga, o território grego era contínuo? E atualmente?
- Em quais continentes ficavam os territórios gregos na Idade Antiga? E atualmente?
- Na Idade Antiga, os gregos ocuparam territórios que atualmente pertencem a quais países?
- A qual continente pertence o território da Grécia continental?
- Em quais mares se localizam as ilhas gregas?
- Em que país se localiza atualmente a região que era conhecida por Magna Grécia na Idade Antiga?

Fonte: *Atlas geográfico escolar.* Rio de Janeiro: IBGE, 2016. p. 43.

2. Na Grécia Antiga, a população de cada pólis tinha forte ligação com sua cidade e considerava estrangeiros aqueles que vivessem fora dela, mesmo que fossem gregos. Atualmente, há no Brasil esse sentimento em relação às pessoas de outros países? Qual é a razão disso?

3. As pólis de Atenas e Esparta foram duas das principais cidades do mundo grego. Elas tinham características sociais e políticas muito distintas entre si. Com base nisso, elabore um quadro que compare a organização social das duas cidades, bem como seus sistemas políticos.

4 Em um de seus discursos aos cidadãos atenienses, o governante Péricles afirmou, no ano 430 a.C.:

> Temos um sistema político [...] que se chama democracia, pois se trata de um regime concebido, não para uma minoria, mas para as massas. Em virtude das leis [...] todas as pessoas são cidadãs iguais.
>
> Péricles. In: Gustavo de Freitas (Org.). *900 textos e documentos de História.* Lisboa: Plátano, 1975. v. 1. p. 68.

a) Considerando o contexto histórico, qual é o sentido da palavra "massas" no texto acima?

b) Que parte da sociedade ateniense seria beneficiada por essa igualdade mencionada por Péricles?

c) Consequentemente, quais partes da sociedade ateniense não eram consideradas cidadãs?

d) Você reconhece nesse documento alguma característica da atual democracia brasileira? Qual?

5 Compare a situação das mulheres em Atenas com a das mulheres em Esparta. E atualmente, como é a situação das mulheres no Brasil?

6 Um dos mais importantes pensadores do mundo grego foi Platão, que viveu entre 427 a.C e 347 a.C. Leia um texto que comenta suas ideias sobre qual deveria ser o papel social das mulheres.

> Os escritos de Platão remetem à necessidade de inclusão da mulher no funcionamento da pólis. Para o filósofo, a mulher deve receber a mesma educação ministrada ao homem, qual seja, o ensino da música, ginástica e também da guerra. A cidade idealizada por Platão responsabiliza a mulher pelo funcionamento da pólis, e ainda garante ao sexo feminino a igualdade de condições na organização social, política e econômica da cidade-estado. [...] No pensamento platônico a mulher grega deve ser educada nas mesmas condições que o homem [...].
>
> Maria Aparecida de Oliveira Silva. Plutarco e a participação feminina em Esparta. *Seculum Revista de História,* 12, João Pessoa, p. 11-12, jan./jun. 2005. Disponível em: <www.periodicos.ufpb.br/index.php/srh/article/download/11312/6426>. Acesso em: jun. 2018.

a) De acordo com o texto, quais funções as mulheres deveriam exercer na vida pública?

b) A educação das mulheres que era defendida por Platão se assemelha à educação que elas recebiam em Atenas? Justifique sua resposta.

7 No sistema político de Esparta havia reis e assembleias: Eforato, Gerúsia e Ápela. Contudo, esse sistema político não pode ser considerado nem monarquia nem democracia. Por quê?

8 A pólis grega era o espaço onde acontecia a vida pública, política e cultural dos gregos. Os gregos sentiam-se profundamente ligados à sua respectiva pólis. Consideravam estrangeiro não apenas o indivíduo que não fosse grego, mas também o grego que nascera em uma cidade-Estado diferente da sua. Nesse cenário, quais elementos culturais uniam os gregos de diferentes pólis?

9 Ao longo de sua história, os antigos gregos adotaram a escravidão. Os escravos trabalhavam nas mais diferentes atividades. Leia o texto a seguir sobre o assunto.

> A condição dos escravos não era igual em todas as cidades. Em Atenas, por exemplo, trabalhavam nas minas, onde eram vítimas de maus-tratos e submetidos a excesso de trabalho, embora houvesse leis que lhes conferiam proteção contra a brutalidade da polícia, das autoridades e dos próprios cidadãos. Em outras cidades gregas, o escravo estava exposto à violência dos cidadãos, que podiam injuriá-lo ou agredi-lo.
>
> Teresa van Acker. *Grécia: a vida cotidiana na cidade-Estado.* São Paulo: Atual, 1994. p. 35.

- De acordo com o texto, as leis atenienses de proteção aos escravos eram suficientes para evitar a exploração do trabalho escravo? Justifique com informações do documento.

10 Em dupla, comparem Atenas e Esparta no seguinte aspecto: Qual delas era mais conservadora e qual era mais dinâmica? Levantem uma hipótese para explicar sua resposta.

11 Esparta localizava-se na região da Lacônia. Essa referência geográfica deu origem, na Língua Portuguesa, à palavra **lacônico**, que significa "curto, breve, que se expressa com poucas palavras". Como o contexto histórico explica a origem e o significado dessa palavra em nossa língua?

CAPÍTULO 13 — Rivalidades e guerras na Grécia Antiga

Nos dias atuais, ainda há povos que guerreiam pelos mais variados motivos: religiosos, territoriais, ideológicos, políticos, étnicos. Pensando na proteção e na segurança das crianças, a Organização das Nações Unidas (ONU) aprovou, em 1959, uma declaração com dez Direitos das Crianças. São eles:

1 - Todas as crianças, independentemente de cor, sexo, língua, religião ou opinião, têm os direitos a seguir garantidos.
2 - A criança será protegida e terá desenvolvimento físico, mental, moral, espiritual e social adequados.
3 - Crianças têm direito a nome e nacionalidade.
4 - A criança terá direito a alimentação, recreação e assistência médica.
5 - Crianças deficientes terão tratamento, educação e cuidados especiais.
6 - A criança precisa de amor e compreensão.
7 - A criança terá direito a receber educação, que será gratuita pelo menos no grau primário.
8 - As crianças estarão, em quaisquer circunstâncias, entre os primeiros a receber proteção e socorro.
9 - A criança será protegida contra qualquer crueldade e exploração. Não será permitido que ela trabalhe ou tenha ocupação que prejudique os estudos ou a saúde.
10 - Toda criança terá proteção contra atos de discriminação.

Monica Rodrigues da Costa. Os 10 direitos da criança aprovados pela ONU em 1959. Disponível em: <www1.folha.uol.com.br/asmais/2015/10/1697593-os-10-direitos-da-crianca-aprovados-pela-onu-em-1959.shtml>. Acesso em: jun. 2018.

Crianças brincando em campo de refugiados. Mosul, Iraque, 2017.

Assim como no presente, as guerras faziam parte da vida social, política e econômica dos povos antigos. No entanto, aqueles povos não tinham uma visão da infância e preparavam as crianças desde cedo para o combate.

O desenvolvimento comercial das cidades-Estado e das colônias gregas provocou diversos conflitos internos e externos na região. Nesse contexto, as pólis concorriam para estabelecer poder econômico e liderança política, e a prosperidade da Grécia também atraía o interesse de povos estrangeiros.

zoom: Você já ouviu falar de algum país que está em guerra atualmente? Se sim, qual? Você sabe por quê?

As Guerras Médicas

Os governantes do Império Persa, especialmente no século V a.C., desejavam conquistar a Grécia e, assim, dominar seu comércio. Naquele período, os persas (conhecidos como medos) enfrentaram os gregos nas chamadas Guerras Médicas.

Primeira Guerra Médica

Dario, imperador persa, liderava um exército numeroso, bem armado e muito bem treinado. Confiante de que as rivalidades entre as cidades gregas facilitariam sua vitória, iniciou a conquista pelas colônias da Ásia Menor e, em 490 a.C., avançou para a Grécia continental.

Diante dessa ameaça, as cidades gregas se uniram sob a liderança de Atenas e conseguiram derrotar o exército persa. Conta-se que, depois da última batalha, na planície de Maratona, um soldado grego correu até Atenas para contar que haviam vencido a guerra. Esse episódio teria originado o nome **maratona**, uma modalidade de corrida de longa distância.

Segunda Guerra Médica

Dez anos após a derrota persa, o imperador Xerxes, sucessor de Dario, liderou uma nova invasão à Grécia. Diante da necessidade de organizar a defesa e de equipar suas tropas, Atenas formou a Confederação de Delos, uma aliança política e econômica entre várias cidades gregas para suprir as demandas da guerra.

Os persas atacaram e incendiaram Atenas. No entanto, o combate no mar, na Batalha de Salamina, foi vencido pelos atenienses. Esse resultado surpreendente pode ser explicado por diferentes fatores: o sucesso na Batalha de Maratona contribuiu para aumentar a confiança dos cidadãos de Atenas; eles sentiam-se comprometidos com sua cidade, dispostos a defendê-la mesmo em circunstâncias difíceis; a frota ateniense era a melhor da Grécia e estava treinada para combates em seu próprio território.

Até então, Esparta não havia se envolvido diretamente na guerra. Após a Batalha de Salamina e sob ameaça de ter seu território invadido pelos persas, Esparta decidiu entrar na guerra e sua participação nos combates terrestres definiu a vitória final dos gregos.

Em 449 a.C. ocorreu o fim definitivo das Guerras Médicas.

Fonte: Georges Duby. *Atlas histórico mundial*. Barcelona: Larousse, 2007. p. 35.

Atenas × Esparta

Fonte: Cláudio Vicentino. *Atlas histórico: geral e Brasil*. São Paulo: Scipione, 2011. p. 42.

Atenas liderava muitas cidades-Estado e colônias gregas em um vasto território, que abrangia o litoral e as ilhas da Europa oriental e da Ásia.

Além do desenvolvimento econômico e militar, Atenas era um rico e diversificado centro cultural do mundo grego. Os atenienses mantiveram a liderança sobre a Confederação de Delos e transformaram as contribuições das cidades aliadas em tributos obrigatórios, utilizando o dinheiro em seu próprio benefício.

Algumas cidades gregas se julgavam ameaçadas pelo desenvolvimento de Atenas e uniram-se a Esparta, formando a Liga do Peloponeso.

As rivalidades entre a Confederação de Delos e a Liga do Peloponeso acentuaram-se, resultando, em 431 a.C., na Guerra do Peloponeso. Os espartanos combatiam melhor em terra, mas os atenienses dominavam o mar. Esse equilíbrio de forças prolongou a guerra por quase trinta anos.

Com o objetivo de resistir aos ataques do exército espartano, o governo de Atenas decidiu concentrar a população dentro das muralhas da cidade. Tal medida prejudicou a produção no campo e provocou uma epidemia que matou cerca de um terço de seus habitantes.

Desgastados pela fome e definitivamente derrotados, os atenienses renderam-se em 404 a.C. Após a guerra, Esparta passou a dominar as cidades gregas. Algum tempo depois, outras cidades, como Tebas, começaram a disputar essa liderança. As disputas entre as cidades-Estado enfraqueceram a Grécia, facilitando o domínio estrangeiro no século IV a.C.

A conquista macedônica e o helenismo

Ao longo de sua história, a Macedônia, situada ao norte da Grécia, fora influenciada pela cultura grega, adotando seu idioma e seus costumes. Durante o governo de Filipe II, teve início a formação de um império que, em 338 a.C., dominou a Grécia.

Coube a Alexandre, o Grande – filho e sucessor de Filipe II –, a tarefa de fortalecer o domínio macedônico na Grécia e de estender as conquistas sobre a Ásia Menor. Entre 334 a.C. e 331 a.C., Alexandre conquistou a Pérsia, a Fenícia, o Egito e parte do Oriente, estabelecendo a capital do Império Macedônico na cidade de Babilônia.

Alexandre governava os povos conquistados, permitindo que mantivessem seus costumes, sua língua e sua religião, o que contribuiu para uma fusão entre culturas orientais e ocidentais conhecida como **helenismo**. Em troca, exigia o pagamento de impostos e o respeito a sua autoridade.

Em 323 a.C., aos 33 anos de idade, Alexandre morreu vítima de uma febre; o império foi então dividido entre os principais comandantes de seu exército. Mais tarde, no século II a.C., os macedônicos foram conquistados pelos romanos.

Alexandria, centro cultural do Mundo Antigo

Em 332 a.C., o imperador Alexandre conquistou o Egito. Lá fundou a cidade de Alexandria para funcionar como porto comercial.

Após a morte de Alexandre, o Império Macedônico foi reorganizado administrativamente e dividido entre três grandes reinos, cada qual entregue ao governo de um general.

Nesse processo, a importância de Alexandria aumentou e ela tornou-se capital do Egito, superando em importância econômica, cultural e política todas as demais cidades do império. Alexandria pode ser considerada uma metrópole do mundo antigo, chegando a ter 500 mil habitantes. Construída conforme os padrões da arquitetura grega, por suas praças, ruas e mercados circulavam mercadores gregos, persas, judeus, babilônios, romanos, cartagineses, entre outros.

Contudo, o que contribuiu para a cidade se converter no principal centro cultural do mundo antigo foi o funcionamento da Biblioteca de Alexandria, erguida em 283 a.C., no governo de Ptolomeu I. Cerca de cem anos após sua inauguração, ela foi ampliada com uma nova construção, dentro do templo religioso, em homenagem a Serápis. A nova construção passou a abrigar o museu, local de estudo, formado também por teatro, jardim botânico e zoológico, para pesquisas diversas, além de dormitórios para acomodar os **eruditos** que a frequentavam.

Após longo período de esplendor, a Biblioteca de Alexandria passou por lenta decadência. A partir do século II a.C., com a derrota do Império Macedônico pelo exército romano, a cidade passou a fazer parte do Império Romano. Com o tempo, os investimentos do governo para mantê-la diminuíram. Atualmente as versões de que ela foi incendiada a mando dos imperadores romanos e, posteriormente, pelos árabes, quando esses se apossaram da cidade no século VII, são colocadas em dúvida por falta de evidências seguras de que isso tenha acontecido.

Glossário
Erudito: sábio.

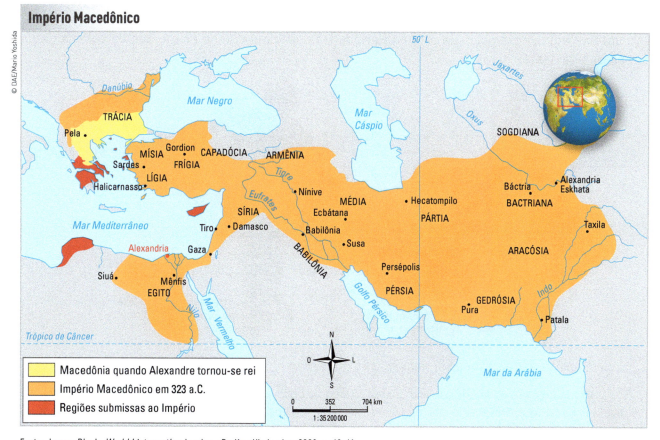

Fonte: Jeremy Black. *World history atlas*. Londres: Dorling Kindersley, 2008. p. 40-41.

Atividades

1. O Império Persa foi um dos maiores da Antiguidade. Mobilize seus conhecimentos para explicar o interesse persa em dominar a Grécia.

2. Antes de as Guerras Médicas terem início, que situação da Grécia poderia contribuir para a vitória dos persas?

3. Explique a importância histórica da Batalha de Salamina.

4. Como a atuação da Confederação de Delos contribuiu para a vitória dos gregos sobre os persas?

5. Qual cidade-Estado grega saiu fortalecida das Guerras Médicas? Por quê?

6. Como a liderança de Atenas sobre a Confederação de Delos favoreceu a cidade?

7. Como o governo espartano reagiu ao desenvolvimento ateniense no século V a.C.?

8. Justifique a afirmação: "A vitória grega nas Guerras Médicas levou à Guerra do Peloponeso".

9. O fim da Guerra do Peloponeso foi suficiente para manter a paz na Grécia? Por quê?

10. No século V a.C., a vitória grega contra a Pérsia, um dos mais poderosos impérios da época, tinha sido surpreendente. Por que, no século seguinte, os gregos não venceram a Macedônia, um império que ainda estava em fase de formação?

11. Que medidas tomadas por Alexandre, o Grande, podem ser interpretadas como estratégias para evitar que os povos dominados se revoltassem contra o domínio macedônico? Como você chegou a essa conclusão?

12. O que foi o helenismo? Por que recebeu esse nome?

13. Observe alguns exemplos da arte do Período Helenístico e cite os elementos da cultura grega presentes nessas obras.

Estátua de Afrodite, feita em terracota no Período Helenístico.

Estátua de terracota feita no Período Helenístico, século II a.C.

14. Leia o texto a seguir e, depois, responda às questões.

> Alexandre, ao decidir edificar uma grande cidade no Egito, contratou arquitetos e ordenou que fosse construída entre o Lago Mareótis e o mar, projetando ele mesmo o traçado das ruas, de forma que os ventos "frescos do Mediterrâneo cruzavam a cidade e refrescavam seu ar, proporcionando aos habitantes um clima ameno e saudável" [...]. A segurança do porto, a amenidade do clima, a facilidade de acesso ao Nilo e às terras

baixas, bem como a abundância de água potável, foram essenciais para a escolha da nova capital do Egito (a antiga era conhecida como Mênfis), visando facilitar o fornecimento de suprimentos à Macedônia. Alexandre desejou que esta nova cidade-capital fosse a base para que o helenismo se tornasse a metrópole da cultura.

Rosimere Mendes Cabral. *Bibliotecas de Alexandria: usos políticos da memória e do esquecimento*. Rio de Janeiro, 2015. p. 52. Tese de Doutorado em Memória Social – Universidade Federal do Estado do Rio de Janeiro. Disponível em: <www.memoriasocial.pro.br/documentos/Teses/Tese49.pdf>. Acesso em: jun. 2018.

a) A que cidade o texto se refere? Que informações indicam isso?

b) Comente a importância dessa cidade para a interligação comercial entre as várias regiões do Império Macedônico.

c) Explique a que se atribui a importância cultural dessa cidade no mundo antigo.

15 Em 2002, foi inaugurado em Alexandria, no Egito, um moderno centro de estudos que reúne museu, centro de pesquisas e biblioteca, além de acervo digital de variados materiais para consulta do público e espaço planejado para as crianças com áreas para leitura e sessões de filmes. O projeto demorou 20 anos para ser finalizado e contou com apoio da Organização das Nações Unidas para a Educação, a Ciência e a Cultura (Unesco). O local recebeu o nome de Biblioteca Alexandrina, em homenagem à antiga biblioteca.

Biblioteca Alexandrina. Alexandria, Egito, 2014.

a) A comparação entre a atual Biblioteca Alexandrina, inaugurada em 2002, e a que se ergueu no mesmo local há quase 2300 anos atrás é inevitável. Comente as semelhanças e diferenças entre elas.

b) Em sua escola há biblioteca? Você a frequenta? Por que ela é um espaço de aprendizagem?

c) Atualmente, no Brasil, funcionam várias bibliotecas. Algumas delas são comunitárias. Você sabe como funciona esse tipo de biblioteca e sua importância para as comunidades locais? Pesquise o assunto e crie um desenho (ou colagem) para representá-la. Na data combinada, apresente-o à turma e discuta com os colegas sua importância.

16 Na longa história da Biblioteca de Alexandria no mundo antigo destacou-se a figura de Hipácia, também conhecida por Hipátia. O texto a seguir refere-se a ela.

Os antigos sábios, como no caso dos gregos, eram pensadores com um amplo espectro; uma única pessoa poderia ser médica, matemática, astrônoma e filósofa. Isso parece impossível hoje, com o crescente grau de especialização e os esforços necessários para ser especialista em um campo particular.

[...] Hipátia de Alexandria (séculos IV e V) realizou trabalhos científicos importantes em campos como a matemática e a astronomia. A história vem mostrando as habilidades das mulheres na ciência e como elas não têm desvantagem intelectual em relação aos homens. [...]

Hipátia tinha uma vida interessante. A vida de uma mulher forte, lutando por seus ideais e, onde ela estudou ciências, durante muito tempo as mulheres tiveram o acesso negado ao conhecimento.

Pedro Noah. Hipátia de Alexandria: uma matemática contra a intolerância. *Sociedade Científica*, 14 maio 2017. Disponível em: <http://socientifica.com.br/2017/05/hipatia-de-alexandria-uma-matematica-contra-intolerancia/>. Acesso em: jun. 2018.

• Com base no texto, é possível perceber a importância de Hipátia tanto em sua época quanto hoje em dia. Que razões podem justificar isso?

Visualização

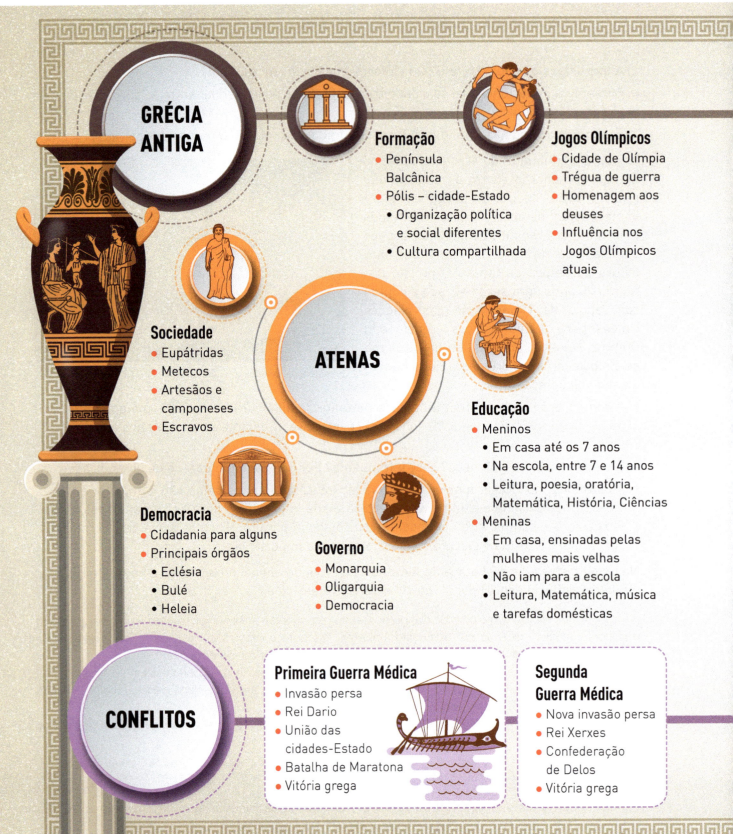

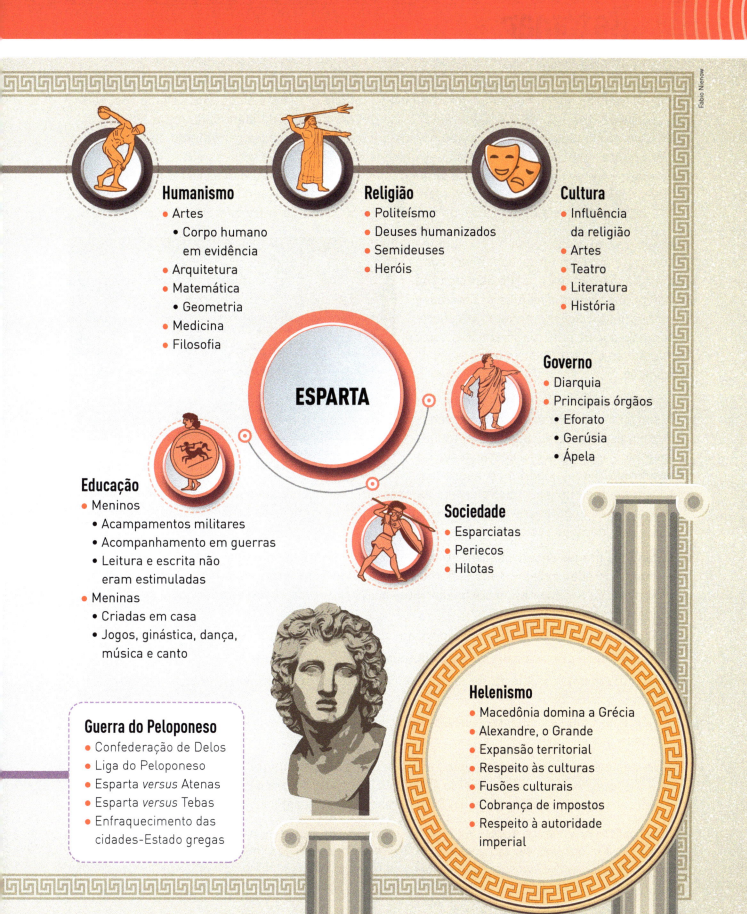

Retomar

1 Uma tradição que tinha grande importância no mundo grego era a dos Jogos Olímpicos: eles envolviam diversas pólis e ajudavam a criar um sentimento de identidade entre os gregos. Como as cidades gregas eram autônomas e independentes, esse sentimento de identidade era muito importante e ajudava a criar unidade no interior das diversas pólis.
Atualmente, os Jogos Olímpicos e também os Paraolímpicos, ajudam a criar um sentimento de união entre os povos durante o evento, já que participantes do mundo inteiro disputam diferentes jogos e estimulam a solidariedade e o auxílio mútuo entre diferentes grupos sociais.

Tendo isso em vista, reúna-se com alguns colegas e formem um grupo. Pesquisem informações sobre os Jogos Olímpicos na Antiguidade e nos dias atuais. Com base nessas informações, montem um mural comparando as principais semelhanças e diferenças entre a tradição grega e nossa tradição.

Atleta brasileiro, Clodoaldo da Silva, acendendo a pira olímpica na cerimônia de abertura das Paraolímpiadas. Rio de Janeiro (RJ), 2016.

2 As lendas e os mitos gregos sempre influenciaram a história das sociedades ocidentais. Nos dias atuais, há muitos exemplos de adaptações dessas histórias em filmes, livros, quadrinhos, peças teatrais e até mesmo jogos eletrônicos. Pesquise um exemplo de adaptação de uma lenda ou mito grego. Em seguida, escreva uma breve síntese da forma como essa tradição foi adaptada e conte o que descobriu aos colegas.

3 Os antigos gregos desenvolveram uma cultura fundamentada no profundo conhecimento do ser humano, de suas ações e seus sentimentos; eles também foram os criadores da democracia. Assim, desde a Idade Antiga até os dias atuais, muitos povos absorveram influências da cultura grega. Com base nisso, responda:

a) Em que aspectos os gregos influenciaram outros povos da Idade Antiga?

b) Quais são os principais exemplos da influência grega no presente?

c) Identifique uma característica da vida em Esparta e outra da vida em Atenas que mais chamaram sua atenção.

d) Comente uma semelhança e uma diferença entre a democracia ateniense e as democracias atuais.

4 Uma das mais conhecidas passagens envolvendo os antigos gregos foi a guerra contra a cidade de Troia, que teria ocorrido no século XIII a.C. Veja como a Guerra de Troia é narrada na mitologia e representada na imagem a seguir. Depois responda às questões.

[...] Páris, um príncipe troiano, foi recebido na cidade de Esparta e, encantado com a rainha Helena, convenceu-a a fugir com ele. Os gregos, furiosos, interpretaram a fuga como um rapto e uma afronta à sua honra. Assim, vários reis reuniram seus exércitos e partiram para trazer a rainha de volta. Suas tropas cercaram a cidade de Troia e a guerra durou dez longos anos.

Cena do filme *Troia*, na qual aparece uma representação do cavalo de Troia, 2004.

Um dia, Ulisses, um dos guerreiros gregos presentes ao cerco, armou um plano para enganar os troianos, e sua ideia foi aceita. Para executá-la, os gregos construíram um cavalo de madeira e esconderam soldados em seu interior. Desmancharam os acampamentos e fingiram ir embora. Os troianos, julgando que aquele enorme cavalo fosse um presente, levaram-no para dentro das muralhas da cidade e festejaram o suposto fim da guerra. Porém, no meio da noite, quando todos dormiam, os guerreiros gregos saíram de dentro do cavalo e abriram os portões da cidade. Troia foi então invadida, saqueada e incendiada pelos exércitos gregos, que levaram a rainha Helena de volta para Esparta e deram por terminada a luta.

Vitor Biasoli. *O mundo grego*. São Paulo: FTD, 1995. p. 13.

a) Que poema grego narra essa guerra? O que se sabe sobre a autoria desse poema?

b) A guerra de Troia deu origem a expressões ainda usadas hoje em dia. É o caso de "presente de grego" e de "não se pode agradar a gregos e troianos". Você sabe o que essas expressões significam?

c) Você consegue dar exemplos de situações em que essas expressões são usadas atualmente? Forme dupla com um colega, pesquisem e discutam os resultados com os demais colegas.

d) A palavra **odisseia** significa "viagem cheia de aventuras e de acontecimentos inesperados". Qual é a ligação entre o significado dessa palavra e o poema *Odisseia*, de Homero?

e) Com o auxílio do professor, pesquise informações sobre o poema *Odisseia*:
- assunto central;
- os personagens principais e o que acontece a eles;
- como a história termina.

5. Sobre as Guerras Médicas, responda:

a) Que mar separava a Grécia do Império Persa?

b) Considerando o tamanho dos territórios persa e grego, elabore uma hipótese para explicar por que os persas tiveram dificuldade em aceitar a derrota para os gregos.

6. A Macedônia, reino situado a norte da Grécia, iniciou sua expansão territorial no reinado de Felipe II (359 a.C. a 337 a.C.), que formou e treinou um grande exército responsável pela conquista do território grego, em 338 a.C. Foi sucedido por seu filho Alexandre, o Grande, que reinou entre 337 a. C. e 323 a.C. e expandiu as fronteiras do império, reunindo povos de culturas diversas. No Império Macedônico, por cerca de dois séculos, houve constante circulação de conhecimentos, costumes, pensamentos e valores, vindos de toda parte de seu amplo território.

a) Que passagem do texto se refere ao helenismo?

b) O idioma é um importante elemento da identidade cultural de um povo. Isso ocorria com os gregos também. Com o domínio da Grécia pelo Império Macedônico, os gregos perderam o direito de usar o próprio idioma? Justifique.

UNIDADE 5

Antever

Roma, atual capital da Itália, é uma cidade que existe há quase 3 mil anos. Sua idade é facilmente perceptível pelas construções de diferentes épocas encontradas no centro e nos arredores de sua área urbana. Mas por que o patrimônio cultural dos antigos romanos continua tão importante nos dias atuais?

Em seu conjunto, essas construções compõem um valioso patrimônio histórico, que fornece informações sobre a cultura e a sociedade que lá se desenvolveram ao longo do tempo. Por isso mesmo, o simples exercício de caminhar pelas ruas de Roma pode dar a seus visitantes a sensação de percorrer um verdadeiro museu a céu aberto. Afinal, uma história diferente e fascinante pode ser facilmente descoberta em muitas de suas esquinas.

Fachada do Coliseu. Roma, Itália, 2016.

Cultura e política na Roma Antiga

CAPÍTULO 14
Mitologia e poder na Roma Antiga

As chamadas línguas neolatinas, das quais fazem parte o português, o espanhol, o italiano e o francês, têm em comum muitos aspectos gramaticais e diversos **vocábulos**. Isso ocorre porque essas línguas tiveram uma raiz comum. Todas se formaram do latim, a língua falada na Roma Antiga.

Radical	Significado	Exemplo
agri	campo	agricultor
api	abelha	apicultor
auri	ouro	aurífero
beli	guerra	belígero
cida	que mata	homicida
cultura	ato de cultivar	cafeicultura
doceo	que ensina	docente
ferri	ferro	férrico
fico	que faz ou produz	benéfico
loco	lugar	localidade
multi	muitos	multinacional
oculo	olho	ocular
pater	pai	paternal
pisci	peixe	piscicultura
populo	povo	popular
quero	que procura	inquérito
sapo	sabão	saponáceo
tri	três	trimestre
video	que vê	vidente
vini	vinho	vinicultura

Mas a língua não foi o único legado que os romanos deixaram para a posteridade. Outros aspectos que fazem parte de nosso cotidiano também tiveram sua origem naquela sociedade. Entre eles, encontram-se a república, forma de governo adotada pela primeira vez em Roma; a noção atual de Direito, inspirada no conjunto de leis adotadas pelos romanos; e a prática da sauna, derivada do hábito romano de frequentar banhos públicos.

É muito importante analisar a história da Roma Antiga para entendermos por que, mesmo depois de mais de 2 mil anos, esses legados continuaram tão vivos em nossa sociedade.

Glossário
Vocábulo: palavra.

Origem mitológica de Roma

Moeda romana que representa a loba e os gêmeos, séc. III a. C.

De acordo com o mito sobre a origem de Roma, havia na região um pequeno reino, Alba Longa, governado pelo rei Numitor. Ele tinha um irmão invejoso, Amúlio, que o prendeu e tomou seu lugar. Temendo que sua sobrinha, Rea Silvia, tivesse um filho que herdasse o trono, mandou prendê-la também.

Todavia, o deus Marte apaixonou-se por ela e deu-lhe dois filhos gêmeos: Rômulo e Remo. Ao saber disso, Amúlio mandou que os bebês fossem atirados no Rio Tibre para que morressem. No entanto, dias depois um camponês encontrou-os vivos, sendo amamentados por uma loba. Levou-os para casa e cuidou deles.

Depois de conhecerem sua verdadeira história, Rômulo e Remo expulsaram Amúlio do reino e libertaram seu avô, que voltou a ser rei. Eles então retornaram às margens do Rio Tibre, onde haviam crescido, e fundaram Roma. Na disputa pelo poder sobre a cidade, Rômulo matou Remo, tornando-se o primeiro governante de Roma.

Ampliar

Contos e lendas do nascimento de Roma, de François Sautereau. Tradução: Eduardo Brandão (Cia das Letras).

O livro mescla pesquisa histórica com uma narrativa intrigante para contar a história do nascimento de Roma.

Origens históricas de Roma

De acordo com a narrativa histórica, por volta do século VIII a.C., formaram-se às margens do Rio Tibre aldeias de povos agricultores e pastores, principalmente latinos e sabinos, que uniram-se, provavelmente para se defender de invasores, dando origem a Roma.

Segundo alguns pesquisadores, a posição geográfica romana contribuiu para o desenvolvimento da cidade, pois favorecia o contato, o comércio e a comunicação com diferentes povos, como os gregos da Magna Grécia.

A primeira forma de governo adotada na cidade foi a monarquia e, por volta do século VI a.C., Roma foi dominada pelos etruscos, povo que vivia ao norte do Rio Tibre. Eles passaram a governar a cidade e, com sua prática em agricultura, comércio, artesanato e metalurgia, transformaram Roma na principal cidade da região do Lácio.

Fonte: José Jobson de A. Arruda. *Atlas histórico básico*. 17. ed. São Paulo: Ática, 2011. p. 10.

Documentos em foco

A cidade de Roma

O historiador Tito Lívio, que viveu entre os anos 59 a.C. e 17 d.C., escreveu uma das mais conhecidas obras da história de Roma. Leia um trecho dela a seguir.

> Não é sem razão que os deuses e os homens escolheram este lugar para a fundação da cidade: a extrema **salubridade** dos seus **outeiros**; a vantagem de um rio capaz de trazer as colheitas do seu interior, bem como de receber os **aprovisionamentos** marítimos; as comodidades da vizinhança do mar, sem os perigos a que as frotas estrangeiras exporiam uma excessiva proximidade; uma posição central relativamente às diferentes regiões da Itália, posição que parece ter sido prevista unicamente para favorecer a expansão da cidade.

Gustavo de Freitas (Org.). *900 textos e documentos de história*. Lisboa: Plátano, 1977. v. I, p. 80.

Glossário
Aprovisionamento: abastecimento.
Outeiro: colina, pequeno monte.
Salubridade: conjunto de condições adequadas à saúde pública.

1. Quais eram as vantagens da localização geográfica de Roma apontadas por Tito Lívio?
2. Como você interpreta a frase "os deuses e os homens escolheram este lugar para a fundação da cidade"?

O período monárquico

Os reis etruscos

Existem ainda poucos vestígios do período histórico da monarquia romana. O que se sabe é que, durante esse período, foi formado e organizado o exército romano. Também nessa época foram construídas obras públicas, como templos, estradas e sistemas de esgoto.

Para governar, os reis etruscos eram auxiliados pelo Senado, órgão que, formado por representantes das principais famílias romanas, elaborava as leis e controlava as decisões dos monarcas.

A cultura etrusca teve grande influência sobre a romana. A técnica de metalurgia foi aplicada na confecção de lanças, escudos e capacetes para os soldados romanos, tornando esses equipamentos militares mais resistentes.

Organização da sociedade romana

Durante a monarquia etrusca, Roma era dividida em quatro grupos sociais: patrícios, plebeus, clientes e escravos.

Grandes proprietários de terras, os patrícios tinham prestígio, e alguns deles participavam do Senado. Muitas vezes se aproveitavam do poder político em benefício próprio, por exemplo, ao utilizar o *ager publicus*, que eram terras que pertenciam ao governo. Embora as terras fossem públicas, nem toda a população tinha direito de utilizá-las. Por participar do governo, os patrícios decidiram que o uso do *ager publicus* seria um privilégio exclusivo deles.

Representação da tribuna romana em que se vê a oposição entre patrícios e plebeus. Publicada no livro *Roma na História*, em 1906.

A maioria da população romana era formada por plebeus – pequenos proprietários de terras, comerciantes e artesãos. Não tinham direitos políticos e não podiam utilizar as terras públicas. A lei romana proibia o casamento entre patrícios e plebeus.

zoom
Observe a imagem abaixo, que apresenta uma cena típica da escravidão romana. Você consegue distinguir a escrava? Se sim, como? O que a imagem sugere sobre a escravidão romana? Ela parece igual ou diferente da imagem que temos da escravidão? Justifique.

Os clientes eram pessoas que prestavam serviços aos patrícios em troca de proteção. Quanto mais clientes se colocavam a serviço de uma família patrícia, mais poderosa ela era considerada. Como acontecia a outros povos da época, em Roma os prisioneiros de guerra e as pessoas endividadas se tornavam escravos. No entanto, durante o período da monarquia, os escravos eram pouco numerosos, condição que cresceu nas fases posteriores da história romana.

As diferenças sociais entre patrícios e plebeus agravaram-se ao longo do tempo, gerando muitos problemas para o governo romano. Com medo de revoltas da plebe, os reis etruscos começaram a tomar atitudes para favorecê-la. Permitiram que plebeus ricos participassem do exército e diminuíram a influência dos patrícios no governo. Descontentes com as mudanças e pretendendo manter seus privilégios, em 509 a.C. os patrícios tramaram o fim da monarquia e criaram uma nova forma de governo: a república.

Afresco representando mulheres da cidade de Pompeia com escrava cabeleireira, século I d.C.

A organização da república

Em latim, idioma da Roma Antiga, a palavra **república** (*res publica*) significa "coisa pública", "bem comum" ou "coisa do povo". Entretanto, na república romana, inicialmente, a participação política era um direito apenas dos patrícios. O Senado era o órgão com maior poder político da república romana.

Os funcionários do governo republicano exerciam os cargos públicos descritos a seguir.

- **Senadores**: escolhidos entre os patrícios mais velhos, com poder **vitalício**, elaboravam leis, tomavam decisões sobre guerras com outros povos, cuidavam do respeito aos costumes, à religião e às tradições romanas.
- **Cônsules**: dois cônsules eram escolhidos anualmente e tinham as funções de presidir o Senado, propor as leis e exercer poderes militares e religiosos. Em épocas de crise, os senadores podiam escolher um dos cônsules para tornar-se ditador durante determinado período.
- **Pretores**: cuidavam da Justiça.
- **Censores**: faziam o **censo**, verificando em que situação viviam as famílias, para que o governo determinasse os impostos a serem cobrados.
- **Edis**: cuidavam da limpeza, do esgoto e da segurança.
- **Questores**: eram responsáveis pelas finanças.
- **Centuriões**: soldados que formavam a Assembleia Centuriata.

Glossário

Censo: contagem da população e pesquisa sobre as condições em que ela vive, geralmente realizadas pelo governo.

Vitalício: algo cuja duração se estende até a morte; aquilo que permanece até o fim da vida.

Principais cargos públicos na república romana.

Assembleia Centuriata

Na república romana, a Assembleia Centuriata tinha a função de escolher os cônsules, os pretores, os censores e os edis, além de auxiliar os senadores nas decisões sobre a guerra e a paz. Era composta de soldados; os plebeus eram minoria, prevalecendo no governo os interesses dos patrícios.

Viver

O Senado foi uma instituição importante durante a monarquia e a república da Roma Antiga e, hoje em dia, é uma instituição central para a manutenção da democracia brasileira. Os textos a seguir apresentam algumas das principais características do Senado nessas duas épocas históricas.

1 O nome Senado deriva da palavra latina *senatus* (de *senectus*, "ancião"). Na Roma Antiga, originalmente, o Senado era o conselho do rei, composto pelos chefes das grandes famílias. A partir da República, o número de seus integrantes variou de 300 a 900 no tempo de Júlio César (século I a.C.). Sua influência era enorme, dentro e fora de Roma. Sua autoridade manifestava-se a todo instante: manutenção da tradição, fiscalização dos costumes, administração financeira, assuntos militares, entre outras funções importantes.

Antônio Carlos do Amaral Azevedo. *Dicionário de nomes, termos e conceitos históricos*. Rio de Janeiro: Nova Fronteira, 1997. p. 414.

2 O artigo 46 da Constituição estabelece que o Senado Federal compõe-se de representantes dos estados e do Distrito Federal, eleitos segundo o princípio majoritário. Cada estado e o Distrito Federal elegem três senadores, com mandato de oito anos. A representação de cada estado e do Distrito Federal renovada de quatro em quatro anos, alternadamente, por um e dois terços. Cada senador será eleito com dois suplentes.

De acordo com o artigo 59 da Constituição, o processo legislativo compreende a elaboração de emendas à Constituição, leis complementares, leis ordinárias, leis delegadas, medidas provisórias, decretos legislativos e resoluções.

Conheça as atribuições do Senado Federal. Disponível em: <https://www12.senado.leg.br/noticias/materias/2008/09/19/conheca-as-atribuicoes-do-senado-federal>. Acesso em: ago. 2018.

Sessão do Senado Federal em votação da reforma trabalhista. Brasília (DF), 2017.

1 De acordo com o primeiro texto, qual era a função do Senado na Roma Antiga?

2 De acordo com o segundo texto, quais são as principais funções dos senadores brasileiros na atualidade? Compare-as com as dos senadores romanos.

3 Com base nos dois textos, indique o número de senadores da Roma Antiga e do Brasil atual. Em seguida, aponte a regra utilizada pela Constituição de 1988 para definir o número de senadores brasileiros.

4 Você acha que o Senado é importante para a manutenção da democracia no Brasil? Discuta isso com os colegas e o professor.

1. Observe a imagem ao lado do escudo da Associação Esportiva Roma, clube de futebol mais famoso da capital italiana, e depois faça o que se pede.

   a) Explique a relação entre esse escudo e o mito de fundação da cidade de Roma.

   b) Existe alguma relação entre esse mito e os resultados das pesquisas históricas e arqueológicas feitas sobre o tema? Justifique sua resposta.

2. O Senado foi o principal órgão e símbolo do governo romano por muito tempo. Atualmente, mesmo que suas funções tenham mudado bastante, o Senado continua sendo uma instituição importante para a política de muitos países que adotam a república.

   a) Pesquise as seguintes informações sobre o Senado Federal do Brasil:
   - Quais são suas principais funções?
   - Quantos senadores o compõem?
   - Qual é o tempo de mandato dos senadores?
   - Como é feita a renovação do Senado Federal?
   - Como se chamam os senadores que representam seu estado no atual governo?
   - Como atuaram os senadores de seu estado nos temas de interesse público?

   Organize uma ficha informativa como o exemplo abaixo e escreva um parágrafo sobre a importância do trabalho dos senadores e senadoras para o país.

Senado Federal do Brasil	
Funções	
Nº de senadores	
Tempo de mandato	
Renovação do senado	
Nome dos senadores	
Atuação dos senadores	

   b) Escreva uma lista com as principais diferenças entre o Senado na Roma Antiga e o Senado no Brasil atual. Para isso, retome o que você estudou neste livro sobre Roma e a ficha informativa da atividade anterior.

3. O domínio etrusco sobre Roma provocou transformações na cidade. Mencione dois exemplos de transformações introduzidas em Roma pelos etruscos que comprovam essa informação.

4. Sobre a organização da sociedade romana, responda às questões abaixo:

   a) Descreva as principais camadas sociais existentes em Roma no período monárquico.

   b) Desenhe uma pirâmide que represente a organização social da monarquia romana.

   c) Existe alguma relação entre a organização social romana e a proclamação da república em 509 a.C.? Justifique sua resposta.

5 O *ager publicus* deveria ser utilizado por todas as camadas da sociedade romana. No entanto, o que era direito de todos tornou-se privilégio dos patrícios. Sobre isso, responda às questões abaixo.

a) O que era o *ager publicus*?

b) O *ager publicus* funcionava como havia sido originalmente previsto? Justifique.

6 A transição da monarquia para a república na Roma Antiga trouxe uma série de mudanças, mas também foi acompanhada por algumas permanências. Aponte uma semelhança e uma diferença entre os dois períodos.

7 Leia o trecho a seguir, sobre as refeições dos romanos na Antiguidade:

Cena e prandium

Os romanos conheciam dois tipos de refeições opostas, a *cena* e o *prandium*. A primeira reunia homens, sempre deitados (quando há mulheres, elas, tradicionalmente, ficam sentadas), em um lugar coberto: casa, pórtico ou jardim coberto [...]; um grupo social bem definido – família, clientela, amigos da mesma idade, corporação profissional ou sacerdotal, vizinhos – partilha os prazeres da mesa por ocasião de uma festa. O número de **convivas** é limitado a uma dezena, mas o número de salas de jantar pode se multiplicar. [...].

Mas o romano geralmente come apenas o bastante para se restaurar, sem cerimônia, frequentemente só, não importando onde e quando. Porém, ele não consome qualquer coisa: come apenas alimentos revigorantes, "frugais", [...]. Este é o *prandium*.

Jean-Louis Flandrin e Massimo Montanari (Dir.). *História da alimentação*. São Paulo: Estação Liberdade, 2015. p. 210-211.

Glossário

Convivas: convidados.

a) Identifique os dois tipos de refeições romanas.

b) Quais eram as diferenças entre elas?

c) Há alguma semelhança entre as refeições na Roma Antiga e as refeições nos dias atuais?

8 Já vimos as funções do Senado na Roma Antiga, em que era o principal órgão do governo, e no Brasil atual, em que é o mais alto órgão legislativo do país.

Agora, reveja os cargos públicos do governo romano durante o Período Republicano e faça uma breve pesquisa em dicionários ou na internet para responder às seguintes questões:

A que órgão ou cargo público corresponderia, nos dias de hoje, a função exercida na Roma Antiga

a) pelos censores?

b) pelos pretores?

c) pelos edis?

d) pelos questores?

e) pelos centuriões?

9 Os cônsules desempenham, no mundo atual, funções muito importantes nas relações internacionais, completamente diferentes das que exerciam os cônsules romanos, que eram ao mesmo tempo governantes, chefes militares e sacerdotes.

Faça uma pesquisa na internet e, em dupla, registre as informações que vocês conseguiram reunir sobre as atuais funções de um cônsul.

Sugestões de *sites*

- *Ministério das Relações Exteriores*. Disponível em: ‹www.itamaraty.gov.br/pt-BR/servico-consular›. Acesso em: ago. 2018
- *Guia do Estudante*. Disponível em: ‹https://guiadoestudante.abril.com.br/blog/pordentrodasprofissoes/o-que-devo-fazer-para-me-tornar-uma-diplomata/›. Acesso em: ago. 2018.
- *Exame*. Disponível em: ‹https://exame.abril.com.br/carreira/quer-ser-diplomata-veja-o-perfil-de-quem-passa-no-concurso/›. Acesso em: ago. 2018.

CAPÍTULO 15
Lutas sociais na Roma republicana

Atualmente, os grupos que formam a sociedade lutam de diversas maneiras para garantir seus direitos. Por isso, os trabalhadores se organizam em movimentos para pressionar os governantes a fazer leis melhores ou a cumprir corretamente aquelas que já existem.

Em um país grande e com tanta diversidade como o Brasil há muitos movimentos de cidadãos e trabalhadores: os que querem emprego, os que exigem lugar digno para morar, os que querem terra para plantar e viver, os que denunciam atos de preconceito e racismo, os que denunciam a violência contra as mulheres, os que fazem greves para exigir melhores salários etc. Há também diversos movimentos que reivindicam melhores condições de vida, saúde e educação para as crianças etc.

Protesto de professores, pais e alunos contra a reforma da previdência dos servidores municipais em frente à Câmara Municipal. São Paulo (SP), 2018.

De maneira diferente de como ocorrem atualmente, também havia lutas sociais na Roma Antiga. A república foi um período de intensas transformações políticas, econômicas e sociais. No intervalo de alguns séculos, a cidade expandiu-se bastante, incorporando grande quantidade de territórios por meio de conquistas militares na Europa, na África e no Oriente Médio.

Se, por um lado, a expansão territorial trouxe riquezas, escravos e oportunidades de ascensão social para muitos romanos, por outro ela acentuou as desigualdades e os conflitos sociais, reforçando as lutas que haviam levado à proclamação da república, em 509 a.C.

Ao fim desse processo, Roma estava muito diferente de seus primeiros tempos, quando ainda era um pequeno reino às margens do Rio Tibre.

Conflitos sociais

A desigualdade entre patrícios e plebeus gerava conflitos sociais cada vez mais intensos. Descontentes com sua situação, os plebeus ameaçaram abandonar Roma, o que significaria, para a cidade, perder trabalhadores e soldados. Ao fazer esse tipo de pressão, a plebe conquistou alguns direitos políticos e sociais.

Em 493 a.C. foi criado o Tribunato da Plebe, assembleia formada exclusivamente por representantes dos plebeus, com poder para impedir medidas desfavoráveis a essa camada social.

O governo republicano continuou sendo pressionado por exigências da plebe e, pouco a pouco, atendeu a algumas reivindicações, como decretar o fim da escravidão por dívidas, permitir o casamento entre patrícios e plebeus e autorizar a plebe a utilizar as terras públicas.

Em 450 a.C. foi criada a Lei das Doze Tábuas, conjunto de leis escritas que, pela primeira vez na história de Roma, passou a valer para todos os seus habitantes.

Ampliar

Lei das XII tábuas 450a.C.
https://direitoemsala.com/2017/07/29/lei-das-xii-tabuas-450-a-c/

Artigo publicado em *site* jurídico sobre a importância da Lei das Doze Tábuas.

Na república romana as tropas do exército ficavam de prontidão para reprimir as revoltas plebeias.

B. Barloccini. *A primeira secessão da plebe*, 1849. Gravura.

zoom

① Você conhece algum movimento social? Se sim, quais melhorias esse movimento reivindica para as pessoas de sua comunidade?

② Que direitos você considera importantes para as crianças e os adolescentes?

Roma × Cartago

A ampliação dos direitos políticos dos plebeus aconteceu no mesmo período em que o exército romano se fortalecia por ter derrotado invasores estrangeiros. Com as sucessivas vitórias, os soldados romanos passaram a invadir e dominar regiões vizinhas à cidade, conquistando a Península Itálica e, em 272 a.C., alcançando a Magna Grécia.

Jacopo Ripanda. *Aníbal atravessando os Alpes*, c. 1510. Afresco.

Sob o comando do general Aníbal, Cartago conseguiu dominar Sagunto, cidade aliada de Roma. Na Segunda Guerra Púnica, ele liderou os cartagineses na invasão da Península Itálica.

A expansão territorial romana ameaçava Cartago, uma colônia fundada pelos fenícios no norte da África, que até então controlava o comércio no Mediterrâneo ocidental e dominava a Península Ibérica, onde explorava minas de prata. As disputas entre romanos e cartagineses, também conhecidos como punis, levaram-nos às Três Guerras Púnicas, entre 264 a.C. e 146 a.C.

Embora as tropas de Cartago tenham conseguido derrotar Roma em algumas batalhas, prevaleceu a superioridade do exército romano. Os poucos cartagineses que sobreviveram ao cerco militar, na Terceira Guerra Púnica, foram vendidos como escravos.

Roma expandiu suas conquistas em torno do Mar Mediterrâneo devido à importância comercial da região. Com a conquista de Cartago, os romanos estabeleceram-se no norte da África. Observe no mapa a ampliação dos territórios em poder de Roma durante as Guerras Púnicas.

Fontes: Kate Santon e Liz McKay. *Atlas historique du monde*. Tolouse: Parragon Books. p. 56 e 57; Georges Duby. *Atlas histórico mundial*. Barcelona: Larousse, 2007. p. 45.

zoom

Com base nas informações do mapa e de sua legenda, responda às questões a seguir.

1. Que ilhas do Mar Mediterrâneo foram conquistadas pelos romanos na Primeira Guerra Púnica?

2. Que regiões foram conquistadas por Roma na Terceira Guerra Púnica?

Expansão territorial

O contato com os conhecimentos de navegação dos cartagineses tornou Roma uma potência comercial, proporcionando sua expansão. Aos poucos, os romanos anexaram a seu território a Macedônia, a Grécia, a Síria, a Ásia Menor, o Egito, a Gália (atual França) e a Britânia (atual Inglaterra). Observe o mapa.

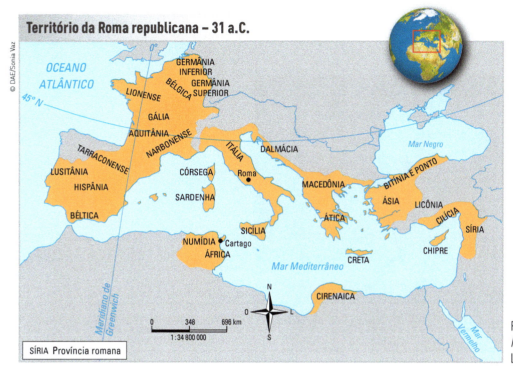

Fonte: Georges Duby. *Atlas histórico mundial*. Barcelona: Larousse, 2007. p. 46.

Ampliar

Linguista explica a origem dos nomes dos meses do ano
http://www.gobetago.com.br/2016/10/13/linguista-explica-a-origem-dos-nomes-dos-meses-do-ano/

Texto e vídeo contando a história dos nomes dos meses do calendário.

Terríveis romanos, de Terry Deary (Melhoramentos).

O livro traz diversas curiosidades divertidas sobre os antigos romanos.

No século I a.C., os romanos tinham dominado o comércio, a agricultura, a pecuária, a mineração, o artesanato, enfim, as atividades econômicas desenvolvidas pelos povos que viviam ao redor do Mar Mediterrâneo. Passaram a chamá-lo de *Mare Nostrum*, expressão em latim cujo significado é "nosso mar": quando navegavam por ele, os romanos chegavam a qualquer parte de seus domínios.

zoom
O povo romano saudava generais e soldados pelas ruas quando estes voltavam vitoriosos das batalhas. Dependendo da camada social à qual pertenciam, quais seriam as impressões das pessoas que faziam parte da sociedade romana em relação aos seus militares?

Relevo do Templo de Apolo Sosiano representando desfile dos soldados vitoriosos, século I a.C. Lazio, Roma.

Após as vitórias militares, era tradição que generais e soldados passassem pela cerimônia do "triunfo romano": percorriam as principais ruas de Roma, sendo saudados pelo povo.

Economia e sociedade na República

Com a expansão territorial de Roma, os mercados ficaram repletos de escravos, alimentos, armas, ferramentas e diversos outros produtos artesanais que chegavam das inúmeras **províncias romanas**.

Os povos conquistados obedeciam ao governo romano, pagavam impostos, tinham suas riquezas saqueadas pelo exército e parte de sua população era escravizada. Desse modo, as guerras tornaram-se a principal forma de obter mão de obra escrava.

Glossário
Província romana: região controlada pelos romanos que fazia parte do grande território dominado por eles.

Relevo que representa escravos trabalhando, século I.

Aos poucos, a sociedade romana tornou-se escravista, isto é, dependente do trabalho dos escravos.

O aumento do número de escravos nos trabalhos agrícolas, na pecuária, nas minas, nas obras públicas, nos serviços domésticos, nas atividades artesanais e comerciais provocou o desemprego de plebeus. Alguns deles perderam suas pequenas propriedades porque não tinham dinheiro para pagar os impostos. No entanto, uma parte da plebe se enriqueceu com a expansão romana, devido ao desenvolvimento do comércio e à posse de novas terras, formando outra camada social: os homens novos.

As conquistas territoriais proporcionaram riqueza aos patrícios e aos homens novos e aumentaram o prestígio dos militares. Ao mesmo tempo, elas empobreceram muitos plebeus, aprofundando as desigualdades na sociedade romana.

Maquete de Roma construída no século XX. Ela mostra a configuração da cidade durante o século III.

Na Roma Antiga, o Fórum Romano era o centro político, religioso e comercial da cidade. Ele reunia locais importantes para a sociedade da época, como o Senado e os templos religiosos. No Fórum, ocorriam comícios, a escolha dos magistrados da plebe, cerimônias em homenagem aos deuses e o comércio de diversos produtos.

Os irmãos Graco

No século II a.C., os sérios problemas sociais enfrentados pela plebe impulsionaram os irmãos Graco, eleitos para o Tribunato da Plebe, a propor a distribuição de terra aos plebeus empobrecidos. O objetivo da medida era dar-lhes melhores condições de vida. Tibério Graco, eleito tribuno da plebe em 133 a.C., foi o primeiro a defender a **reforma agrária**. Entretanto, a ideia não agradou aos patrícios, que não queriam dividir suas terras.

No Senado, os debates sobre o assunto tornaram-se cada vez mais violentos. Por insistir em suas ideias reformistas, Tibério foi acusado de querer tornar-se rei e foi assassinado. Em 123 a.C., Caio Graco tornou-se tribuno da plebe, defendendo também a distribuição de terras aos plebeus. Novamente os senadores romanos se opuseram à proposta e tramaram a morte do tribuno. Percebendo que uma cilada havia sido armada contra ele e disposto a não cair nas mãos daqueles que o esperavam, Caio pediu a seu escravo que o matasse.

Com a morte dos irmãos Graco, o Senado conseguiu afastar a ameaça da reforma agrária. A plebe, porém, aliada a alguns homens novos, criou o Partido Popular, que passou a exigir maior participação de seus representantes nas decisões do governo.

> **Glossário**
> **Reforma agrária:** divisão de terras realizada pelo governo, visando a sua distribuição a famílias que vivem em áreas rurais e não possuem terras.

De olho no legado

Reforma agrária

A proposta dos irmãos Graco causou polêmica na sociedade romana da época. Em muitos outros períodos históricos de diferentes sociedades, a reforma agrária também foi (e ainda é) assunto que divide opiniões e, muitas vezes, provoca conflitos entre seus defensores e os setores que a rejeitam. Essa situação também afeta o Brasil, onde há inúmeros exemplos de conflitos entre grandes proprietários e trabalhadores rurais.

Movimento dos Trabalhadores Rurais Sem Terra (MST) realiza passeata. Recife (PE), 2014.

No Brasil, diversos movimentos sociais propõem o debate acerca da reforma agrária. Um deles é o Movimento dos Trabalhadores Rurais Sem Terra (MST).

1. Reúna-se com alguns colegas, faça uma breve pesquisa e discuta os pontos favoráveis e os pontos contrários à reforma agrária. Em seguida, redija um texto individual em que analise o tema.

Documentos em foco

Ser escravo em Roma

Em artigo intitulado *Escravos sem senhores: escravidão, trabalho e poder no mundo romano*, o historiador brasileiro Norberto Luiz Guarinello aborda a escravidão no Império Romano, discutindo as fronteiras entre liberdade e escravidão em seus aspectos públicos e privados.

Para compreender melhor a escravidão na sociedade romana, leia fragmentos desse artigo a seguir.

[...] Um escravo, ao nascer ou ser adquirido, entrava na casa de seu senhor, onde adquiria um nome e uma função. Podia ser destinado a trabalhar nas minas, talvez o pior dos destinos, ou podia ser mandado para uma propriedade rural, onde trabalharia muitas vezes acorrentado, distante e esquecido por seu senhor, num ambiente essencialmente masculino e organizado militarmente.

Já os escravos urbanos tinham trajetórias mais abertas. Podiam ser treinados em ofícios específicos e, muitas vezes, estabelecer-se independentemente, pagando uma taxa a seu dono. Podiam trabalhar na residência de seu senhor, ganhar sua confiança e passar, por exemplo, a administrar seus negócios, a gerir suas propriedades agrícolas, a comerciar em seu nome. Como ponto final da trajetória, podiam obter sua alforria, tornarem-se libertos e, até mesmo, cidadãos romanos, ainda que carregando a mancha da escravidão, da qual só seus filhos se libertariam plenamente. [...]

A revolta de escravos em Roma foi tema do filme *Spartacus*, produzido em 1960.

Os romanos enfrentaram muitas revoltas de escravos, como a do ano 73 a.C., liderada por Espártaco. Ele e seu grupo foram derrotados em 71 a.C. Os romanos crucificaram 6 mil rebeldes ao longo da Via Ápia, principal estrada romana, como forma de evitar outras rebeliões.

Escravo romano retratado em mosaico do século II.

De qualquer modo, é importante ressaltar que a trajetória de cada escravo dependia de muitos fatores: de sua situação ao ser escravizado (se homem ou mulher, se prisioneiro de guerra, se nascido na propriedade), das necessidades do senhor, das circunstâncias do acaso e da habilidade do próprio escravo em desenvolver estratégias para sobreviver em sua condição e tentar superá-la.

Nas fontes romanas do último século da República e dos dois primeiros séculos do Império, os escravos aparecem por toda parte nas fontes que se referem à Roma e à Itália. Algumas casas senhoriais chegaram a possuir centenas e mesmo milhares de escravos. Mas a importância de sua presença não era apenas numérica. Há outros elementos a considerar. Um deles é o da posição da escravaria no mundo da produção: os escravos parecem ter ocupado todas as posições-chave na cadeia produtiva, da agricultura aos serviços domésticos. [...]

Mas a existência de um grande número de escravos tinha também consequências políticas, pois afetava diretamente as relações de poder entre os cidadãos livres. [...] Possuir escravos tornou-se um meio de acumular riqueza, em homens e em força produtiva, homens que podiam ser usados para proteger, para afirmar a própria riqueza de seus senhores, e até mesmo para coagir outros cidadãos, mas que permitiam, também, fazer render a riqueza. [...] Além disso, como vimos, na ponta final de sua trajetória o escravo podia se tornar cidadão, mas não se tornava, por consequência, livre por nascimento. Passava a fazer parte de uma ampla categoria, a dos libertos. Estes, a despeito de se tornarem homens livres e mesmo quando adquiriam o estatuto de cidadão, permaneciam ligados a seus antigos senhores por obrigações que iam da prestação de serviços banais, como acompanhar seu ex-senhor ao centro da cidade, até o pagamento de taxas. De modo geral, pressupunha-se que mantivessem um respeito obsequioso frente a seus antigos senhores, seus "patronos".

Norberto Luiz Guarinello. Escravos sem senhores: escravidão, trabalho e poder no mundo romano. *Revista Brasileira de História*, São Paulo, n. 52, v. 26, dez. 2006. Disponível em: <www.scielo.br/scielo.php?script=sci_arttext&pid=S0102-01882006000200010>. Acesso em: ago. 2018.

1. Anote no caderno as palavras que você desconhece; procure seus significados no dicionário e registre-os.
2. Qual situação dos escravos da Roma Antiga mais chamou sua atenção? Por quê?
3. De acordo com o texto, existiam diferenças entre os escravos rurais e os urbanos? Quais eram elas?
4. O texto diz que "os escravos parecem ter ocupado todas as posições-chave na cadeia produtiva, da agricultura aos serviços domésticos". O que você entendeu sobre essa passagem do texto?
5. Em sua opinião, os libertos podiam considerar-se pessoas totalmente livres? Explique seu ponto de vista.

Crise na república

Os conflitos entre patrícios e plebeus somavam-se às constantes revoltas de escravos, às rebeliões de povos conquistados contra os impostos e a escravidão, às pressões de chefes militares sobre os governantes na defesa de seus interesses. Os problemas sociais desgastavam a república romana.

Na tentativa de solucionar a crise do governo, o Senado aumentou de dois para três o número de cônsules, escolhidos entre os chefes militares, o que representava a implantação de uma nova forma de governo – Triunvirato (palavra latina que significa "três em um").

Instituído no ano 60 a.C., o Primeiro Triunvirato era formado pelos generais Júlio César, Pompeu e Crasso. Eles dividiram o governo das províncias romanas da seguinte maneira: o primeiro ficaria encarregado da Gália; o segundo, da Península Ibérica; e o terceiro, da Síria. No entanto, a morte de Crasso em combate na Ásia, em 53 a.C., precipitou a disputa de poder entre Pompeu e Júlio César.

Nessa disputa, o Senado apoiou Pompeu e o nomeou como líder máximo de Roma, pois temia o grande prestígio de Júlio César perante a plebe e o exército romano por ter vencido os habitantes da Gália (atual França). Além disso, os senadores tinham outro motivo para criticar Júlio César e querer diminuir seu poder: o envolvimento dele com uma mulher estrangeira – Cleópatra, a rainha dos egípcios, que haviam se tornado um povo protegido por Roma.

Ignorando a decisão do Senado, Júlio César invadiu Roma com suas tropas e não encontrou resistência do exército romano, forçando a fuga de Pompeu para a Grécia, e de lá para o Egito, onde mandou assassiná-lo. Com essas manobras políticas e militares, ele conseguiu que os senadores o nomeassem ditador vitalício.

À frente do governo, Júlio César promoveu diversas reformas, com as quais ampliou ainda mais o apoio da população romana:

- dividiu as terras e criou colônias para atrair às áreas rurais os plebeus que estavam sem trabalho nas cidades;
- concedeu cidadania aos povos conquistados;
- determinou que os grandes proprietários de terras empregassem pelo menos um terço de trabalhadores livres;
- anulou o poder do Senado;
- limitou os poderes dos tribunos e das assembleias;
- fez diversas obras públicas;
- reformou o calendário romano e criou o mês de julho em sua própria homenagem.

Agravaram-se as divergências entre Júlio César e os senadores, que atribuíam a ele a intenção de abolir a república e restabelecer a monarquia como forma de governo em Roma. Tais disputas políticas aparentavam colocar em risco a continuidade da república romana.

> **Ampliar**
>
> **Roma Antiga**, de Stewart Ross. Tradução: André Conti (Companhia das Letrinhas).
>
> O livro aborda um pouco da vida e dos costumes do Império Romano.
>
> **Asterix e Obelix contra César**
> Alemanha/França/Itália, 1999. Direção: Claude Zidi, 106 min.
>
> Adaptação para quadrinhos que conta a história da invasão da Gália pelos romanos.

Nicolas Coustou. *Júlio César*, século XVII. Escultura de bronze. Paris, França.

Atividades

1. A história de Roma foi permeada pelos conflitos entre patrícios e plebeus. Explique as principais razões desses conflitos.

2. Na república romana, os diversos protestos da plebe levaram o governo a tomar algumas medidas favoráveis aos plebeus. Sobre o tema, responda às questões a seguir.
   a) Quais medidas adotadas pelo governo republicano favoreceram a plebe?
   b) Quais foram as principais consequências dessas medidas?
   c) Em sua opinião, qual direito mais contribuiu para melhorar as condições de vida dessa camada social? Justifique sua resposta.

3. A expansão territorial romana teve início durante a república e impôs o domínio de Roma sobre vários povos e territórios. Sobre o tema, faça o que se pede a seguir.
   a) Como as conquistas territoriais enriqueceram Roma?
   b) A expansão territorial provocou uma série de mudanças na sociedade romana. Descreva o conjunto dessas transformações.

4. Com o objetivo de resolver os conflitos sociais, os Tribunos da Plebe, Tibério e Caio Graco, apresentaram ao Senado a proposta de reforma agrária. Sobre o tema, responda às questões a seguir.
   a) Por que essa proposta foi apoiada pelos plebeus e rejeitada pelos patrícios?
   b) Em sua opinião, a proposta dos irmãos Graco poderia melhorar as condições de vida dos plebeus mais pobres? Por quê?

5. A seguir, foram elencados vários fatos da história romana. No caderno, organize duas colunas: na primeira, escreva os fatos que ocorreram durante a monarquia romana; na segunda coluna, escreva os fatos que ocorreram durante a república. Depois, escolha um fato histórico de cada período e escreva um parágrafo para explicá-lo.

   - Formação do Tribunato da Plebe
   - Domínio romano sobre Cartago
   - Domínio etrusco sobre Roma
   - Fim da escravidão por dívidas
   - Formação dos triunviratos
   - Assassinato dos irmãos Graco
   - Governo dos reis auxiliados pelos senadores
   - Júlio César como ditador vitalício
   - Formação do exército romano

6. Em março de 2018, arqueólogos italianos fizeram uma descoberta na escavação de uma das linhas do metrô de Roma. A doze metros de profundidade, foi encontrado um palácio datado do século II com pátio central, fonte e catorze quartos. Sua estrutura está bastante preservada; os afrescos e mosaicos estão praticamente intactos. Explique a importância de preservar esse patrimônio arqueológico, mesmo que represente maiores gastos com um novo projeto de escavação e construção da linha do metrô em maior profundidade.

Palácio do século II encontrado durante escavações do metrô. Roma, Itália.

CAPÍTULO 16

Império Romano

Cena do filme *Star Wars: o despertar da Força* (2015) em que se vê o exército da Primeira Ordem, grupo político e militar que busca retomar o domínio e poder do antigo Império Galáctico.

Capa da revista em quadrinhos *Império Secreto*, 2017.

A ideia de império está constantemente presente nos filmes, nos jogos, nos livros, nos quadrinhos. Você já parou para pensar por quê?

Nas fábulas, os impérios estão geralmente relacionados às conquistas, ao poder, ao combate do mal pelas forças do bem; os grandes imperadores aparecem associados a exemplos de sabedoria e de justiça...

No entanto, a história do Império Romano foi bem diferente das fábulas, sendo marcada por muitos acontecimentos gloriosos, mas também trágicos, que abalaram o continente na época.

O Império Romano foi um período marcado por duas fases distintas. Dos séculos I ao III d.C., o governo dos imperadores manteve a prosperidade econômica romana, obtida pelo comércio e pelos impostos cobrados sobre as províncias.

No século III, o governo começou a enfrentar uma série de crises que levaram ao enfraquecimento e à divisão do Império Romano.

Em Roma e nas províncias do Ocidente, a crise ainda se estendeu por mais dois séculos, culminando com o fim do Império Romano do Ocidente no ano 476 d.C. Em meio a esse contexto, uma nova religião ganhava mais seguidores na sociedade romana: o cristianismo.

Vejamos como ocorreu essa história.

O início do Império

Descontentes com as reformas de Júlio César, muitos senadores conspiraram contra ele e, em 44 a.C., tramaram seu assassinato, que ocorreu no Senado.

As reações populares e do exército romano foram muito maiores do que previam os senadores, que não conseguiram retomar o poder. Por sua vez, em 43 a.C., o Segundo Triunvirato foi formado por três generais fiéis a Júlio César: Otávio, Lépido e Marco Antônio.

O poder político sobre Roma e seu vasto território foi assim dividido entre eles: Otávio passou a governar Roma e as províncias do Ocidente; Marco Antônio, as províncias do Oriente; e Lépido, as províncias da África. No entanto, as disputas e rivalidades entre os cônsules continuaram agravando a crise política. A república romana e a autoridade do Segundo Triunvirato corriam sério risco de serem dissolvidas.

Em 33 a.C., Lépido perdeu poder político e foi afastado do triunvirato, passando a exercer o cargo de sumo sacerdote, com funções apenas religiosas. Era um sinal de que, mais uma vez, os dois triúnviros restantes iriam disputar o poder total sobre Roma.

Para se aproximar de Marco Antônio e melhor controlá-lo, Otávio ofereceu-lhe sua própria irmã, Otávia, em casamento. No entanto, Marco Antônio desentendeu-se com Otávio, separou-se da esposa e uniu-se a Cleópatra. A rainha do Egito tivera um filho com Júlio César, Cesárion, e pretendia torná-lo um dos governantes de Roma como forma de manter o Egito livre do domínio romano.

Pressionados pelas tropas fiéis a Otávio e temendo a derrota, Marco Antônio e Cleópatra suicidaram-se; ele para não se submeter a outro general romano, e ela para não testemunhar a humilhação de seu povo. O Egito foi então conquistado, e o prestígio e a autoridade de Otávio se ampliaram. De volta a Roma, foi recebido e aclamado como grande herói.

Em demonstração de apoio a Otávio, o Senado concedeu-lhe os títulos de *princeps senatus* (chefe do Senado e Primeiro Cidadão), augusto (sagrado), procônsul (principal comandante militar), pontífice máximo (chefe religioso) e imperador (general vitorioso). Ao acumular tal poder, no ano 27 a.C., Otávio Augusto (como passou a ser chamado) tornou-se o primeiro imperador romano, marcando o fim do período republicano.

Ampliar

Contos e lendas – Heróis e vilões da Roma Antiga, de Jean Pierre Andrevon (Companhia da Letras).

O livro narra a história de Roma por meio da vida de personagens como Nero, Constantino, Júlio César e Cleópatra.

Escultura *Augusto de Prima Porta*. Apesar de não existir consenso a respeito da data de sua criação, historiadores consideram que ela foi feita aproximadamente no século I.

O governo de Otávio Augusto foi caracterizado por estabilidade política e econômica.

De olho no legado

FORMAS E REGIMES DE GOVERNO

Os romanos experimentaram, durante a Idade Antiga, diferentes formas e regimes de governo, que inspiram, até hoje, o modo de governar de diversos países.

FORMA DE GOVERNO

Como um governo se apresenta, como está organizado. Hoje as principais formas de governo são **república** e **monarquia**.

REPÚBLICA

(do latim: *res* = coisa; *publica* = pública)

O principal objetivo é contemplar o interesse comum ou a "coisa pública". O governante é eleito pelo povo para exercer o poder por determinado tempo (mandato).

URNA ELEITORAL

MONARQUIA

(do latim: *monarchia*, "estado em que governa um só")

O governante (monarca, rei, emir, príncipe, xá, imperador etc.) tem poder vitalício e hereditário e pertence a uma família de nobres que se sucedem no trono de determinada nação.

REGIME DE GOVERNO

De que forma um governo funciona, ou seja, o conjunto de regras para o funcionamento do poder político. Os regimes de governo mais recorrentes são **democracia** e **ditadura**.

DEMOCRACIA

(do grego: *demos* = povo; *kratía* = poder)

O povo tem poder de decisão elegendo seus representantes para exercer o poder político. Em tese, em um regime democrático, as decisões políticas visam ao bem-estar da maioria da sociedade.

DITADURA

(do latim: *dictator*, *óris* = o que dita e faz cumprir a lei)

O governante (independentemente de ter sido eleito ou recebido o cargo de forma hereditária) exerce o poder político de maneira autoritária, sem atender às necessidades da maioria da população.

COMBINAÇÕES

REPÚBLICA + DEMOCRACIA

A maioria dos países atuais adota a república como forma de governo e a democracia como regime de governo. É o caso do Brasil, Argentina, Estados Unidos, França etc.

Emmanuel Macron, presidente da França, eleito em 2017.

O presidente francês é escolhido pelo sufrágio universal, ou seja, pelo voto direto do povo, igual ao que acontece no Brasil.

REPÚBLICA + DITADURA

São repúblicas em que o governante exerce o poder de forma autoritária, sem participação popular; neste caso, constituem repúblicas ditatoriais.

Tanque do exército em rua da cidade do Rio de Janeiro, 1964.

O Golpe de 1964 submeteu o Brasil a uma ditadura militar que durou até 1985.

MONARQUIA + DEMOCRACIA

Embora sejam minoria, há diversos países que adotam a monarquia como forma de governo e a democracia como regime de governo. O Reino Unido e a Holanda são exemplos de monarquia democrática.

Rei Willem-Alexander e a rainha Máxima, da Holanda.

A monarquia holandesa é constitucional, ou seja, os poderes dos monarcas são determinados e limitados pela Constituição daquele país.

MONARQUIA + DITADURA

São monarquias em que o governante exerce o poder sozinho, sem participação popular; neste caso, constituem monarquias ditatoriais.

Rei saudita Salman bin Abdulaziz Al Saud.

Desde sua formação, em 1932, o Reino da Arábia Saudita não tem partidos políticos; o rei governa de acordo com leis religiosas.

159

Governo Imperial

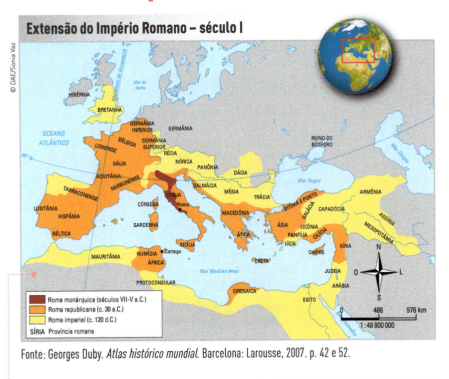

Extensão do Império Romano – século I

Roma monárquica (séculos VII-V a.C.)
Roma republicana (c. 30 a.C.)
Roma imperial (c. 120 d.C.)
SÍRIA Província romana

Fonte: Georges Duby. *Atlas histórico mundial*. Barcelona: Larousse, 2007. p. 42 e 52.

O mapa representa a expansão territorial romana desde as primeiras conquistas obtidas durante o governo monárquico até o século II d.C., já na fase do governo imperial.

Entre os séculos I d.C. e II d.C., o Império Romano dominou um vasto território, ligado por estradas que facilitavam o transporte, a cobrança de impostos e a comunicação. Dominou também a navegação e o comércio pelo Mar Mediterrâneo. O exército, bem equipado e organizado, tinha intenso treinamento.

A cultura romana havia se diversificado graças à influência dos povos conquistados, e o imperador era respeitado pelos cidadãos e governantes das províncias. A economia produzia tudo o que era necessário para uma vida confortável e luxuosa às camadas ricas da população. No entanto, a sociedade tornava-se cada vez mais dependente do trabalho escravo.

Zoom

Com base nas informações do mapa, responda às questões a seguir.

1. Que fase da história política de Roma apresentou a menor expansão territorial? Nessa fase, em que continente ocorreram as conquistas romanas?

2. Identifique uma cidade da África cuja conquista tenha ocorrido na fase republicana e outra, na fase imperial da Roma Antiga.

3. Em que fase da história política de Roma ocorreu a conquista da Grécia? E da Mesopotâmia?

Ampliar

Roma Antiga, de Martin Cezar Feijó (Ática).
Conta a história ficcional de três jovens que viviam na Roma da Antiguidade.

Viagem no tempo para a Roma Antiga, de Gaby Waters (Scipione).
O livro narra a história de Lúcia e Flavinho, que embarcam numa viagem no tempo para a Roma Antiga.

O governo de Otávio Augusto

O governo de Otávio Augusto, que durou entre 27 a.C. e 14 d.C., conquistou territórios e aperfeiçoou a cobrança de impostos. Além disso, manteve a paz nos territórios dominados, estabelecendo a chamada *pax romana*. Entretanto, havia povos que não a aceitavam, lutando por sua liberdade.

O principal desafio do governo de Otávio Augusto foi enfrentar os conflitos sociais, agravados pela escravidão, a distribuição desigual das riquezas e a concentração de direitos políticos nas mãos dos patrícios. As reformas realizadas que visavam solucionar esses problemas foram insuficientes, e a maioria da população continuou excluída dos direitos políticos. O descontentamento popular permanecia entre os romanos: havia grande número de plebeus desempregados, escravos revoltosos e rebeliões de povos conquistados.

Viver

As ruas de Roma

Roma, no apogeu do Império, era uma cidade superpovoada e muito rica. Entretanto, a beleza de seus templos, basílicas, termas e teatros contrastava violentamente com a miséria visível em suas ruas. A cidade cresceu desordenadamente e sem nenhum planejamento [...]. Por essa razão, os habitantes da maior metrópole do mundo antigo estavam sujeitos a condições muito pouco satisfatórias em termos de saneamento, higiene e conforto.

As ruas eram muito estreitas, com largura variando entre 5 e 7 metros. Inclinadas e sinuosas, não receberam pavimentação até o período republicano. [...]

Nos fins da República, algumas vias foram beneficiadas com calçamento. Caio Júlio César, nos fins do século I a.C., estabeleceu leis regulamentando a pavimentação de ruas e a construção de calçadas. Posteriormente, esses benefícios se estenderam a um número cada vez maior de vias públicas romanas.

[...] as ruas da Roma Antiga eram também muito sujas. Havia leis que proibiam a população de sujá-las com qualquer tipo de detritos; mesmo assim, o povo jogava nas ruas as mais variadas espécies de imundícies. Como resultado, o mau cheiro era uma constante em toda a cidade.

O movimento nas ruas de Roma era intenso. Carroças, liteiras, cavaleiros montados, vendedores ambulantes, mendigos, amestradores de serpentes, engolidores de espadas, professores dando aulas, além de cães e porcos correndo e uma multidão incalculável indo e vindo. Deve ter sido esse o retrato caótico das ruas de Roma no tempo do Império.

O barulho, terrível durante o dia, não diminuía muito nas ruas romanas quando a noite chegava. [...] Percorrer as ruas de Roma à noite não era programa muito recomendável. Os ataques de ladrões, que agiam sem dificuldades, pois elas não eram iluminadas (cada transeunte levava uma espécie de lanterna, para clarear seu caminho), e também o perigo de atropelamento pelos veículos eram dois bons motivos para que a população evitasse deixar suas casas depois do pôr do sol.

Olavo Leonel Ferreira. *Visita à Roma Antiga*. São Paulo: Moderna, 1993. p. 17-18.

Maquete de Roma construída no século XX. Ela mostra a configuração da cidade durante o século III. Esse trecho é correspondente ao antigo bairro de trabalhadores, chamado de Suburra.

1. Que características da Roma Antiga citadas no texto também existem nas grandes cidades atuais?
2. Por que, segundo o autor do texto, não era muito recomendável percorrer as ruas de Roma à noite?
3. Reúna-se com alguns colegas e, juntos, pensem em alternativas para solucionar os problemas de planejamento urbano e segurança em seu bairro. Em seguida, apresentem e discutam suas ideias com o restante da turma.

Pão e circo

Para aliviar a tensão social, os imperadores romanos intensificaram a política conhecida por "pão e circo", que consistia na distribuição de trigo para a população carente e na organização de grandes espetáculos públicos.

Em estádios e teatros a céu aberto, o governo promovia espetáculos gratuitos que divertiam a plateia por muitas horas. Esses espetáculos simbolizavam o poder e a autoridade do imperador, ao mesmo tempo em que expressavam a glória do Império Romano e o orgulho que o povo sentia por ele. Lutas entre animais, lutas de **gladiadores**, corridas de **biga** e **quadriga** estavam entre as diversões preferidas da multidão. Algumas vezes, criminosos ou escravos fugidos eram jogados na arena para enfrentar leões, leopardos e panteras. Os animais selvagens eram uma atração especial, pois muitas vezes eram espécies desconhecidas do povo romano, vindas das mais distantes regiões conquistadas.

Havia diferentes categorias de gladiadores, as quais definiam as armas que seriam usadas no combate: redes, punhais, tridentes, espadas, escudos e capacetes. As regras eram rigorosas e até mesmo o formato do capacete e do escudo variava conforme a categoria dos gladiadores. A luta poderia levá-los à glória e à liberdade, caso vencessem o rival; ou à morte, caso fossem derrotados.

Glossário

Biga: carro romano puxado por dois cavalos.
Gladiador: lutador profissional que combatia nas arenas dos anfiteatros romanos. Antes destinadas apenas aos escravos e aos prisioneiros de guerra, com a expansão territorial de Roma as lutas de gladiadores tornaram-se comuns, aceitando voluntários de várias categorias sociais.
Quadriga: carro romano puxado por quatro cavalos.

Relevo de terracota representando uma corrida de biga em Roma, c. séc I-III.

Embora a política do "pão e circo" fosse patrocinada pelos imperadores, os espetáculos já faziam parte do cotidiano romano no período republicano. Naquela época, eram promovidos por pessoas que desejavam se destacar e obter prestígio e poder. Havia ainda o costume de as famílias mais ricas e poderosas promoverem um evento grandioso no funeral de um parente.

O filme *Gladiador*, produzido em 2000, representa os combates dos gladiadores e o delírio da multidão na torcida por seu lutador favorito.

Pesquisas históricas indicam que os gladiadores se enfrentavam em uma luta de vida ou morte. Quando havia empate, o público demonstrava sua preferência por um deles fazendo sinal de "positivo" com as mãos. Isso significava que o escolhido continuaria vivo, cabendo a ele matar o oponente.

Origens do cristianismo

Por quase mil anos, a religião romana foi politeísta. Suas crenças foram influenciadas pelas tradições dos gregos, e seus deuses eram semelhantes aos deles.

Durante o governo do imperador Otávio Augusto ocorreu o nascimento de Jesus Cristo em uma pequena aldeia da Palestina, região sob domínio romano. Lá foram divulgados seus ensinamentos sobre a crença em um único deus, a solidariedade, a justiça. Ele pregava que Deus recompensaria com uma nova vida no paraíso celeste as pessoas que tivessem fé e vivessem de acordo com os princípios de justiça e solidariedade. Formava-se uma nova religião, o cristianismo. As ideias cristãs criticavam o abuso de poder por parte dos governantes. Elas foram atraindo muitos seguidores espalhados pelo Império, sobretudo escravos, plebeus desempregados, pessoas pobres dos campos e das cidades.

Cristianismo: de religião proibida a oficial

O cristianismo era considerado uma ameaça à autoridade dos imperadores e, por quase três séculos, o governo romano não permitiu que fosse praticado no Império. Nesse período, as cerimônias religiosas cristãs eram realizadas em segredo, nos subterrâneos de Roma, conhecidos como catacumbas. Quem fosse descoberto naqueles esconderijos era condenado à morte, geralmente enfrentando leões nos espetáculos públicos.

Apesar das perseguições, no transcorrer de quatro séculos, grande parte da sociedade do Império tornou-se cristã. No século IV, o governo reconheceu as dificuldades em conter o crescimento do cristianismo e, em 313 d.C., após se converter, o imperador Constantino proibiu as perseguições religiosas em Roma.

Em 391 d.C., o Império Romano tornou-se oficialmente cristão. Essa decisão fortaleceu a Igreja Católica, que organizava cerimônias cristãs.

Interior de uma catacumba romana construída no século II. Roma, Itália, 2017.

Assim como as cerimônias, o sepultamento dos mortos também ocorria nas catacumbas, secretamente.

Praça e Basílica de São Pedro. Vaticano, 2016.

O Vaticano é um estado independente e a maior representação do catolicismo na atualidade.

A crise do Império

A partir do século III d.C. iniciou-se um lento e longo período de crise do Império Romano.

Os imperadores encontravam dificuldades cada vez maiores para vigiar fronteiras, cobrar impostos e impedir rebeliões. Além disso, muitos funcionários do governo usavam dinheiro público para enriquecimento próprio. Essa corrupção trazia mais um problema: a falta de investimentos no exército, pois o governo não tinha como pagar salários, contratar novos soldados nem equipar o exército.

Mosaico no pavimento de uma residência, representando um banquete, século III.

A crise do escravismo

Os problemas do Império foram agravados pela crise do escravismo. A diminuição das conquistas territoriais esgotou a principal fonte de escravos: a guerra. Cada vez mais escassa, a mão de obra escrava foi tornando-se mais cara. Os maus-tratos e a vida precária de parte dos escravos provocavam a morte **precoce** de muitos deles. Proprietários de terras, comerciantes e artesãos não tinham dinheiro para repor os escravos que morriam.

> **Glossário**
> **Precoce:** prematuro; que ocorre antes do tempo esperado.

A crise do escravismo provocou diminuição nas produções agrícola, artesanal e mineradora, prejudicando a atividade comercial. A queda na produção provocou o aumento no preço das mercadorias, gerando uma inflação descontrolada. Nesse período, também os grupos sociais mais ricos enfrentaram dificuldades financeiras.

A crise foi mais grave em Roma e nas províncias ocidentais do Império. Na mesma época, as províncias do Oriente não dependiam unicamente do trabalho escravo e tinham um próspero comércio.

Tentativas de solução

Muitas mudanças foram feitas para solucionar a crise. No ano 395 d.C., o imperador Teodósio dividiu o Império na parte ocidental, com capital em Roma, e na parte oriental, com capital em Constantinopla. Com isso, o controle sobre o Mar Mediterrâneo também se dividiu.

No entanto, os problemas do Império Romano do Ocidente continuaram se agravando, enquanto o Império Romano do Oriente manteve seu desenvolvimento por mais de mil anos.

Divisão do Império Romano em 395 d.C.

Fonte: Georges Duby. *Atlas histórico mundial*. Barcelona: Larousse, 2007. p. 55.

O Império Romano do Ocidente chega ao fim

Durante a crise do século III d.C., diferentes povos ultrapassaram as fronteiras do Império Romano e migraram para suas províncias. Eram diversos povos vindos da Germânia, região situada ao norte dos rios Reno e Danúbio. Chamados em seu conjunto de povos germânicos, cada um deles tinha sua própria cultura e vivia de forma independente e, provavelmente, todos entraram em território romano em busca de melhores condições de vida.

As primeiras migrações germânicas ocorreram no século I d.C. Naquela época interessava ao governo romano permitir que esses estrangeiros trabalhassem como agricultores e soldados do Império. Entre os séculos II d.C. e V d.C. as migrações continuaram. Até então, os germânicos tinham vivido em relativa paz com os romanos. Muitos casamentos ocorreram, as culturas se misturaram; os povos assimilaram várias tradições e costumes uns dos outros. Parte das populações germânicas adotou a religião cristã, o latim e as leis escritas da sociedade romana. No entanto, a sociedade romana manifestava relativo desprezo pelos costumes, tradições e cultura dos povos germânicos, referindo-se a eles como "bárbaros".

Naquela época, diminuía a população urbana no Império Romano do Ocidente; as cidades foram abandonadas devido ao desemprego, à falta de produtos e à inflação. Grande parte da população pobre procurou trabalho nas grandes propriedades rurais. Em 476 d.C., a cidade de Roma foi saqueada e praticamente destruída pelos hérulos.

A visão de que a queda de Roma foi causada por invasões germânicas está ultrapassada. Atualmente, indícios mostram que muitos elementos contribuíram para o fim do Império, entre eles a crise da economia escravista, o alto custo da manutenção das imensas fronteiras e a crescente desigualdade social.

Hermann Knackfuss. Gravura que representa a deposição de Rômulo Augusto em 476 d.C., c. 1880.

Rômulo Augusto foi o último imperador do Império Romano do Ocidente.

Legado cultural romano

A expansão territorial romana favoreceu o intercâmbio entre sua cultura e as culturas dos povos conquistados.

Influenciados pelos gregos, os romanos valorizavam a criatividade, a sabedoria e outras qualidades humanas. Assim, representaram o humanismo nas artes, sobretudo na pintura e na escultura.

Os deuses gregos foram adotados pelos romanos, que deram a eles nomes latinos. Assim, o deus grego Zeus passou à mitologia romana como Júpiter; Afrodite, deusa grega do amor, tornou-se Vênus; Posêidon, que os gregos consideravam o deus dos mares, ficou conhecido pelos romanos como Netuno; Ártemis, a deusa da caça, foi chamada Diana.

Com a formação do Império, os romanos divulgaram o latim por várias regiões, e ele deu origem a outros idiomas falados atualmente, como italiano, português, espanhol, francês e romeno, entre outros.

O Direito Romano, código de leis vigente em Roma, foi usado como modelo para leis posteriores. Ainda hoje, o Direito Romano é estudado para melhor compreender as ideias nas quais se baseiam algumas leis.

Os romanos também criaram novas formas de utilizar o espaço público e o privado. A engenharia e a arquitetura foram muito desenvolvidas nas cidades do Império, como demonstram as construções erguidas com diversas finalidades: teatros, templos, arcos, fóruns, moradias, jardins, fontes, termas, **aquedutos**, estradas.

Ampliar

Roma: arte na Idade Antiga, de Edna Ande (Callis).

O livro apresenta um panorama completo sobre a arte romana.

Roma e seu Império, de Carlos Augusto Ribeiro Machado (Saraiva).

Traça um panorama de Roma desde as origens da cidade.

Glossário

Aqueduto: sistema de encanamento desenvolvido pelos romanos para levar água a diferentes pontos da cidade.

Ruínas de Cartago onde hoje funciona o Museu Nacional de Cartago. Túnis, Tunísia, 2017.

1. Por muitos séculos na história de Roma, os patrícios tiveram mais direitos políticos que os outros grupos da sociedade.

   a) As reformas feitas no governo de Otávio Augusto foram suficientes para alterar essa situação? Por quê?

   b) De acordo com as atuais leis de nosso país, quem pode votar ou se candidatar a um cargo público eletivo, isto é, um cargo ocupado por quem venceu a eleição? Caso você não conheça o assunto, pesquise-o e anote as informações no caderno. Se preferir, converse com um adulto sobre o assunto para obter a informação.

   c) Qual critério de cidadania você considera mais justo: o da Roma Antiga ou o do Brasil atual? Por quê? Escreva um parágrafo para explicar sua opinião sobre o assunto e, em data combinada com o professor, apresente-o à turma.
   Ouça a opinião dos colegas. Alguns deles pensam como você? Alguns têm opiniões diferentes?

2. Sobre a política do "pão e circo", responda às questões a seguir.

   a) Como funcionava essa política praticada pelos imperadores romanos?

   b) Na república romana, por que os grandes espetáculos eram realizados?

   c) Atualmente, há formas de lazer que podem ser comparadas ao "pão e circo"? Justifique sua resposta.

3. Observe o mapa. Que parte do Império Romano foi mais afetada pelas migrações germânicas?

4. Considerando que o cristianismo teve origem no Império Romano, faça o que se pede a seguir.

   a) Qual é a principal diferença entre essa religião e as crenças romanas?

   b) Como o governo tentou impedir o crescimento da nova religião?

   c) Comente a importância das reformas religiosas implantadas pelos imperadores Constantino e Teodósio para a divulgação do cristianismo no Império Romano.

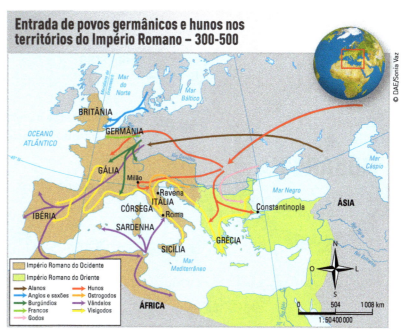

Fonte: Jeremy Black. *World history atlas*. Londres: Dorling Kindersley, 2008. p. 52-53.

   d) Atualmente existem diversas religiões cristãs, entre as quais se encontra o catolicismo. Dê exemplos de outras religiões cristãs que você conhece.

5. Justifique a afirmação: "A crise do escravismo acentuou os problemas enfrentados pelo Império Romano".

6. Cite os benefícios que a divisão em ocidental e oriental traria para o Império Romano.

Visualização

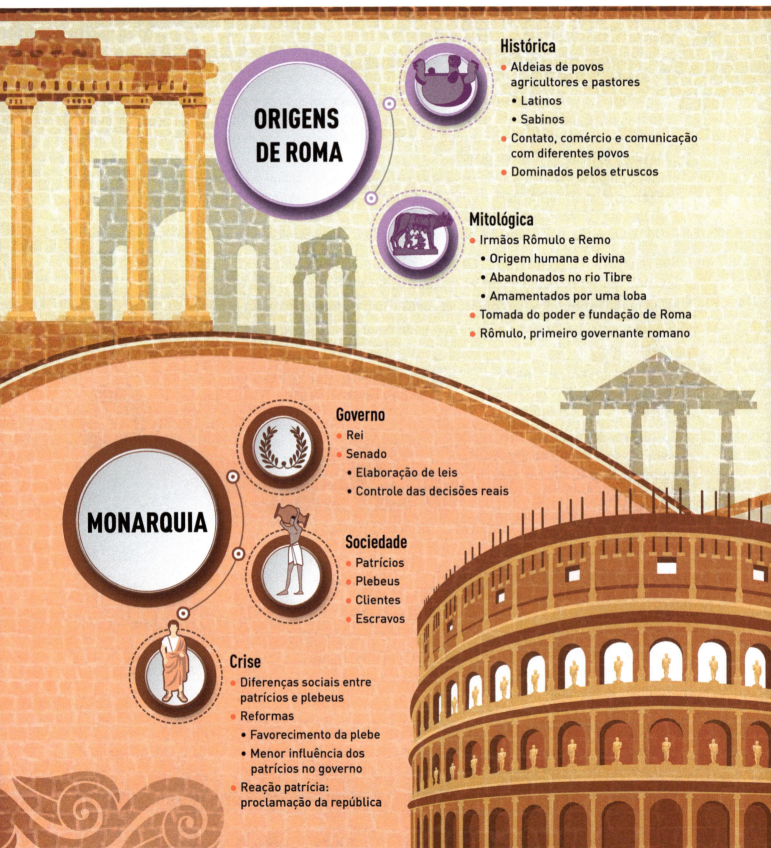

REPÚBLICA

Organização
- Senadores
- Cônsules
- Pretores
- Censores
- Edis
- Questores
- Centuriões

Crise da república
- Intensos conflitos políticos
- Primeiro Triunvirato
- Júlio César nomeado ditador
  - Reformas com apoio popular
  - Conflitos com os senadores
  - Assassinado
- Segundo Triunvirato
- General Otávio proclamado imperador

Prosperidade e problemas
- Manutenção dos privilégios patrícios
- Expansão territorial
- Controle do Mar Mediterrâneo
- Desenvolvimento econômico
- Ascensão social
- Aumento da desigualdade social
- Excesso de escravos
- Empobrecimento dos plebeus

Lutas sociais
- Tribunato da Plebe
- Fim da escravidão por dívidas
- Casamento entre patrícios e plebeus
- Uso das terras públicas pelos plebeus
- Lei das Doze Tábuas
- Proposta de reforma agrária
  - Irmãos Graco
  - Reação negativa dos patrícios
  - Morte dos irmãos

IMPÉRIO

Prosperidade e problemas
- Rotas terrestres e marítimas
- Eficiente cobrança de impostos
- *Pax romana*
- Concentração de direitos políticos
- Concentração de riquezas
- Descontentamento popular
- Política do "pão e circo"

Cultura e legado
- Intercâmbio cultural
- Idiomas de origem latina
- Direito Romano
- Engenharia
- Arquitetura

Religião
- Politeísmo
- Cristianismo
  - Perseguição
  - Religião oficial

Crise
- Fim das conquistas militares
- Crise do escravismo
- Retração econômica
- Divisão do império

Queda do império
- Migrações germânicas
- Abandono das cidades
- Colonato
- Saques a Roma

Fábio Nienow

169

Retomar

1. Entre os séculos VIII a.C. e V d.C., Roma passou de aldeia a centro de um vasto império da Idade Antiga.

    a) Como a cidade se formou?

    b) Como ela se expandiu e enriqueceu durante a Antiguidade? Toda a população de Roma se beneficiou com seu desenvolvimento?

2. Em grupo, escolham uma questão de interesse público a ser analisada e debatida pelo Senado Federal que demande a elaboração de lei para solucionar o problema. Ela pode estar relacionada à questão ambiental, à saúde, à educação, à segurança etc. Depois, apresentem a questão e a solução do problema para o restante da turma.

3. Escreva uma mensagem aos senadores(as) de seu estado na qual você chame a atenção deles para um problema social e explique por que o assunto merece ser analisado pelo Senado Federal. Não se esqueça de identificar-se, escrevendo seu nome e idade, o nome de sua escola e de sua cidade. Por fim, encaminhe a mensagem para o Alô Senado, um canal de comunicação *on-line*, cujo endereço eletrônico é ‹www.senado.gov.br/senado/alosenado› (acesso em: ago. 2018).

4. A perseguição enfrentada pelos primeiros cristãos entre os séculos I e IV para manifestarem sua fé não foi um caso isolado na história. Em diferentes sociedades e épocas, ocorreram conflitos e guerras religiosas. Atualmente, os governos democráticos reconhecem o direito aos cidadãos de expressarem livremente suas crenças, sem que isso seja motivo de perseguição ou discriminação. É o caso do Brasil, cujas leis estabelecem o **Estado laico** e a **liberdade de culto religioso**.

    a) Pesquise e registre no caderno o significado das duas expressões destacadas acima.

    b) A população do Brasil se subdivide em diferentes religiões. Além disso, algumas pessoas declaram não ter religião. Qual é sua opinião sobre a importância de o país ter um Estado laico e garantir a liberdade de culto aos cidadãos?

    c) Em grupo, crie um cartaz que estimule o respeito e a valorização às diferentes religiões. Depois, exponha-o no mural da sala.

5. Os ataques contra pessoas que professam religiões de origem africana têm se tornado, nos últimos anos, um dos principais desafios para a garantia da liberdade de culto no Brasil. Sobre o tema, leia o texto abaixo:

    > Desde que foi criado, no início de agosto [de 2017], o disque-denúncia contra intolerância religiosa da Secretaria Estadual de Direitos Humanos do Rio recebeu 44 informes – 40 de ataques violentos contra terreiros de umbanda e candomblé. Na maior parte das agressões, os responsáveis são ligados ao tráfico e a correntes evangélicas fundamentalistas, que usam a religião para propagar discursos de ódio. [...]
    >
    > Segundo o secretário de Direitos Humanos, Átila Alexandre Nunes, o nome de Jesus é usado para fechar terreiros por traficantes fundamentalistas. Só na última semana, foram quatro no Colégio (bairro da zona norte) e os religiosos, proibidos de usar guias e vestir roupas brancas. A Polícia Civil, que investiga os atentados, já identificou suspeitos ligados ao tráfico. Muitos teriam se convertido na prisão. [...]
    >
    > Também membro da CCIR, o pastor Marcos Amaral lembra a diversidade de posições na comunidade evangélica. "Não podemos dizer que os neopentecostais, em geral, nutrem a intolerância", afirma Amaral.
    >
    > Roberta Jansen. 'É uma guerra santa desnecessária', diz ialorixá do Rio sobre ataques. *Estadão*, 12 nov. 2017. Disponível em: <http://brasil.estadao.com.br/noticias/geral,e-uma-guerra-santa-desnecessaria-diz-ialorixa-do-rio-sobre-ataques,70002081287>. Acesso em: ago. 2018.

a) De acordo com a reportagem, quais religiões são mais atingidas pela onda de intolerância religiosa que assola o Rio de Janeiro? Por que você acredita que essas religiões são mais perseguidas que as demais?

b) Segundo a reportagem, a maioria dos ataques de motivação religiosa são feitos por "correntes evangélicas fundamentalistas". Isso significa que todos os evangélicos são intolerantes com outras religiões? Justifique sua resposta com um trecho do texto.

c) Além do disque-denúncia, que outras soluções podem contribuir para evitar e combater a intolerância religiosa em nosso país? Reúna-se com alguns colegas e, juntos, formulem propostas para esse problema social. Em seguida, apresentem-nas para o restante da turma.

6 No texto a seguir, o historiador Gilberto Salomão explica que a *pax romana* foi inicialmente benéfica para o Império, porém os resultados negativos logo se fizeram sentir.

Consequências do fim das conquistas

[...] Embora fundamental de imediato para consolidar o domínio romano, o fim das conquistas trouxe consigo efeitos que, a longo prazo, se revelariam desastrosos para as estruturas do Império.

[...] O ímpeto de conquistas havia gerado a formação de um gigantesco e dispendioso exército, que só poderia ser mantido se Roma fosse capaz de garantir a manutenção do fluxo de riquezas obtido com as guerras e vitórias. Assim, a estabilidade das fronteiras tornou-se frágil diante das dificuldades de se garantir o abastecimento de todo o exército.

Além disso, o fim das conquistas trouxe um efeito sobre a estrutura de mão de obra do Império. Conforme vimos anteriormente, grande parte da economia romana assentava-se sobre a mão de obra escrava, cuja fonte de abastecimento mais forte era o afluxo de prisioneiros de guerra estrangeiros. As péssimas condições de vida, o alto índice de mortalidade, a baixa expectativa média de vida, além do pequeno índice de natalidade dos escravos, pelo fato de que o número de mulheres escravas era sempre mais baixo, geravam um crescimento vegetativo negativo. [...]

Gilberto Salomão. *Império Romano – Baixo Império: crises e decadência*. Disponível em: <http://educacao.uol.com.br/disciplinas/historia/imperio-romano---baixo-imperio-crises-e-decadencia.htm>. Acesso em: ago. 2018.

a) De acordo com o texto, a *pax romana*, estabelecida no governo imperial, trouxe benefícios ou prejuízos aos habitantes do Império Romano? Justifique sua resposta.

b) Com base no texto e em seus conhecimentos sobre o tema, elabore uma explicação para a expressão "crescimento vegetativo negativo". Em seguida, explique por que o número de escravos estava diminuindo no Império Romano.

7 Leia o texto abaixo sobre os enfrentamentos entre romanos e cartgineses, depois faça o que se pede.

Entre os anos de 205 e 202 a.C., os enfrentamentos entre romanos e cartagineses foram assumindo uma nova conjuntura, que era favorável a Roma. [...] A vitória romana foi obtida em Zama (Norte da África), no ano de 202 a.C., após um período de grande prejuízo econômico e militar para os romanos, que impuseram um tratado moderado contra Cartago e preservaram, no final da Segunda Guerra Púnica, a vida de Aníbal. (...) a vitória obtida por Roma na Segunda Guerra Púnica foi um elemento crucial para o processo de expansão, a partir de finais do século III a.C., na região do Mar Mediterrâneo.

Carlos E. da Costa Campos. *A estrutura de atitudes e referências do imperialismo romano em Sagunto (II a.C – I d.C.)*. Rio de Janeiro: 2013.p. 39. Dissertação de Mestrado da Universidade Estadual do Rio de Janeiro.

- A partir do texto, explique o que foram as Guerras Púnicas e sua importância para Roma.

UNIDADE 6

> **Antever**

Na história da Europa Ocidental, o período compreendido entre os séculos V e XV corresponde à Idade Média. A partir do século XV, criou-se uma imagem distorcida deste período histórico, associando-o a ideias de barbárie, intolerância, regressão econômica e desorganização política. Ainda no século XX essas ideias eram difundidas, colaborando para que a Idade Média fosse chamada de a "Idade das Trevas".

Essa visão negativa foi construída por eruditos europeus dos séculos XV ao XVIII para exaltar a modernidade de seu tempo – o tempo vivido por eles. Atualmente, esse conceito foi superado e a história medieval é reconhecida como uma época com características próprias na qual ocorreram muitas mudanças nas sociedades europeias. Como a Europa se organizou após o fim do Império Romano Ocidental?

Observe a imagem ao lado, uma produção típica da Idade Média. Que materiais e técnicas foram usados para elaborá-la? Você conhece obras semelhantes a essa? Que ligação essa obra pode ter com os temas trabalhados nesta unidade?

Vitral representando cenas da vida do imperador Carlos Magno (detalhe), c. 1225, 9 m × 2 m. Catedral de Chartres (França).

Cultura e poder no medievo europeu

CAPÍTULO 17
Reinos germânicos e Império Carolíngio

Imigração e refúgio são alguns dos temas mais importantes da contemporaneidade. Na segunda década do século XXI, esses fenômenos foram causados principalmente pelas guerras no Oriente Médio, que mobilizaram o maior deslocamento populacional dos últimos 70 anos.

Se olharmos para a história, entretanto, veremos que o deslocamento de indivíduos e populações é regra, não exceção. O fim do Império Romano do Ocidente e a nova organização social e política que se formou naquele território podem ser interpretados como exemplo de como um intenso deslocamento populacional cria novas realidades culturais.

As migrações de povos germânicos para o Império Romano colocaram os romanos em contato com as culturas germânicas. Esse novo cenário marcou o modo de vida que emergiu na Europa após a queda de Roma, em 476. Assim como só se pode compreender o Brasil como o encontro entre as sociedades europeias, indígenas e africanas, só se pode compreender a Europa com base nesse encontro entre as culturas romana e germânica.

Representação do deus Odin, divindade dos povos nórdicos, em seu cavalo.

Refugiados e imigrantes de regiões do Oriente Médio chegando em fronteira da Grécia, 2017.

Os povos germânicos e a Queda do Império Romano do Ocidente

Entre os povos germânicos estavam godos, ostrogodos, visigodos, burgúndios, francos, anglos, saxões, alamanos, lombardos, vândalos, suevos, hérulos. Em geral, organizavam-se em tribos guerreiras, eram seminômades e politeístas.

As tradições eram transmitidas oralmente entre os povos germânicos, que não desenvolveram formas de escrita. Assim, não seguiam leis escritas, mas tinham um código de conduta fundamentado nos costumes. Para eles, o juramento de fidelidade era de grande importância e fazia parte das relações entre os guerreiros e os chefes militares. Quando decidiam punir alguém, estabeleciam multas no lugar de penas como prisão ou morte.

Formavam suas aldeias próximo a bosques, fontes ou campos. Praticavam a agricultura e o pastoreio, o artesanato em ferro e couro, produziam armas. Suas habitações eram feitas de madeira, argila, palha e ramos de salgueiro. Em volta delas, abria-se um fosso e construía-se uma muralha para proteção contra ataques inimigos. Dentro das casas cavavam abrigos subterrâneos usados para proteger a família e os animais durante os invernos rigorosos, além de armazenar cereais e guardar riquezas.

> **Ampliar**
>
> **História do mundo**
> www.historiadomundo.com.br/germanica
>
> Texto sobre os povos germânicos que considera sua estrutura social, religiosidade e atividades econômicas.

Colar de ouro do século VI, da cultura germânica encontrado em Hannenov, Ilha de Falster, Dinamarca.

Os germânicos não escravizavam os povos que conquistavam e não proibiam a convivência entre eles. Permitiam a esses povos manter suas crenças, trabalhar e viver em terras de proprietários germânicos. Em troca, as famílias deveriam entregar grãos e ovelhas ao proprietário ou prestar-lhe serviços domésticos.

Entre esses povos germânicos, as mulheres eram encarregadas de cuidar dos filhos, trabalhavam nas plantações e deviam obediência a seus pais e maridos. O casamento era monogâmico e o adultério, isto é, a traição ao cônjuge, era severamente punido.

zoom Que características dessas peças refletem a cultura dos povos germânicos? Explique.

Ornamentos visigodos feitos em cobre e cristal, século VI.

A relação entre os povos germânicos e Roma

A interação entre os germânicos e o Império Romano do Ocidente começou por volta do início do século I e caracterizou-se por períodos de comércio pacífico, interrompidos por ocasionais **erupções** de guerra, principalmente pelos saques das tribos germânicas ao próspero Império.

Glossário
Erupção: explosão.

Para conter os ataques, o governo romano criou uma rede de fortificações que se estendia por centenas de quilômetros e era vigiada por milhares de soldados. Entretanto, isso não significava que não houvesse, simultaneamente, relações pacíficas: naquela época interessava ao governo romano permitir que esses estrangeiros trabalhassem como agricultores e soldados do Império. Entre os séculos II d.C. e V d.C. as migrações continuaram. Ao longo desse período tornou-se comum o emprego de mercenários germânicos no exército romano; havia tropas inteiras deles e a presença germânica na sociedade romana aumentou.

Durante a crise romana, a população urbana no Império Romano do Ocidente diminuiu; muitas pessoas abandonaram as cidades devido ao desemprego, à falta de produtos e à inflação. Como vimos anteriormente, grande parte da população pobre procurou trabalho junto aos grandes proprietários rurais. Esse processo deu início a um novo tipo de trabalho, o *colonato*, que, lentamente, substituiu a escravidão. Os proprietários de terras não tinham dinheiro para pagar salários aos colonos e permitiram que eles usassem as terras para praticar agricultura e pastoreio; a produção era destinada à sobrevivência de todos. Em troca de seu trabalho, os colonos recebiam moradia e proteção.

No final do século V, a entrada de povos germânicos no Império Romano se intensificou porque fugiam dos hunos, povo vindo da Ásia que começava a conquistar territórios ocupados por tribos germânicas. Nesse processo, o império ocidental chegou ao fim em 476.

A queda de Roma é utilizada por alguns historiadores como referência para marcar o fim da Idade Antiga e o início de outro período da história europeia, denominado Idade Média. Na Europa Ocidental, a presença dos povos germânicos levou à formação de diversos reinos.

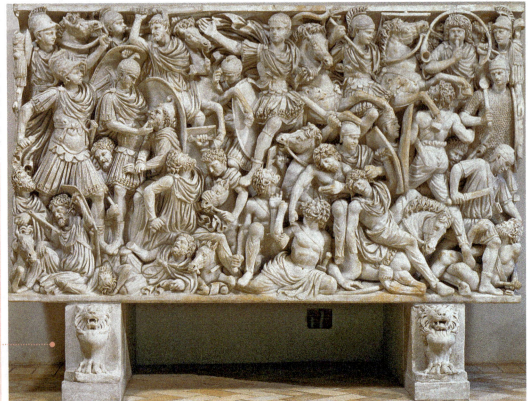

Esse sarcófago romano do século III, esculpido em mármore, representa uma cena de guerra entre romanos e germânicos.

Para os antigos gregos e romanos, bárbaros eram aqueles que falavam uma língua diferente da deles. Com o tempo, o termo passou a significar "não civilizado", "cruel", "brutal". O sentido pejorativo do termo foi difundido pelos renascentistas, que viam a invasão dos povos germânicos como o principal motivo do fim da civilização greco-romana e o início do que chamavam "Idade das Trevas", a Idade Média.

176

A Igreja Católica e os reinos germânicos

Reinos germânicos da Europa Ocidental e Norte da África – século VI

Fontes: Hermann Kinder e Werner Hilgemann. *Atlas histórico mundial (I): de los orígenes a la Revolución Francesa*. Madri: Akal, 2006. p. 120; Jeremy Black. *World history atlas*. Londres: Dorling Kindersley, 2008. p. 182.

Após a queda de Roma, formaram-se diversos reinos germânicos. Seus respectivos reis comandavam exércitos próprios, organizavam a divisão das terras e eram os principais beneficiados nas conquistas territoriais.

Ao mesmo tempo, ocorreram no período guerras, fome, epidemias. Nesse contexto, muitas pessoas buscavam abrigo nas igrejas e mosteiros. Esse auxílio à população fortaleceu a Igreja Católica e o próprio papa, que praticamente passou a governar a cidade de Roma.

O Reino Franco

Os francos ocuparam a Gália, onde atualmente se localiza a França. Nessa região, na metade do século V, liderados por Meroveu, eles ajudaram o exército romano a impedir a invasão dos hunos. Em 485, Clóvis, neto de Meroveu, centralizou o poder político, tornando-se rei dos francos. A partir de então, ele derrotou povos invasores e conquistou territórios, ampliando as fronteiras do reino, e se aproximou da Igreja.

Os reis que sucederam Clóvis buscavam aproveitar os privilégios da **realeza**, deixando a tarefa de governar para seus auxiliares, os mordomos do palácio.

Um deles, Carlos Martel, comandou o exército franco na luta contra os árabes, que avançavam pela Europa a partir da Península Ibérica. No ano de 732, ele os venceu na Batalha de Poitiers, impedindo-os de conquistar novas terras e divulgar o islamismo na Europa. Com isso, reforçou-se a aliança entre a Igreja Católica e o governo franco.

> **Glossário**
> **Realeza:** referente ao rei e à família real.

Batismo de Clóvis, rei dos francos, pelo bispo de Reims. Iluminura em manuscrito francês, 1375-1379.

zoom
1. Você sabe o significado do batismo para os cristãos?
2. Por que o batismo do rei franco Clóvis foi um acontecimento importante?

Percebendo a importância política da Igreja Católica, Clóvis estabeleceu aliança entre o governo e a Igreja – tornou-se católico e doou terras do reino para bispos e papas.

177

O Império Carolíngio

Sob a liderança de Carlos Magno, neto de Carlos Martel, o exército franco realizou conquistas territoriais e expandiu as fronteiras do reino, formando o Império Carolíngio.

Durante seu governo, Carlos Magno converteu-se ao catolicismo e impôs a religião católica aos povos germânicos que habitavam as regiões conquistadas. Além disso, preservou o costume de doar terras à Igreja Católica.

Na noite de Natal do ano 800, na cidade de Roma, ele recebeu a coroa de imperador das mãos do próprio papa, gesto que demonstrou o quanto era respeitado e poderoso. O evento simbolizou a troca de apoio que passou a ocorrer entre o governo carolíngio e a Igreja Católica. Essa aliança fez crescer o poder do papa sobre os assuntos do império.

Coroação de Carlos Magno como Rei dos francos pelo Papa Leão III em Roma, em 25 de dezembro de 800. Iluminura do século XIV.

Administração do Império

Durante seu governo, Carlos Magno criou moedas, organizou leis e nomeou fiscais, denominados *missi dominici* (enviados do Senhor), com a função de auxiliá-lo na administração dos territórios do Império Carolíngio.

As regiões do Império passaram a ser denominadas marcas, condados e ducados, conforme o tamanho de cada uma. As maiores e mais importantes eram as marcas, localizadas em áreas de fronteiras e administradas por marqueses. Os condados, por sua vez, eram governados por condes, e os ducados, por duques.

Carlos Magno manteve o costume franco de entregar terras aos funcionários públicos e aos militares como recompensa pelos serviços prestados ao governo. A doação de terras tornou-se cada vez mais frequente, e mesmo após o declínio do Império Carolíngio esse costume se manteve na Europa Ocidental.

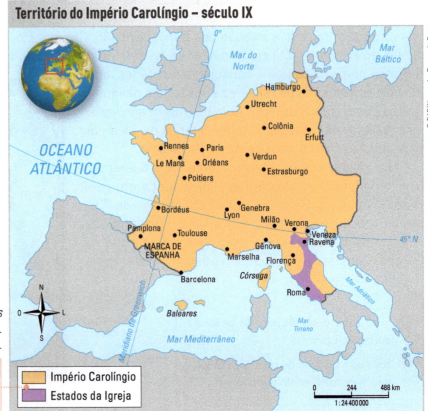

Fonte: José Jobson de A. Arruda. *Atlas histórico básico*. 17. ed. São Paulo. Ática, 2007. p. 15.

O Império Carolíngio incluía as atuais regiões da França, Alemanha, Bélgica, Holanda, Suíça e parte da Itália e do Leste Europeu.

178

A divisão do Império

Com a morte de Carlos Magno, em 814, seu filho Luís, o Piedoso, herdou o Império Carolíngio. No final do governo de Luís, o império passou por uma fase de dificuldades, na qual seus três filhos disputavam a sucessão.

Em 843, para evitar o confronto, os filhos de Luís, o Piedoso, assinaram o Tratado de Verdun, que estabeleceu a divisão do império entre eles. A região correspondente à atual França ficou com Carlos, o Calvo; o território da atual Alemanha foi entregue a Luís, o Germânico; parte da atual Itália coube a Lotário, que também ficou com uma região situada entre os reinos de seus irmãos.

Gravura representando a assinatura do Tratado de Verdun, c. 1780.

Fonte: Georges Duby. *Atlas histórico mundial*. Barcelona: Larousse, 2007. p. 89.

O fim do Império

A divisão territorial definida pelo Tratado de Verdun colocou fim à unidade territorial e administrativa do Império Carolíngio. Entretanto, as rivalidades entre os reis carolíngios permaneceram e foram agravadas por sua dificuldade em controlar as províncias dos territórios. Em muitos condados, o rei não obteve a fidelidade dos aristocratas que os administravam; os condes começaram a exercer um poder local cada vez mais autônomo em relação ao rei.

Nos séculos IX e X, os reinos formados pelo tratado foram ocupados por *vikings* (ou normandos), vindos do norte da Europa, e por magiares (ou húngaros), vindos do Leste Europeu.

Seguiu-se um período de guerras, saques e destruição de algumas cidades. Parte da população urbana fugiu para o campo à procura de trabalho e de proteção nas grandes propriedades.

O papado e o Sacro Império Romano-Germânico

A conversão de muitos germânicos ao cristianismo e a aliança entre os reinos germânicos e o papa reforçaram o poder e a autoridade da Igreja Católica na Europa. Pouco a pouco, ela se tornou proprietária de muitas terras e começou a controlar a cultura e os costumes nas regiões em que predominava a fé cristã.

Em meados do século X, o rei Oto, que governava a região herdada por Luís, o Germânico, ajudou a expulsar invasores lombardos do norte da Península Itálica, onde ficavam territórios da Igreja. Em reconhecimento e agradecimento pela defesa de suas propriedades, o papa João XII criou o Sacro Império Romano-Germânico e coroou Oto como seu imperador no ano de 962, selando uma aliança entre Igreja e Estado. Essa aliança, que ocorria desde os tempos de Clóvis, foi registrada no próprio nome do império: a palavra sacro significa "sagrado".

O Sacro Império e os conflitos com a Igreja Católica

Os sucessores do imperador Oto I interfeririam cada vez mais nos assuntos religiosos; escolhiam até mesmo, entre as famílias ricas e poderosas do império, aqueles que seriam papas e bispos. Com o passar do tempo, alguns membros da Igreja começaram a discordar da mistura entre religião e política. Queriam que a Igreja cuidasse de tudo que estivesse relacionado à fé, deixando ao imperador a tarefa de governar. No entanto, os governantes não admitiam diminuir sua autoridade.

Glossário
Clero: grupo social composto de membros da Igreja Católica, como papa, bispos, monges etc.

Essa situação foi temporariamente resolvida com a assinatura da Concordata de Worms, em 1122. Pelo acordo, foi reduzida a interferência do imperador nos assuntos religiosos. Com isso, a escolha dos bispos seria feita pela Igreja, contudo a nomeação de membros do **clero** para exercerem alguma função no governo cabia ao imperador.

No final do século XII, outros desentendimentos ocorreram, agravando a crise política e religiosa no Sacro Império Romano-Germânico.

zoom
Elabore uma hipótese para explicar a presença de dois símbolos com significados bastante diferentes na bandeira do Sacro Império: Jesus Cristo e a águia.

Os Estados do Sacro Império Romano-Germânico. Xilogravura colorida à mão, de Hans Burgkmair, o Velho, c. 1510.

A bandeira do Sacro Império tem ao centro a imagem de Cristo crucificado; no conjunto, entretanto, prevalece a imagem de uma grande águia com as asas abertas, preenchidas com os escudos de todos os ducados que integravam o império.

Atividades

1. Nas tradições culturais dos povos germânicos, sua sobrevivência vinha, principalmente, da agricultura e do pastoreio. Eram, contudo, povos guerreiros. Sobre o modo de vida dos povos germânicos, responda:

   a) Quais características mais chamaram sua atenção? Por quê?

   b) Releia o trecho da página 175 a respeito do modo de vida dos povos germânicos:

   > [...] as mulheres eram encarregadas de cuidar dos filhos, trabalhavam nas plantações e deviam obediência a seus pais e maridos.

   - Como você descreveria a posição social das mulheres germânicas em relação aos homens?

2. Conhecendo o que aconteceu ao Império Romano do Ocidente a partir do século V, explique a afirmação: "A unidade do Império Romano do Ocidente foi substituída pela diversidade de reinos germânicos".

3. A aliança entre o rei Clóvis e a Igreja foi uma prática que se manteve entre os reinos francos. Qual era o principal interesse dos governantes francos ao se aliar à Igreja Católica?

4. Leia o texto a seguir.

   > Não pode haver qualquer dúvida de que tenha havido na corte de Carlos Magno uma sociedade literária de poetas e eruditos, com reuniões e competições regulares, que constituíam, de fato, uma verdadeira academia; e podemos também ter como certo que uma oficina do palácio estava ligada à Corte e nela se produziam manuscritos ilustrados e objetos de arte. [...]
   >
   > A. Hauser. *História social da literatura e da arte*. São Paulo: Editora Mestre Jou, 1982. v. 1. p. 223 e 226.

   Com base em seu entendimento sobre o texto, responda:

   a) Qual é o significado da palavra **academia**? E da palavra **Corte**? Pesquise no dicionário e registre no caderno apenas o sentido mais adequado ao texto.

   b) Que informações do texto nos levam a concluir que Carlos Magno estimulava a produção literária, científica e artística em sua Corte?

5. Em 732, o rei franco Carlos Martel derrotou os árabes, reforçando sua aliança com a Igreja. Por que a vitória na Batalha de Poitiers favoreceu a Igreja Católica?

6. Explique a situação que, entre os séculos IX e X, causou a migração para o campo de parte da população urbana dos reinos formados no território do antigo Império Carolíngio.

7. Desde o governo de Clóvis (primeiro rei dos francos) até o de Oto I (imperador do Sacro Império Romano), os governantes francos mantiveram aliança com a Igreja. Que medidas tomadas por esses governantes comprovam a afirmativa?

8. Observe no mapa a seguir os limites do Sacro Império e compare com o mapa que representa o Império Carolíngio (página 178). Qual dos impérios tinha mais territórios sob seu domínio? Cite dois territórios a mais que esse império controlava.

Fonte: Georges Duby. *Atlas histórico mundial*. Barcelona: Larousse, 2007. p. 94.

CAPÍTULO 18
Feudos, senhorios e camponeses

Castelo medieval cercado por muros. Carcassone, França, 2015.

Você já ouviu histórias nas quais cavaleiros leais e corajosos enfrentavam líderes **tiranos** para libertar o povo de sua dominação? Ou sobre princesas aprisionadas em torres de castelos de pedras que contam com a ajuda de um príncipe para salvá-las? Você já assistiu a filmes em que exércitos rivais lutam usando **catapultas**, escudos, lanças?

Esses elementos citados em diversas histórias representam a Idade Média, um período da história europeia que se estendeu entre os séculos V e XV.

Ao longo desses mil anos, desenvolveu-se no Ocidente europeu o sistema feudal, também chamado feudalismo. Entretanto, o sistema feudal não representou um modelo único e imutável de organização social, política e econômica por todo o continente. Em cada região, o feudalismo assumiu características que variaram de acordo com a época e com as necessidades da sociedade local.

Glossário

Tirano: pessoa autoritária; que não respeita os direitos dos outros.
Catapulta: arma típica da Europa medieval que arremessava pedras ou bolas de fogo sobre o território inimigo.

Origens do feudalismo

As origens do feudalismo estão relacionadas à crise do Império Romano do Ocidente e aos reinos germânicos que se formaram no território europeu a partir do século V. Principalmente a partir do século III, muitas famílias do Império Romano do Ocidente migraram para áreas rurais por causa do encarecimento de produtos e serviços e do desemprego nas cidades. Outra situação que estimulou a fuga em direção ao campo foi o clima de insegurança que se espalhava em consequência de guerras contra os povos germânicos e dos saques realizados por eles.

Lentamente, a população urbana foi absorvida como mão de obra nas propriedades rurais. Chamados de colonos, esses trabalhadores passaram a substituir os trabalhadores escravizados. Ao mesmo tempo, aumentava a tendência de cada região produzir tudo que sua população necessitasse.

Com algumas variações regionais, essa situação permaneceu após o fim do Império Romano do Ocidente, no século V. Nos territórios europeus até então controlados por Roma, formaram-se diversos reinos germânicos, destacando-se o Reino Franco, que deu origem ao Império Carolíngio, no século IX.

Esses reinos mantiveram a tradição germânica de conceder um benefício em troca de serviços prestados, composto de bens, direitos ou terras.

Doações e dependências

Naquelas sociedades, a doação de terras era frequente. Entre quem recebia o benefício e quem o concedia criava-se um laço de fidelidade representado, em geral, por auxílio militar para defender fronteiras e territórios. Formava-se assim o feudalismo, caracterizado por relações de dependência e de fidelidade entre pessoas de um mesmo grupo social e também de grupos sociais diferentes.

A reorganização do modo de vida das sociedades europeias com base nas heranças culturais romanas e germânicas foi completada pelo fortalecimento da religião cristã. O cristianismo era a religião predominante das sociedades europeias e exerceu forte influência sobre o cotidiano medieval.

Nesse contexto, reis germânicos convertidos e papas fizeram alianças político-religiosas para apoiar o poder um do outro. Por possuir muitas terras e ter força política, o prestígio do clero era acentuado. Os nobres, por sua vez, eram o grupo social que desempenhava funções administrativas e militares nas propriedades rurais. Camponeses e artesãos viviam em aldeias localizadas nas áreas rurais e trabalhavam na criação de animais, na produção agrícola e artesanal.

Representação do rei Carlos Magno sendo coroado pelo papa, indicando as alianças entre clero e nobreza. Publicado em *Chroniques de France*, século XIV.

Documentos em foco

Observe com atenção as imagens abaixo. Elas fazem parte de um calendário medieval e representam as atividades dos camponeses, a cada mês.

Colin d'Amiens. Calendário 12 cenas dos trabalhos do ano. Publicado em *Le Rustican*, de Pietro de Crescenzi, 1459-1470.

① Que atividades podem ser observadas nessas imagens medievais?

② As cenas representam paisagens urbanas ou rurais?

Feudos: domínios senhoriais

No sistema feudal, as propriedades rurais correspondiam a senhorios, cujos proprietários, chamados de senhores, tinham poder de administrá-los, exercer justiça sobre seus habitantes, organizar a produção de camponeses e artesãos que lá trabalhavam e cobrar-lhes taxas.

Tornou-se comum que os senhores, assim como os reis, doassem parte de seus senhorios aos nobres em troca de serviços militares. Esse benefício era conhecido entre os germânicos por **feudo**.

O tema foi bastante estudado por historiadores e alguns deles usaram o termo feudo para denominar a propriedade rural de um nobre na qual trabalhavam camponeses e artesãos. Esse é o sentido que adotaremos para a palavra **feudo** a seguir, bem como **senhor feudal** para se referir a seu proprietário.

Principais características dos feudos

A doação de feudos acontecia entre membros da **nobreza**; eles eram transmitidos por herança e podiam ser conquistados na guerra. Para expressar sua fé ou merecer bênçãos, muitos nobres doavam feudos à Igreja, os quais eram administrados pelos membros do clero.

A nobreza morava nos castelos que, a partir do século XIII, passaram a ser construídos principalmente com pedra, ganharam muralhas e assumiram a função de fortaleza militar, onde se refugiavam todos os habitantes do feudo em caso de guerra.

Os feudos eram compostos também por uma igreja, pastagens, campos para cultivo e aldeias, onde ficavam as casas dos camponeses e artesãos. Os campos eram divididos em manso senhorial e mansos servis. O trabalho realizado no primeiro era voltado ao senhor, que ficava com o total da produção ali realizada; já os mansos servis eram áreas cedidas às famílias camponesas e de onde elas retiravam sua **subsistência**.

Os feudos eram considerados **autossuficientes**. Quando havia necessidade de obter algo que eventualmente não produziam, como azeite e sal, eles trocavam produtos com outros feudos. Até o século XI, a atividade comercial não era intensa e as moedas eram pouco usadas nas trocas comerciais.

Glossário

Autossuficiente: nesse contexto, comunidade que consegue produzir para suprir suas necessidades e depende pouco de produtos vindos de fora.

Nobreza: na Europa Medieval, era um grupo social composto por rei, senhores feudais e cavaleiros.

Subsistência: produção apenas para a sobrevivência da comunidade, sem produzir mais que o necessário para o consumo.

Ampliar

História da Humanidade – Volume V: tempos medievais

Direção: Sergio Baldassarini Junior.

Vídeo que aborda a Idade Média, produzido pela SBJ Produções.

Na sociedade medieval, era nos feudos que a maioria das pessoas morava, trabalhava, convivia.

Irmãos Limbourg. Iluminura publicada no livro *As riquíssimas horas do duque de Berry*, século XV.

zoom

1) Na iluminura, que construção está representada ao fundo e qual era sua finalidade no feudo?

2) As pessoas em destaque na gravura representam camponeses ou nobres? Como você chegou a essa conclusão?

185

O trabalho dos camponeses

Grande parte da sociedade europeia medieval era formada por camponeses. Sua produção era pequena, geralmente voltada para a subsistência da população local. Eles plantavam cereais, frutas, legumes e verduras e criavam diversos animais. Por vezes, alterações climáticas ou pragas afetavam as colheitas e matavam o gado, diminuindo a oferta de alimentos.

Todos os camponeses estavam subordinados ao senhor feudal e mantinham com ele uma relação de dependência. Por um lado, o senhor exercia justiça em seus domínios e garantia proteção militar aos camponeses; por outro, exigia diversas obrigações, geralmente em produtos e serviços. Entretanto, nem todos os camponeses estavam sujeitos ao mesmo regime de trabalho. No sistema feudal houve **coexistência** de trabalho livre, semilivre e escravo (embora este último tenha ocorrido em menor proporção).

> **Glossário**
> **Coexistência:** existência simultânea.

Os camponeses semilivres eram chamados de servos. Os servos não podiam ser comercializados ou expulsos das terras que ocupavam, mas não recebiam salário pelo trabalho e eram obrigados a pagar ao senhor taxas pelas quais entregavam parte do que produziam.

A servidão no sistema feudal não se manteve estável em todas as épocas e regiões europeias. Em alguns contextos foi abandonada, em outros, retomada e coexistiu com diferentes regimes de trabalho.

① Como você caracteriza a tecnologia representada por esses instrumentos de trabalho utilizados pelos camponeses medievais?

② A imagem transmite a ideia de que a produção agrícola medieval era limitada? Por quê?

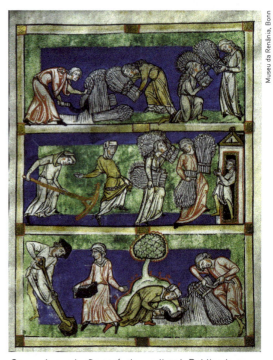

Cenas de produção agrícola medieval. Publicada no livro *O espelho da Virgem*, 1190.

Obrigações camponesas

Os senhores impunham aos camponeses várias obrigações pelo uso da terra. No entanto, essas obrigações não eram fixas e podiam variar até mesmo entre lugares vizinhos.

Isso indica que as obrigações eram maiores ou menores dependendo dos costumes locais, do poder do senhor feudal, e, em algumas situações, em razão da mobilização dos camponeses contra abusos. Elas poderiam ser:

- talha: entrega ao senhor feudal de parte da produção realizada nos mansos servis;
- banalidade: entrega de parte da produção ao senhor feudal pelo uso do moinho, do celeiro, do forno, que ficavam no manso senhorial;
- corveia: trabalho gratuito, geralmente em três dias da semana, na produção agrícola do manso senhorial e na prestação de serviço de construção ou manutenção de celeiro, ponte, moinho etc.;
- mão morta: taxa paga quando o chefe de uma família de servos falecia pelo direito de seus filhos permanecerem na terra.

A nobreza feudal

No sistema feudal, a nobreza era o grupo social composto por rei, senhores feudais e cavaleiros. A principal função dos nobres era defender os feudos e todos os seus habitantes.

Relações feudo-vassálicas

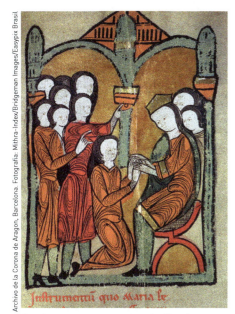

Iluminura que representa relações de suserania e vassalagem (ou feudo-vassálicas), século XII.

Durante a Idade Média, era comum os nobres doarem parte de seu feudo a outros nobres, mantendo entre si lealdade e obrigações mútuas. Ao doar as terras, o nobre tornava-se suserano daquele que as recebia, que, por sua vez, tornava-se seu vassalo.

As relações de suserania e vassalagem, também chamadas feudo-vassálicas, formavam uma complexa rede na qual alguns nobres estavam subordinados a outros, principalmente no que se referia à defesa das terras.

Era dever do suserano ajudar o vassalo a proteger as terras e hospedá-lo no castelo quando ele estivesse em seu feudo. O vassalo, por sua vez, devia administrar o feudo que havia recebido e defendê-lo, bem como prestar auxílio militar ao suserano em caso de guerra. Se o suserano fosse feito prisioneiro, o vassalo deveria pagar seu resgate. O suserano tinha direito de retomar o feudo doado ao vassalo caso este não cumprisse uma de suas obrigações.

O rei era considerado o suserano de todos os suseranos, pois todas as terras do reino lhe pertenciam. Assim, os senhores feudais eram vassalos do rei e, ao doar parte do feudo a outros nobres, tornavam-se também suseranos desses.

O papel dos cavaleiros

Os cavaleiros compunham os exércitos particulares dos senhores feudais. Eles cuidavam da segurança do feudo e desempenhavam papel importante também na conquista de terras e nas guerras para defender a fé cristã. Alguns tinham parentesco com os senhores feudais, podiam ser filhos não reconhecidos ou mais novos, que não tinham direito à herança, por exemplo.

Os cavaleiros deviam demonstrar coragem, valentia e extrema habilidade no manejo de armas. Em tempos de paz, exercitavam-se em torneios de montaria, caça, arco e flecha, lutas com espadas e lanças. Muitos deles viam na guerra a única possibilidade de obter terras.

zoom: Que elementos representados na imagem nos ajudam a associar os cavaleiros à nobreza feudal?

Giovanni Catena. Ilustração do manuscrito *Capodilista Codex*, século XVI.

Os cavaleiros medievais eram membros da nobreza. Quando crianças, aprendiam a cavalgar, a manejar armas com habilidade, a se defender com escudos e a se movimentar com pesadas armaduras.

Sociedade estamental

A tradição de doar terras somente aos nobres e à Igreja impossibilitava os camponeses e artesãos de se tornarem senhores feudais. Os costumes e as regras da sociedade feudal impediam também o casamento entre pessoas de diferentes grupos sociais. Dessa forma, não ocorria união entre nobres e camponeses.

> **Glossário**
> **Sociedade estamental:** sociedade organizada em rígidos grupos sociais em que não há mobilidade social.

Pode-se dizer que a pessoa nascia, crescia e morria fazendo parte do mesmo grupo social, e sua condição social era transmitida para as gerações seguintes. Portanto, a sociedade feudal era uma **sociedade estamental**, isto é, havia pouca ou nenhuma chance de um indivíduo passar de um grupo social a outro.

Um cronista da época afirmou que, na sociedade feudal, "Deus quis que, entre os homens, uns fossem senhores e os outros, servos, de tal maneira que os senhores estejam obrigados a venerar e amar a Deus, e que os servos estejam obrigados a amar e venerar o seu senhor".

Bartolomeus Anglicus. Representação de carpinteiro, pedreiro e rei medieval, 1482.

Descentralização política

Entre os séculos IX e X, invasões como as de *vikings*, magiares e árabes abalaram os reinos medievais da Europa. Com exércitos pouco numerosos e mal equipados, os reis foram incapazes de garantir a defesa dos próprios reinos. Permitiram então que os senhores feudais formassem, treinassem e armassem exércitos particulares para defender seus feudos. Quando conseguiam derrotar os invasores, os senhores feudais recebiam novas terras do rei, aumentando seus domínios senhoriais.

Aos poucos, os senhores feudais foram se "desligando" do poder real, passaram a tomar decisões militares sem consultar o monarca, criar regras e leis próprias para seus feudos, agir como juízes quando havia necessidade de exercer justiça dentro de suas propriedades e estabelecer as obrigações dos servos.

Essa situação enfraqueceu a autoridade do monarca e o poder político tornou-se descentralizado. Embora houvesse rei, ele controlava e administrava apenas os territórios diretamente submetidos a ele. Nem sempre suas decisões eram respeitadas em todo o reino. O poder de fato era exercido pelos senhores feudais, que agiam como governantes de seus feudos e lideravam os cavaleiros que formavam seu exército particular.

Outro aspecto que contribuiu para diminuir o poder real foi a constante doação de terras entre a nobreza, pois suseranos e vassalos eram aliados militares e se apoiavam mutuamente. O poder e a influência do senhor feudal aumentavam conforme sua rede de vassalos crescia.

Nesse cenário, o Sacro Império Romano-Germânico foi um dos poucos exemplos em que a centralização de poder foi mantida. Lá os imperadores, em aliança com a Igreja Católica, conseguiram governar e impor sua autoridade sobre a sociedade e os territórios que dominavam.

> **Ampliar**
>
> **A Idade Média explicada aos meus filhos,** de Jacques Le Goff (Agir).
> Conheça as principais características da Idade Média com esse texto na forma de perguntas e respostas.
>
> **Contos e lendas dos cavaleiros da Távola Redonda,** de Jacqueline Mirande (Cia das Letras).
> A autora põe o leitor em contato com algumas histórias da Corte do lendário Rei Artur.

1. Na Europa Medieval, com a queda do Império Romano do Ocidente, organizou-se um novo sistema social, político e econômico, conhecido por feudalismo. O sistema feudal se formou da mistura de características da sociedade romana e dos reinos germânicos.

   a) Comente uma herança germânica no sistema feudal.

   b) No sistema feudal o cristianismo teve papel de destaque. Por quê?

2. Durante grande parte da Idade Média, a sociedade europeia organizou-se em torno de três grupos sociais, cada qual com funções específicas. Observe a imagem abaixo em que estão representados esses grupos sociais.

   Iluminura em manuscrito francês da segunda metade do século XIII.

   a) A qual grupo da sociedade medieval corresponde cada uma das três figuras representadas? Como você chegou a essa conclusão?

   b) Que função desempenhava cada grupo social representado na imagem?

   c) A quais grupos era vantajoso que não houvesse mobilidade na sociedade?

3. Um dos símbolos da Europa Medieval são os castelos. Mais que edificações para moradia, eles representavam o poder da nobreza sobre os feudos e os camponeses.

   a) No contexto do feudalismo, qual era a principal obrigação do senhor feudal em relação aos camponeses?

   b) Os camponeses, por sua vez, também tinham obrigações a cumprir com o seu senhor. Identifique e explique duas delas.

4. Sobre a organização política do sistema feudal, o historiador Hilário Franco Júnior afirma que era evidente a dificuldade dos reis assumirem a defesa de todo o reino, por isso

   [...] cada região organizava sua própria defesa, em torno da nobreza local. Era a região, portanto, que passava a definir seu próprio destino. A Europa cobria-se de castelos. O poder se fragmentava.

   Hilário Franco Júnior. *A Idade Média: nascimento do Ocidente.* São Paulo: Brasiliense, 2001. e-book.

   - Com base no trecho acima, explique o processo de enfraquecimento do poder dos reis no sistema feudal.

5. Para compreender a Idade Média, temos de pensar em uma sociedade cujo modo de vida é totalmente diferente do nosso. A dinâmica da vida social baseava-se em relações de dependência e de fidelidade. Do ponto de vista econômico, por sua vez, as trocas comerciais, tão presentes no cotidiano atual, foram secundárias na Europa Medieval pelo menos até os séculos XI e XII.

   a) Justifique a afirmativa grifada no trecho acima.

   b) Na sociedade feudal, em qual situação um nobre tornava-se vassalo de outro? E suserano?

   c) Caracterize o sistema feudal até o século XI do ponto de vista econômico.

6. No processo de descentralização política ocorrido na Europa, o Sacro Império Romano-Germânico constituiu uma exceção. O que garantiu a centralização do poder real naquele império?

Caleidoscópio

Construção de maquete:
Feudo

1. **Castelo**
Viviam nele o senhor feudal, sua família e outros nobres.
2. **Aldeias**
Local onde ficavam as casas de camponeses e artesãos.
3. **Igreja**
Lugar de cerimônias religiosas.
4. **Bosque**
De onde os camponeses retiravam lenha e onde os nobres organizavam torneios de caça.
5. **Riacho**
Abastecia de água as dependências do feudo e movimentava o moinho.
6. **Campos**
Espaços para cultivo.
7. **Pastos**
Usados para a criação de animais.
8. **Terras comunais**
Compreendiam as florestas e as pastagens.
9. **Manso senhorial**
Terras exclusivas do senhor, cultivadas por camponeses.
10. **Manso servil**
Terras cedidas aos camponeses, das quais eles retiravam os meios de sobrevivência e para cumprir as obrigações com o senhor.

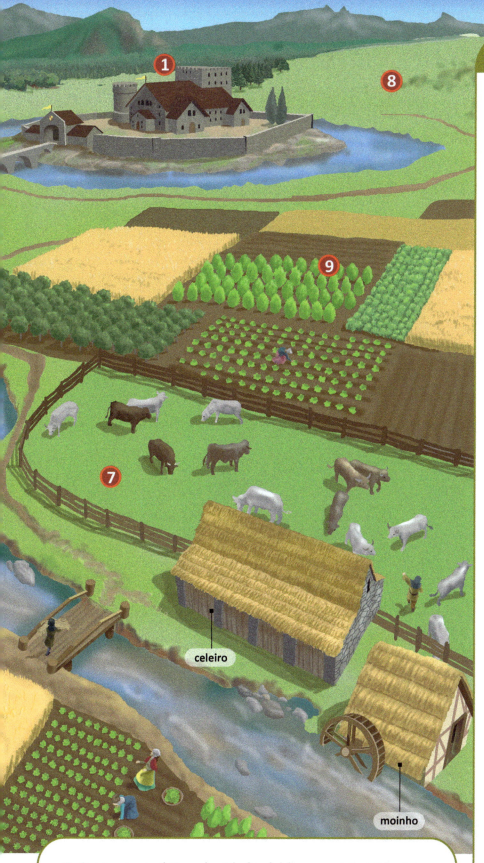

Você sabe o que é maquete?

É um modelo em três dimensões que representa um espaço físico pela recriação de construções, cenários e paisagens, em escala reduzida, utilizando diversos materiais (madeira, metal, plástico, resina etc). Que tal você e os colegas montarem uma maquete?

1. Forme um grupo de trabalho com alguns colegas. Vocês construirão uma maquete para representar um feudo medieval.
2. Retomem o estudo do capítulo, observem a ilustração destas páginas e façam pesquisas adicionais para conhecer melhor as partes que formam um feudo e suas características.
3. Desenhem o esboço da maquete e planejem as etapas do trabalho. Conversem e combinem a divisão de tarefas entre os integrantes do grupo. Sigam as orientações do professor.

Material:
- chapa de madeira, papelão ou placa de isopor para a base;
- materiais recicláveis, como caixas de embalagens (de fósforo, leite, papelão, pasta de dente etc.), rolo de papel higiênico, palitos de sorvete etc.
- folhas e galhos secos ou frescos;
- papel crepom;
- papel *kraft*;
- papel branco;
- serragem tingida;
- argila;
- areia;
- terra;
- tinta guache e pincel;
- cola branca e tesoura.

Dicas
- ✓ Para representar as construções (castelo, muralhas, igreja etc.), use as caixas de material reciclável.
- ✓ Antes de cortar as caixas no formato desejado, encape-as com papel branco para facilitar a pintura.
- ✓ As áreas de cultivo e os bosques podem ser representados com papel colorido (verde e marrom), areia, serragem, argila, folhas e galhos.
- ✓ Pesquise outras dicas que podem ser úteis sobre a produção de maquetes no site Artesanato e reciclagem, disponível em: <www.artesanatoereciclagem.com.br/1562-maquete-escolar-modelos-e-dicas-de-como-fazer.html> (acesso em: ago. 2018).

1. Quais características da vida feudal ficaram mais evidentes no decorrer da construção da maquete de seu grupo?

2. Observem as maquetes elaboradas pelos colegas e escolham a que representa a melhor maneira de usar a água (pode ser mais de uma). Apresentem sua escolha e seus argumentos ao restante da turma.

CAPÍTULO 19
Religiosidade e cotidiano medieval

As sociedades ocidentais atuais reconhecem o direito de cada um escolher sua crença de acordo com valores e princípios próprios e também conforme a tradição das comunidades das quais participa, como a família. Da mesma forma, o indivíduo é livre para não seguir religião alguma ou mesmo para **refutar** a ideia de Deus.

Na sociedade medieval, entretanto, a situação era diferente. A Idade Média foi um período em que a Igreja exerceu papel central sobre a sociedade europeia e orientava seu modo de viver e pensar. Assim, o imaginário das pessoas caracterizava-se pela constante busca de aproximação com Deus.

Glossário
Refutar: rejeitar; negar.

Ampliar

Canto gregoriano
http://mosteiro.org.br/canto-gregoriano

Durante a Idade Média, a Igreja Católica destacou-se pela criação e propagação dos cantos gregorianos: orações cantadas em latim por monges que viviam nos mosteiros.

Catedral de Colônia. Alemanha, 2017.

A cristandade e o clero medieval

No final do século IV, o cristianismo tornou-se a religião oficial do Império Romano, já em crise, e o número de cristãos aumentou. Desde então, com a autoridade do clero sobre os fiéis, a influência política da Igreja se ampliou. Ao longo da Idade Média, o clero manteve a condição de grupo social de maior prestígio nas sociedades europeias.

Glossário
Clérigo: membro do clero.
Cristandade: conjunto de todos os cristãos.

No contexto de fragmentação dos reinos medievais em diversos feudos espalhados pela Europa, cada um sob a administração direta do senhor feudal, a Igreja se impôs como uma instituição que alcançava todos os territórios e suas respectivas populações. Dessa maneira, o sentimento de pertencer à comunidade católica se sobrepôs ao de fazer parte de um povo. Isso significa que os fiéis estavam unidos pelas crenças e tradições religiosas que compartilhavam, identificando-se como membros da **cristandade** em vez de se reconhecerem como população de um reino ou feudo.

O poder da Igreja também se manifestava nas doações feitas pelos fiéis. Reis e nobres de diferentes reinos doavam-lhe terras e bens; ajudavam a construir e a manter os mosteiros em troca do apoio do papa e de bênçãos. Com isso, a Igreja Católica passou a controlar inúmeros feudos e os camponeses que neles trabalhavam. Durante o século XIII, por exemplo, na França e na Inglaterra ela detinha cerca de 1/3 das terras cultivadas, que eram administradas pelos **clérigos**.

O clero recolhia dos fiéis o dízimo, que consistia na obrigação de entregarem a décima parte dos produtos que obtinham para auxiliar o sustento dos clérigos, cuja função social era cuidar da vida espiritual dos cristãos. Movida pela fé, a cristandade acreditava que Deus recompensaria essas doações. Enquanto alguns clérigos dedicavam-se a administrar os bens e recursos da Igreja, outros dedicavam-se aos estudos de textos religiosos, às orações, à orientação espiritual da comunidade e do comportamento socialmente aceito, à celebração de missas e batizados, entre outros rituais.

A Igreja Católica exerceu papel de destaque na cultura medieval. Ela mantinha as poucas escolas europeias da época, nas quais os clérigos recebiam formação intelectual e religiosa. Naquela sociedade, a única maneira de deixar de ser nobre ou servo seria entrar para o clero; porém, ocupar os cargos mais importantes da Igreja, como o de bispo, cardeal ou papa, era um privilégio dos que vinham de famílias nobres.

zoom
A que você atribui a influência da Igreja Católica sobre a cultura medieval?

Abadia de Sénanque construída no século XII na região da Provença, França.

Saber e cultura: domínios do clero

Durante a Idade Média, a Igreja fundou e manteve escolas e universidades em diferentes locais da Europa. Esses centros de estudos eram frequentados, sobretudo, por membros do clero. Entre os séculos XI e XII, os clérigos e alguns nobres eram as únicas pessoas que sabiam ler e escrever nas sociedades europeias. Esse conhecimento também era oferecido a mulheres que abriam mão da vida pessoal para ingressarem nos mosteiros.

As escolas funcionavam nos mosteiros. Neles haviam bibliotecas com obras escritas na Antiguidade por cientistas, pensadores e historiadores gregos e romanos. Por vezes, o conteúdo de alguns livros antigos contrariava ideias defendidas pela Igreja, por isso, eram guardados nas bibliotecas dos mosteiros a fim de evitar sua circulação.

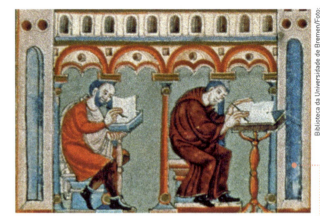

Iluminura de copistas na Abadia de Echternach, c. 1040 (detalhe).

Os monges copistas eram responsáveis pela escrita e reproduziam antigos textos de diversos assuntos.
Esse ofício exigia o conhecimento de várias línguas e excelente caligrafia.

Teocentrismo na sociedade medieval

zoom

❶ Durante a Idade Média, o livro mais reproduzido pelos monges e freiras copistas foi a Bíblia. Em que medida esse fato está ligado à religiosidade da sociedade europeia da época?

❷ A palavra **teocentrismo** é de origem grega em que *teo* significa Deus. Por que ela caracteriza a sociedade europeia medieval?

A sociedade medieval era teocêntrica, isto é, Deus estava no centro de todas as coisas. Dessa forma, os cristãos eram levados a aceitar os **desígnios** de Deus e a buscar o perdão para os pecados, desejando salvar a alma e merecer o céu após a morte. Os fiéis oravam, assistiam à missa, contribuíam com doações e esforçavam-se para viver de acordo com os ensinamentos da Bíblia.

Isso contribuiu para que as desigualdades sociais fossem aceitas como parte do destino que, segundo afirmavam, Deus havia traçado para cada pessoa. Dessa forma, a Igreja e a nobreza reforçavam a **submissão** dos camponeses aos senhores como natural e inquestionável.

Glossário

Desígnio: ordem; decisão.
Submissão: subordinação; obediência.

Detalhe de arco que representa o Juízo Final, localizado na entrada da Abadia da Santa Fé, construída entre 1050 e 1130, em Conques, França.

De olho no legado

A contagem do tempo na sociedade medieval

No ano 525, o monge Dionísio propôs o conceito de Era Cristã para a contagem do tempo, cuja datação dos anos tem como marco o nascimento de Cristo, indicado como ano 1. A aceitação dessa proposta na Europa medieval se deu de forma lenta e, mesmo com a expansão das tradições cristãs, ela se tornou oficial apenas no século XV. Isso revela que, por cerca de mil anos, permaneceram referências às divindades politeístas romanas e germânicas na contagem do tempo feita pela sociedade medieval, indicando que o cristianismo não se sobrepôs automaticamente e sem resistência a manifestações de antigas crenças pré-cristãs. Pelo contrário, elas continuaram presentes em alguns traços do cotidiano medieval, misturando-se a elementos do cristianismo, conforme aponta o texto:

> Os medievais tinham uma experiência da passagem do tempo bastante diferente da nossa. A Idade Média não se interessava por uma clara e uniforme quantificação do tempo. Como na Antiguidade, o dia estava dividido em 12 horas e a noite também, independentemente da época do ano. Os intervalos muito pequenos (segundos) eram simplesmente ignorados, os pequenos (minutos) pouco considerados, os médios (horas) contabilizados grosseiramente por velas, ampulhetas, relógios-d'água, observação do Sol.
>
> Apenas o clero, por necessidades litúrgicas, estabeleceu um controle maior sobre as horas, contando-as precariamente de três em três a partir da meia-noite [...]. Maior precisão apareceu somente no século XIV, com o relógio mecânico, que, porém, tinha apenas o ponteiro das horas. [...] Calculava-se imprecisamente o tempo porque não havia necessidade de fazer de outro modo.
>
> A contagem dos dias agrupava-os em semanas de sete, adotadas no Ocidente por volta do século IV. Como a cristianização se manteve superficial ainda por alguns séculos, o calendário conservou os nomes de deuses romanos nas regiões mais latinizadas e de deuses germânicos nas outras. Curiosamente, a língua portuguesa não seguiu esse processo, baseando-se no hábito cristão dos primeiros tempos de comemorar a semana inteira de Páscoa. Como todos aqueles dias eram feriados *(feriae)*, precisou-se ordená-los (segunda, terça etc.), mantendo-se nomes para apenas o sábado (o "repouso" do Antigo Testamento) e o domingo (o "dia do Senhor").

Hilário Franco Jr. *A Idade Média: nascimento do Ocidente.* 2. ed. São Paulo: Brasiliense, 2001. p. 169-170.

Relógio de Sol, localizado na Catedral de Notre Dame. Paris, França.

1. Por muito tempo os estudiosos consideraram que a pouca precisão na contagem do tempo pelas sociedades medievais fosse resultado da falta de técnicas apropriadas para melhor medi-la. Transcreva uma passagem do texto que contraria essa visão.

2. De acordo com o texto, que marcas da religiosidade cristã estão presentes nos dias da semana de nosso calendário?

3. Que mudanças você observa entre a forma que nossa atual sociedade percebe a passagem do tempo e a forma como a sociedade medieval percebia essa passagem?

Festas da Idade Média

O calendário medieval reservava muitos dias de festas durante o ano. Algumas delas tiveram origem nas antigas tradições **pagãs** anteriores ao cristianismo; outras celebravam dias santos. Elas representavam uma pausa no cotidiano medieval para descanso e diversão, além de rememoração de eventos significativos.

A Páscoa, por exemplo, importante data do calendário cristão em comemoração à ressurreição de Cristo, era celebrada no período do ano em que, por milênios, as antigas sociedades agricultoras festejavam a chegada da primavera no Hemisfério Norte, o renascimento da natureza após o inverno.

Foi no século IX que a Igreja estabeleceu o jejum durante os quarenta dias que antecedem a Páscoa, período conhecido por Quaresma. Com isso, o Carnaval, festa pagã de origem popular anterior ao cristianismo, que celebrava inicialmente a fertilidade da terra, passou a se caracterizar como festividade em que era permitido aos cristãos a diversão sem preocupação com as regras sociais, por ser sucedido de 40 dias de **penitência** e oração. Assim, os poucos dias do Carnaval eram a ocasião em que o comportamento rígido e controlado pela Igreja se afrouxava, enquanto a Quaresma representava o retorno à vida cristã e sua vitória sobre os costumes não cristãos.

Nas festas e celebrações havia abundância de comida e bebida; apresentações de artistas; música e dança; a alegria desses dias contrastava com a rotina de trabalho e o comportamento mais equilibrado do restante do calendário.

> **zoom**
> Com a colonização do Brasil pelos portugueses, foram introduzidos variados costumes europeus em nosso país. Que festas do cotidiano medieval citadas no capítulo permanecem nas celebrações do povo brasileiro?

> **Glossário**
> **Comunidade filantrópica:** grupo de pessoas que presta serviços aos setores mais carentes da sociedade.
> **Herege:** quem contraria um princípio da Igreja.
> **Pagão:** relativo às antigas religiões e crenças politeístas anteriores ao monoteísmo judaico-cristão.
> **Penitência:** arrependimento; sentimento de remorso ou de culpa por uma falha, ofensa ou por pecados cometidos.
> **Virtude:** qualidade moral; atributo positivo de uma pessoa.

Nikolaus Meldemann. Aldeões medievais dançando durante uma celebração, c. 1530. Xilogravura.

A condição social das mulheres na Idade Média

Na Idade Média também houve predomínio dos homens nos centros de poder. A religiosidade cristã influenciou o papel das mulheres na sociedade medieval, que valorizava apenas a procriação e os cuidados da família e sua submissão às decisões do pai ou do marido.

O fervor religioso das freiras medievais estimulou o clero a declarar muitas delas santas, o que nas tradições da época significava que tinham tido uma vida de **virtudes**, marcada pela fé e bondade, tornando-se modelos a serem seguidos. No século XII, a Igreja iniciou o culto à Maria, mãe de Jesus; a partir de então ela passou a representar o ideal de mulher respeitado pela cristandade.

Entre os séculos XII e XV, mulheres solteiras ou viúvas da nobreza ou de famílias que se destacaram no comércio urbano (atividade que se fortaleceu na Europa no período) criaram **comunidades filantrópicas**. Sua atuação rivalizava com a da Igreja, que também atuava no auxílio a pessoas carentes. Como consequência, elas sofreram pressão do clero para subordinar-se a seu controle. Aquelas que não aceitaram foram consideradas **hereges** e chegaram a ser expulsas da cristandade.

Master of the Upper Rhine ("Mestre do Alto Reno"). *Jardim do Paraíso*, c. 1420. 26,3 cm × 33,4 cm.

Observe que a obra usa elementos do Período Medieval (vestimentas, objetos, tipo de jardim e de muro) para representar a Virgem Maria e Jesus, diferente do local e da época em que eles supostamente viveram: a região da Palestina no século I da Era Cristã.

As mulheres não tinham permissão de frequentar as universidades, novos centros de estudos desvinculados dos saberes religiosos que se criaram na Europa a partir do século XIII. Naquele cenário, interessadas em ampliar seus conhecimentos, mulheres da nobreza contratavam professores que lhes davam aulas particulares.

Embora a influência religiosa sobre o papel desempenhado pelas mulheres medievais fosse acentuada, a situação delas não era a mesma em todos os locais: era diferente no campo, na cidade, em cada reino, e mudou ao longo do tempo. A vida, os costumes e as funções femininas variaram em cada grupo social.

As camponesas trabalhavam nas colheitas, cuidavam dos rebanhos, tiravam leite e com ele fabricavam queijo e manteiga. Fiar e tecer também eram trabalhos domésticos femininos.

Em fins da Idade Média, com o aumento da vida urbana e do comércio, havia mulheres que realizavam atividades comerciais e negociavam inúmeras mercadorias.

A produção de obras literárias não foi acentuada na Idade Média. Mas pesquisas indicam que Christine de Pisan (1364-1430) foi a primeira mulher do Ocidente a viver da arte da escrita. Ela aprendeu latim e filosofia com o pai, teve acesso a conhecimentos raros para as mulheres de seu tempo e escreveu obras admiradas na França e em outros países da Europa.

Atividades

1. Durante a Idade Média, a Igreja acumulou bens e terras em um processo que teve início ainda no século XV. Dessa maneira, tornou-se uma poderosa "senhora feudal".

   a) Como a Igreja acumulou bens e terras?
   b) De que maneira o clero controlava o saber e a cultura medievais?
   c) Em que medida o teocentrismo contribuiu para manter a organização social do Período Medieval?

2. Com a entrada maciça da rede mundial de computadores no cotidiano atual, por volta da década de 1990, passamos a viver na chamada sociedade da informação. Isto porque, com a internet, podemos acessar inúmeras informações dos mais variados assuntos e nas mais diversas linguagens. Qual é a importância da internet para as sociedades atuais? E a dos monges copistas para a divulgação de conhecimentos na sociedade medieval?

3. De acordo com o historiador Hilário Franco Jr., entre as atividades de lazer na sociedade medieval estavam as festas, que chegavam a ocupar cerca de ¼ do calendário anual (considerando-se nesse total o domingo, dia semanal dedicado a Deus). Para o pesquisador, as celebrações cristãs da Idade Média tinham ligação com festas pagãs. Por quê?

4. Leia as seguintes informações sobre o papel exercido pelas mulheres na Idade Média:

   > [...] Não era bom que uma mulher soubesse ler e escrever, a não ser que entrasse para a vida religiosa. Uma moça deveria, isso sim, saber fiar e bordar. Se fosse pobre, teria necessidade do trabalho para sobreviver. Se fosse rica, ainda assim deveria conhecer o trabalho para administrar e supervisionar o serviço de seus domésticos e dependentes. [...] A mulher quando se casava simplesmente trocava de homem ao qual tinha que se submeter [...].

   O papel da mulher na Idade Média. *O Estado RJ*, 26 jun. 2018. Disponível em: <https://oestadorj.com.br/o-papel-da-mulher-na-idade-media/>. Acesso em: jun. 2018.

   Com base nos estudos do capítulo e no texto, responda às questões.

   a) Quais eram os diferentes papéis exercidos pelas mulheres medievais?
   b) No texto acima lê-se: "A mulher quando se casava simplesmente trocava de homem ao qual tinha que se submeter". Qual situação da época medieval justifica essa afirmativa?
   c) Como a religiosidade influenciou o papel social das mulheres medievais?

5. Leia o que o historiador brasileiro Ricardo da Costa, especialista em Idade Média, fala sobre a vida após a morte:

   > Os medievais percebiam o Além como uma realidade: a Idade Média foi o tempo do Além. A preocupação com o pós-morte foi uma constante em suas vidas.

   A Morte e as Representações do Além na Doutrina para crianças (c.1275) de Ramon Llull. Disponível em: <www.ricardocosta.com/artigo/morte-e-representacoes-do-alem-na-doutrina-para-criancas-c1275-de-ramon-llull>. Acesso em: jun. 2018.

   a) No contexto medieval, o que era o Além?
   b) Que aspectos da sociedade medieval estudados no capítulo comprovam a preocupação com o pós-morte?

6. A religiosidade medieval pode ser notada na arquitetura das catedrais europeias construídas durante a época. Eram o espaço que reunia a comunidade cristã para as celebrações religiosas e as orações, por isso, eram vistas como locais em que ocorria a ligação dos fiéis com Deus. Naquele contexto, dois estilos arquitetônicos foram utilizados na construção das catedrais europeias: o românico e o gótico. Para ter mais informações sobre as características deles, faça uma pesquisa sobre o tema.
   Com base nas informações pesquisadas, crie um cartaz para socializá-las. Ilustre o cartaz com imagens de catedrais românicas e góticas e crie legendas para identificar nome, local e ano de sua fundação. Na data combinada com o professor, apresente seu cartaz à turma e exponha-o no mural da classe.

Posteriormente, reúna-se em dupla e responda:

a) Quais são as principais características das catedrais medievais construídas no estilo arquitônico românico? E as do estilo gótico?

b) Em que medida os estilos românico e gótico das catedrais europeias expressam a religiosidade cristã da Idade Média?

7. Observe as imagens que representam cenas do cotidiano medieval.

Iluminura do Conde Foix homenageando o rei da França, século XV.

Iluminura de artesãos trabalhando, século XV.

Irmãos Limbourg. Celebração de missa de Natal, século XIV.

Pietro de Crescenzi. A colheita, século XV. Iluminura retirada do livro *Le Rustican*.

a) Identifique o assunto abordado em cada imagem.

b) Em quais imagens há pessoas que produziam alimentos e outros artigos necessários à vida na sociedade medieval?

c) Em quais imagens podem ser observados membros das camadas sociais mais poderosas da Idade Média? Quem eram eles?

Visualização

POVOS GERMÂNICOS

Características
- Tribos guerreiras
- Seminômades
- Politeístas
- Tradição oral
- Artesanato
- Agricultura
  - Não praticavam a escravidão
    - Respeito à religião dos povos dominados

Presença germânica na Roma Antiga
- Eventuais invasões e saques
- Soldados do exército
- Agricultores
- Colonos em propriedades rurais
- Fim do Império Romano do Ocidente
  - Surgimento de reinos germânicos

CRISTIANISMO

Características
- Sociedade teocêntrica
- Religião oficial
- Posse de terras
- Dízimo e doações
- Fortalecimento do clero

Igreja e poder
- Aliança com os reinos germânicos
- Influência na administração dos reinos
- Controle social
  - Submissão da população
- Detentora de feudos

FEUDALISMO

Características
- Migração das cidades para o campo
- Colonato
- Economia de subsistência
- Uso restrito de moedas
- Herança cultural germânica
  - Relações de dependência e fidelidade
- Sociedade estamental
- Poder descentralizado

Feudo
- Nobres proprietários
  - Poder local
  - Proteção do feudo
- Pastagens
- Campos de cultivo
  - Manso senhorial
  - Manso servil
- Autossuficiente
- Relações de suserania e vassalagem entre nobres

Francos
- Aliados dos romanos contra hunos
- Clóvis: centraliza o poder e torna-se rei
- Expansão territorial
- Aliança com a Igreja Católica
  - Conversão de Clóvis ao cristianismo

Império Carolíngio
- Origem franca
- Carlos Magno
  - expansão territorial
  - doação de terras à Igreja
- Aliança com a Igreja
  - Papa coroa o imperador
- Tratado de Verdun divide o Império
- Enfraquecimento do poder centralizado
- Fortalecimento do poder local
- Invasões de *vikings* e magiares
- Migração das cidades para o campo

Sacro Império Romano-Germânico
- Origem no território herdado por Luís, o Germânico
- Relações de poder
  - Rei Oto defende terras da Igreja Católica
  - Papa funda o Império e coroa Oto
  - Interferência real nos assuntos da Igreja
  - Crise: Concordata de Worms

Festividades
- Origens
  - Tradições pagãs
  - Novos significados cristãos
- Celebração e descanso
- Reforço da fé
- Principais festas
  - Páscoa
  - Quaresma
  - Carnaval

Mulheres
- Influência da religião
  - Procriação
  - Cuidados com a família
  - Submissão aos pais ou maridos
- Culto a Maria, mãe de Jesus
  - Idealização da mulher religiosa
- Nobres: educadas no lar
- Camponesas: criação de animais, plantação e fabricação de tecidos

Intelectualidade
- Escolas e mosteiros
- Monges copistas
- Bibliotecas
  - Grandes acervos
  - Livros hereges

Camponeses
- Agricultura
- Criação de animais
- Sem salário
- Pagamento de taxas
  - Força de trabalho
  - Produção
- Livres, servos ou escravos
- Protegidos pelo senhor feudal e submissos a ele
- Cumprem obrigações pelo uso da terra

Fabio Nienow

201

Retomar

1. Leia o trecho a seguir sobre o papel da Igreja Católica no início da Idade Média.

> As constantes migrações germânicas e o fim do Império Romano Ocidental, no ano de 476, alastraram a fome e o medo entre a sociedade europeia. Nesse cenário, a Igreja católica, que no século IV tornara-se a religião oficial do Império Romano, teve uma atuação inédita. Diante da desorganização política, dos saques e da guerra, os bispos de algumas cidades prestaram socorro à população e atuaram como líderes na luta contra os germânicos, considerados invasores e combatidos por não crerem no cristianismo.
>
> Daniel Valle Ribeiro. *A cristandade do Ocidente medieval*. São Paulo: Atual, 1998. p. 17.

- Por que a situação descrita no texto colaborou para fortalecer a ligação entre a população europeia e a Igreja Católica?

2. O Império Carolíngio foi formado por Carlos Magno, neto de Carlos Martel. Sua duração foi passageira: 14 anos, da coroação à morte de Magno. Após isso, os herdeiros do trono assinaram o Tratado de Verdun. Por que esse tratado representou o fim do Império Carolíngio?

3. Leia o documento histórico a seguir, sobre Carlos Magno, que governou o Império Carolíngio no início do século IX, e observe atentamente a imagem.

> Escutai, caros irmãos, a advertência que vos dirige, pela nossa boca, o nosso imperador Carlos. Fomos enviados aqui para a vossa salvação eterna e estamos encarregados de vos advertir de que vivais virtuosamente segundo a lei de Deus e justamente segundo a lei do século. Nós fazemo-vos saber que deveis crer num só Deus, o Pai, o Filho e o Espírito Santo, verdadeira trindade e unidade em conjunto, criadora de todas as coisas e onde está a nossa salvação [...]. Acreditai que há uma só Igreja, que é a sociedade de todos os homens crentes sobre a Terra [...].
>
> Jean Touchard (Org.). *História das ideias políticas*. Portugal: Europa-América, 2003. v. 2.

Albrecht Dürer. *Imperador Carlos Magno*, c. 1511 a 1513. Óleo sobre papel, 187 cm × 87,6 cm.

a) Com base em seus conhecimentos sobre as realizações de Carlos Magno e em sua interpretação do documento histórico, o que o texto quis dizer com as expressões "lei de Deus" e "lei do século"?

b) Que trechos do documento indicam que Carlos Magno queria divulgar o catolicismo no Império Carolíngio?

c) O que essa representação, de Carlos Magno segurando uma espada em uma das mãos e um crucifixo na outra, pode significar?

4. No feudalismo, os camponeses estavam sujeitos a diferentes regimes de trabalho; alguns eram livres, outros semilivres e, em menor intensidade, houve também escravidão.

a) Explique o funcionamento do regime de servidão medieval.

b) Em que medida a servidão medieval se diferenciou da escravidão romana?

5. Você estudou que uma das características mais marcantes do Sacro Império Romano-Germânico foi a interferência da Igreja Católica nos assuntos políticos e vice-versa. Ocorria, assim, a união entre Igreja e Estado.

a) Qual é sua opinião sobre essa união? Junte-se com um colega e forme uma dupla. Discutam esse tema e elaborem uma reflexão escrita sobre ele.

b) No Brasil, a separação entre Estado e Igreja existe desde a Proclamação da República, em 1889. Procure mais informações sobre esse assunto e dê exemplos de como essa separação pode ser percebida em nossa sociedade.

6. No contexto do Sacro Império Romano-Germânico foi assinado, em 1122, um documento denominado Concordata de Worms, que representou uma mudança nas relações entre o império e a Igreja. Por que essa Concordata rompeu a longa aliança entre os governantes francos e a Igreja?

7. Na Europa, após a queda de Roma, organizou-se um sistema social e político conhecido por feudalismo, formado por elementos das culturas germânica e romana.

a) No feudalismo, qual era o critério de riqueza? Como essa riqueza era obtida?

b) De que forma um nobre poderia ser, ao mesmo tempo, suserano e vassalo?

8. Do ponto de vista político, uma das características do sistema feudal foi a inexistência de poder centralizado. Explique o que você entendeu por descentralização de poder nos reinos europeus da Idade Média.

9. Forme dupla com um colega e revejam todo o capítulo. Façam uma lista das expressões específicas do sistema feudal (por exemplo: feudos, senhores feudais, servos, talha etc.).

a) Organizem a lista em ordem alfabética e criem um "Dicionário do sistema feudal", explicando o significado de cada expressão da lista. Ilustrem o dicionário com imagens ou desenhos relativos ao feudalismo.

b) Depois de pronto, consultem o material sempre que necessário. No final do ano, vocês podem doá-lo à biblioteca da escola, para que seja consultado pela comunidade escolar.

10. Leia o trecho a seguir, sobre a Cavalhada, festa popular comemorada em diversas regiões do Brasil por ocasião do feriado cristão de Corpus Christi (ocorre 60 dias após a Páscoa):

As cavalhadas são grandes encenações que lembram as lendárias batalhas medievais de Carlos Magno e os Doze Pares da França contra os mouros. A representação acontece em campo aberto, em uma espécie de torneio onde 12 cavaleiros vestidos de vermelho representando os mouros, e 12 cavaleiros de azul representando os cristãos, se enfrentam.

O enredo tem várias fases. Começa com a apresentação dos combatentes; a luta com manejos de espadas, lanças e tiros de festim; troca de embaixadas, desafios, pedidos de trégua e, por fim, a conversão e batismo dos mouros. A simulação do combate pode ser feita por hábeis cavaleiros que fazem evoluções com seus animais ou com cavalos-de-pau enfeitados.

As cavalhadas acontecem de Norte a Sul do país, por vezes integradas a outras festas folclóricas, como Corpus Christi. Uma das mais famosas é a de Pirenópolis, em Goiás [...].

Festa de cavalhada, Poconé (MT), 2016.

Vaquejadas e cavalhadas: festas de origem medieval. Disponível em: <https://educacao.uol.com.br/disciplinas/cultura-brasileira/vaquejadas-e-cavalhadas-festas-de-origem-medieval-usam-cavalo.htm>. Acesso em: ago. 2018.

- Mobilize seus conhecimentos para explicar como uma festa medieval europeia de inspirações cristãs se tornou tão popular no Brasil.

UNIDADE 7

> **Antever**

Desde a Antiguidade até os dias atuais, as sociedades humanas desenvolveram diversas formas de religiosidade. O cristianismo, por exemplo, desdobrou-se em diversas doutrinas, entre elas, a católica, a protestante e a evangélica neopentecostal. Há também grupos que não seguem nenhuma religião, os quais podem ser agnósticos ou ateus. Você conhece a diferença entre eles?

Nesta unidade vamos abordar temas relacionados à origem e ao desenvolvimento das duas maiores religiões do mundo atual: o cristianismo e o islamismo. Durante a Idade Média, formaram-se e desenvolveram-se no Oriente o Império Romano do Oriente (cujo papel foi essencial na propagação do cristianismo) e o Império Árabe (com papel fundamental na origem do islamismo). Você sabe que países ocupam atualmente a região do antigo Império Romano do Oriente?

Esses dois impérios localizavam-se em regiões em que o comércio era extremamente desenvolvido. Que relação pode ser estabelecida entre esse aspecto econômico e o papel tão importante desses impérios na divulgação e fortalecimento das duas religiões?

Fila de santas. Detalhe de mosaico da Basílica de Sant Apollinare Nuovo. Ravena, Itália.

Os impérios Bizantino e Árabe

CAPÍTULO 20
Império Bizantino: a Roma do Oriente

Em primeiro plano, a Mesquita Azul, construída no século XVII. Ao fundo, a Hagia Sofia, erguida no século VI como uma igreja cristã e usada, entre os séculos XV e XX, como mesquita. Istambul, Turquia, 2015.

Em Istambul (antiga Constantinopla), a arquitetura comprova a **longevidade** da convivência entre o cristianismo e o islamismo. Desde 1935, Hagia Sofia foi convertida em museu, onde os visitantes podem testemunhar as características da arte e da arquitetura bizantinas com profunda influência cristã.

Segundo o economista Lívio Luiz Soares Oliveira Correio,

> [...] a religião tem o potencial de influenciar e moldar, de modo decisivo e de diferentes maneiras, o comportamento humano nos aspectos individual e coletivo, contribuindo para a transformação contínua da cultura, da economia e do ambiente de todas as sociedades conhecidas. [...] civilizações floresceram tendo a religião como um de seus pilares fundamentais de sustentação.
>
> Lívio Luiz Soares Oliveira Correio. Teoria econômica da religião: aspectos gerais. *Estudos de Religião*, v. 31, n. 1, p. 97-116, jan.-abr. 2017.

Na Idade Média, o Império Bizantino foi uma das civilizações que floresceu com base em forte estrutura religiosa. Atualmente a região, que antes pertencia a esse império, guarda um legado cultural rico e diversificado e revela muitas marcas de um **sincretismo** milenar.

Glossário

Longevidade: duração, durabilidade de qualquer coisa (concreta ou abstrata).
Sincretismo: fusão de diferentes cultos ou doutrinas religiosas, com reinterpretação de seus elementos.

Origens do Império Romano do Oriente

Com a crise do Império Romano do Ocidente, o Império Romano do Oriente passou a ser o principal representante e herdeiro do poder, da cultura e das tradições greco-romanas, ao mesmo tempo que, na Europa ocidental, desenvolvia-se o feudalismo.

O Império Romano do Oriente, também chamado de Império Bizantino, era formado pelos territórios do Egito, da Grécia, Síria, Palestina, Mesopotâmia e Ásia Menor. A denominação **Império Bizantino** está relacionada ao fato de o primeiro nome de sua capital, a cidade de Constantinopla, ter sido Bizâncio.

O Império Romano do Oriente conheceu um período de prosperidade e manteve-se como força política regional até meados do século XV, quando foi derrotado. A localização, próxima do Mar Mediterrâneo e do Mar Negro, favoreceu o intercâmbio comercial sobretudo com a Europa e com a Ásia. Por lá passavam inúmeras rotas de comerciantes com produtos luxuosos trazidos das mais diversas regiões.

Ampliar

O mundo bizantino, de Cláudia Beltrão (FTD).

Trata da economia, da sociedade, da religião, da administração e da vida cotidiana do Império Romano do Oriente, também chamado de Império Bizantino.

Economia bizantina

Mosaico bizantino representando crianças cuidando de seus gansos, século V. Istambul (Turquia).

O comércio era a principal atividade econômica do império. Os artesãos produziam as mercadorias mais procuradas: joias; tecidos de seda, lã e linho; objetos de marfim, ouro e cobre; tapetes; móveis; vinhos. Os comerciantes viajavam a outras áreas do Oriente, como a Índia e a China, e de lá traziam noz-moscada, pimenta-do-reino, gengibre, cravo, canela e açúcar.

Naquela época e durante alguns séculos, essas mercadorias eram muito valiosas. Chamadas de especiarias, eram usadas para dar sabor aos alimentos e para fabricar remédios. A agricultura era praticada pela maior parte da população do Império Bizantino.

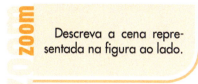

zoom Descreva a cena representada na figura ao lado.

Direitos de caça e pesca, ilustração no manuscrito *As Institutas de Justiniano* (século XIV).

O direito da caça e da pesca era entendido como um direito de ocupação, de tomar posse de algo que não era de ninguém.

A sociedade e a política no Império Bizantino

A maioria da população bizantina era formada por pequenos comerciantes, artesãos, camponeses e algumas pessoas escravizadas. As outras camadas eram constituídas pelo imperador e pelos nobres, proprietários de terras, grandes comerciantes, funcionários do governo e membros da Igreja.

O Império Bizantino herdara do Império Romano do Ocidente muitas leis escritas que regulavam a vida em sociedade. O imperador Justiniano (que governou entre 527 e 565) reuniu as leis romanas e bizantinas e organizou-as em um conjunto que ficou conhecido como Código de Justiniano. Esse código determinava os direitos e os deveres tanto do Estado quanto dos cidadãos, sistematizava a cobrança de impostos e regulava as relações familiares. Seus princípios e conceitos até hoje influenciam o Direito nas sociedades ocidentais.

Quando foi coroado imperador, a grande conselheira de Justiniano foi a imperatriz Teodora, principalmente nos assuntos relacionados às leis, à política e à religião. Ela teria sido responsável por diversas reformas legais que ampliaram os direitos das mulheres em casos de divórcio e herança familiar, além de proteger as crianças abandonadas e escravizadas.

Com o objetivo de refazer o antigo Império Romano, o imperador Justiniano tentou recuperar territórios no Ocidente, dominando o norte da África e as penínsulas Itálica e Ibérica. Para financiar as conquistas militares, ele aumentou os impostos, provocando muitas revoltas populares, reprimidas com violência pelo exército. Essas guerras empobreceram e enfraqueceram o Império Romano do Oriente.

A expansão territorial de Justiniano não foi duradoura. Seus sucessores enfrentaram inúmeras invasões estrangeiras, como a ocupação do norte da África pelos árabes, que estavam expandindo seu império. Posteriormente, os lombardos retomaram a Península Itálica e os visigodos reconquistaram a Península Ibérica.

Apesar do enfraquecimento, o Império Romano do Oriente se manteve até 1453, quando Constantinopla foi conquistada pelo Império Turco.

Fonte: José Jobson de A. Arruda. *Atlas histórico básico*. 17. ed. São Paulo: Ática. p. 14.

Viver

Costumes bizantinos

O texto a seguir foi extraído da obra *História do Império Bizantino*, em que o historiador brasileiro Mario Curtis Giordani descreve tradições e costumes bizantinos.

A família bizantina tem seu fundamento no matrimônio [...]. O noivado, constituído sob as bênçãos do sacerdote, possuía um valor legal e seu rompimento **acarretava** penas **pecuniárias** e espirituais. A lei civil proibia o compromisso do noivado às crianças que não tivessem 7 anos e fixava a idade de 12 ou de 14 anos, respectivamente para meninas e rapazes, como limite mínimo para contraírem matrimônio. [...]

As cerimônias nupciais conservavam práticas tradicionais: o noivo acompanhado de músicos vinha buscar a noiva, que, ricamente vestida e cercada de grande acompanhamento, se dirigia com o futuro esposo ao templo sob festiva chuva de rosas e violetas.

Anel de casamento bizantino, feito em ouro, c. século VI e VII.

O coroamento e a troca de anéis figuravam entre os ritos essenciais. A entrada solene da esposa na residência do marido e o banquete nupcial [...] integravam as solenidades do casamento. [...]

Raramente a mulher deixava sua casa. Quando o fazia, levava a cabeça coberta por um véu e, em geral, dirigia-se ou para o templo ou para os banhos públicos. Estes constituíam uma tradição e possuíam um horário diferente para as pessoas de cada sexo. [...]

Um grande acontecimento na vida da família era o nascimento de uma criança. A parturiente era assistida por parteiras "em geral sem conhecimentos médicos, mas bem providas de receitas supersticiosas [...]".

[Geralmente], uma semana após o nascimento a criança era levada à igreja para a cerimônia batismal, cujo rito mais em uso era a tríplice imersão.

Antes de efetuar o batizado, o sacerdote dava ao recém-nascido o nome escolhido pelo padrinho, que se mantinha junto ao afilhado com uma vela acesa. [...]

Conservava-se o antigo costume de fazer seguir o nome individual pelo nome do pai, ao qual se passava a acrescentar o vocábulo *poulos* (filho).

Mario Curtis Giordani. *História do Império Bizantino*. Petrópolis: Vozes, 1997. p. 154-155.

Glossário
Acarretar: resultar, trazer como consequência.
Pecuniário: que tem relação com dinheiro.

---

1 De acordo com as leis bizantinas descritas no texto, as meninas poderiam se casar a partir de qual idade? E os meninos?

2 Você sabe qual é a idade mínima estabelecida pelas leis brasileiras para que uma pessoa possa se casar?

3 Você conhece alguma tradição praticada no Brasil que possa ser comparada às que eram comuns às famílias bizantinas? Qual?

4 De acordo com os costumes bizantinos, o compromisso de noivado constituía um importante passo para o casamento, pois era assumido em termos legais e abençoado por um sacerdote. O que poderia ocorrer se um compromisso de noivado fosse rompido?

Tensões religiosas

Ainda antes da divisão do Império Romano, entre os séculos I e IV, o cristianismo foi se consolidando como religião da maioria da sociedade romana.

Inicialmente o governo imperial considerava a religião cristã uma ameaça a seu poder e tentava conter o avanço dela perseguindo cristãos. No entanto, ela continuou a crescer. Em 395, o imperador Teodósio tornou o cristianismo a religião oficial do império.

No Império Romano do Oriente, o cristianismo também foi adotado como religião oficial. Os cristãos orientais não formaram um grupo coeso em torno da mesma doutrina. Alguns deles, por exemplo, defendiam apenas a natureza divina de Cristo, enquanto outros acreditavam em sua natureza ao mesmo tempo divina e humana.

> **Ampliar**
>
> **Escola Britannica**
> https://escola.britannica.com.br/levels/fundamental/article/Império-Bizantino/480872
>
> O *site* traz informações sobre o Império Romano do Oriente, a cultura bizantina, o período de Justiniano, entre outras.

As divergências entre os cristãos acentuaram as tensões religiosas no império, pois uma parcela da população ainda mantinha outras crenças, como o judaísmo, o zoroastrismo e o culto às divindades greco-romanas.

O cenário colocava em risco a paz interna. Para evitar a guerra civil e o enfraquecimento do poder imperial, o governo estendeu sua autoridade sobre os assuntos religiosos. Muitas pessoas que defendiam ideias religiosas contrárias às aceitas pelo cristianismo oficial foram perseguidas, julgadas e condenadas como criminosas.

Anônimo. *Virgem entronada com dois santos*, século VI.

> A arte sacra bizantina distingue-se pelo uso do dourado, principalmente nos detalhes, como se vê nos halos das cabeças dos personagens dessa pintura.

Nova Igreja no Oriente

Aos poucos, a Igreja cristã do Oriente foi se diferenciando da Igreja ocidental. A forma de pensar da sociedade oriental, influenciada pelas culturas grega, macedônica, persa e árabe, contrastava com a das sociedades europeias ocidentais. Nas cerimônias cristãs do Oriente, o idioma grego substituiu o latim, enquanto, no Ocidente, a língua romana continuou a ser usada.

O fato de o papa (autoridade máxima do catolicismo) viver em Roma e de lá comandar toda a Igreja também prejudicou a unidade cristã. Em Constantinopla, vivia o patriarca, chefe do clero oriental que, inicialmente, apoiava o papa. Com o tempo, o patriarca passou a dirigir de forma cada vez mais independente a Igreja do Oriente, questionando a autoridade papal.

Aos imperadores do Oriente interessava estender seu poder sobre a religião. Para isso, apoiaram a independência dos patriarcas em relação ao papa e ampliaram a interferência do governo nos assuntos religiosos do império.

O Cisma do Oriente

A separação entre a Igreja oriental e a ocidental se consolidou em 1054, quando o patriarca de Constantinopla rompeu com o papa. Esse fato, conhecido como Cisma do Oriente, deu origem à Igreja Cristã Ortodoxa. O papa, então, passou a exercer autoridade religiosa sobre a Igreja Católica Apostólica Romana e o patriarca de Constantinopla, sobre a Igreja Cristã Ortodoxa. Ambas existem até hoje.

Autoria desconhecida. Manuscrito bizantino representando a destruição de imagens religiosas, século IX.

"A questão da finalidade apropriada da arte em igrejas [...] constituiu uma das questões principais que levaram as regiões orientais de fala grega do Império Romano, cuja capital era Bizâncio (ou Constantinopla), a recusarem a liderança do papa latino. Uma parte era contrária a toda e qualquer imagem de natureza religiosa: a dos chamados iconoclastas ou destruidores de imagem" (E. H. Gombrich. *A história da Arte*. Rio de Janeiro: LTC, 2012. p. 21).

Catedral ortodoxa Nossa Senhora do Paraíso. São Paulo (SP), 2017.

Ao longo dos séculos, a Igreja Cristã Ortodoxa divulgou sua doutrina pelas regiões que hoje correspondem à Grécia, Rússia, Armênia, Bulgária, Sérvia e Chipre, estando presente em quase todo o Leste Europeu. Atualmente, há mais de 175 milhões de fiéis dela espalhados pelo mundo. Os seguidores da religião cristã ortodoxa no Brasil se encontram principalmente entre os imigrantes que vieram desses lugares, e as respectivas famílias.

Intercâmbio cultural

A localização geográfica de Constantinopla, entre a Ásia e a Europa, e as intensas atividades comerciais desenvolvidas na cidade favoreceram o intercâmbio entre as tradições culturais do Oriente e do Ocidente.

No Império Romano do Oriente foram preservados documentos, obras de arte e livros greco-romanos, que influenciaram a produção cultural bizantina. Aos poucos, o grego se tornou a língua oficial do império.

Arte bizantina

No Império Bizantino, a arte era uma forma de expressar a plena autoridade do imperador, considerado representante de Deus e cujo governo era sagrado. Para isso, algumas convenções foram adotadas, como a representação frontal dos personagens, recurso que estimula o respeito do observador às figuras representadas, dando-lhe a sensação de que elas o protegem.

Os artistas deveriam seguir padrões estabelecidos pelos sacerdotes para representar a posição das mãos e dos pés, os gestos, as roupas e os símbolos de poder tanto dos personagens sagrados como dos oficiais. Há exemplos de personagens oficiais representados com símbolos atribuídos a personagens sagrados, como a auréola em torno da cabeça, geralmente usada para caracterizar figuras bíblicas. Esse recurso reforça a crença de que o poder dos governantes era divino, estabelecendo uma ligação entre governo e religião.

Mosaicos bizantinos

O mosaico foi uma técnica muito utilizada na arte bizantina. Os artistas criavam imagens unindo pequenos pedaços de ouro, pedras preciosas, mármore, vidro colorido e metal esmaltado. Os mosaicos bizantinos compunham cenas bíblicas, imagens de santos e de profetas e passaram a adornar paredes e cúpulas das igrejas no Oriente.

No Império Bizantino, os mosaicos substituíram as esculturas da tradição greco-romana que representavam formas, curvas, músculos de deuses pagãos, pouco a pouco abandonados com o crescimento do cristianismo.

Por meio do intercâmbio comercial e cultural com centros europeus, a técnica do mosaico foi difundida no Ocidente; atravessou os séculos e rompeu fronteiras geográficas. Atualmente a arte de compor imagens com fragmentos de materiais pode ser vista em diferentes produções artísticas, que aliam beleza e originalidade.

Ampliar

Cursos de mosaico

www.cursosdemosaico.com.br/historia-do-mosaico.php

A página apresenta um panorama histórico da arte do mosaico, além de fornecer dicas para a criação de mosaicos e *links* sobre o tema.

Mosaico na fachada externa da Catedral de São Marcos, de arquitetura bizantina. Veneza, Itália.

Atividades

1. Com base na leitura do capítulo, explique a origem do Império Romano do Oriente.

2. Comparando a situação do Império Romano do Ocidente à do Império Romano do Oriente, o que você destaca para explicar a maior duração do império oriental?

3. Desenhe uma pirâmide social e, nela, indique a posição e a função de cada camada da população na sociedade bizantina.

4. O imperador Justiniano governou o Império Romano do Oriente durante 38 anos e se destacou dos demais governantes. Que acontecimentos do reinado de Justiniano:
   a) fortaleceram o Império Romano do Oriente?
   b) diminuíram a popularidade do imperador?

5. O Cisma do Oriente foi marcado por conflitos religiosos e políticos.
   a) Antes mesmo de ocorrer o Cisma do Oriente, a autoridade do papa sobre a Igreja Oriental era pequena. Por quê?
   b) Por que o governo do Império Romano do Oriente desejava diminuir a autoridade do papa?
   c) "Em 1054, o Cisma do Oriente rompeu a unidade cristã." Explique essa afirmativa.

6. A cidade de Istambul, antiga Constantinopla, fica entre o continente europeu e o asiático.
   a) Por que sua localização geográfica favoreceu o intercâmbio comercial e cultural que marca a história da cidade?
   b) Que características culturais do passado essa grande metrópole ainda tem na atualidade?

7. Reveja os textos e as imagens do capítulo que aborda a arte bizantina. Que características da arte bizantina indicam que ela foi usada para reforçar o poder dos imperadores?

8. Com base em seu conhecimento e leitura, comente a relação entre religião e arte no Império Bizantino.

9. Que atividade econômica do Império Romano do Oriente pode ter favorecido a divulgação da técnica dos mosaicos na Europa ocidental?

10. Consulte o capítulo e faça um levantamento do ano em que ocorreu cada fato histórico da lista a seguir. Depois, em uma linha do tempo, organize os fatos em ordem cronológica, ou seja, na sequência em que eles aconteceram.
    - Invasão de Roma pelos hérulos.
    - Conquista de Constantinopla pelos turcos-otomanos.
    - Divisão do Império Romano em ocidental e oriental.
    - Início do governo do imperador Justiniano.
    - Adoção do cristianismo como religião oficial do Império Romano.
    - Fim do governo do imperador Justiniano.
    - Cisma do Oriente.

11. O Código de Justiniano constituiu um importante legado cultural do Império Bizantino, inclusive por ter estabelecido alguns direitos das mulheres, o que não era comum naquela época.

    Identifique alguns direitos conquistados pelas mulheres bizantinas e cite a razão que provavelmente levou o imperador Justiniano a se preocupar com os temas femininos.

CAPÍTULO 21
Maomé une o mundo árabe

Mesquita Al-Masjid an-Nabawi. Medina, Arábia Saudita.

Segundo a tradição islâmica, a construção original teria sido feita pelo profeta Maomé, em 622, quando chegou à cidade. Ela guarda o túmulo desse líder religioso e é o segundo local sagrado do islamismo.

A religiosidade é uma característica específica das sociedades humanas e ocorre desde os tempos mais remotos. Ela interfere profundamente nas relações humanas e nas manifestações culturais, assim como nas formas pelas quais as sociedades se perpetuam e se relacionam com o espaço onde estão inseridas.

Em um estudo que associa a religiosidade ao desenvolvimento humano, os pesquisadores Maria Augusta Castilho e Clacir Bernardi afirmam que a

[...] religião permite conhecer o local onde as pessoas vivem seus valores em uma cultura. Ela é influenciada pela cultura, mas ela também influencia a cultura daqueles que vivem em seu entorno. A religião permite um conhecimento maior dos valores que envolvem uma dada sociedade, principalmente seus valores **éticos**. Ela se coloca como luz que ilumina as atitudes humanas em busca do Eterno, e não há religião em que esse eterno seja a destruição. Esclarece-se que esse caminho é ético, se bem fundamentado, permite entender o caminho que aquela sociedade está seguindo para se realizar como sociedade em busca de garantir a realização dos indivíduos que fazem parte dela.

Clacir José Bernardi e Maria Augusta de Castilho. A religiosidade como elemento do desenvolvimento humano. *Interações*, Campo Grande, v. 17, n. 4, p. 752, out.-dez. 2016.

Durante a Idade Média, no século VII, o Império Árabe se constituiu em torno do líder Maomé e de suas pregações religiosas, que anunciavam uma nova religião monoteísta, o islamismo. O desenvolvimento do Império Árabe confirma as conclusões do estudo citado no trecho acima, pois está profundamente relacionado ao crescimento da fé islâmica.

Os fiéis islâmicos adotam como princípio fundamental o *jihad*, conceito que significa esforço, luta, empenho para cumprir a vontade de Alá (Deus). Durante toda a vida, os islâmicos consideram-se comprometidos a divulgar sua crença por meio das atitudes, do trabalho, das palavras, das roupas, da alimentação, do lazer, das maneiras de se relacionar com as pessoas e se comportar nas variadas situações da vida. Em outras palavras, os fiéis islâmicos dificilmente agem **dissociados** de sua crença, o que contribui para fortalecer ainda mais a influência da religião na vida **terrena**.

> **Glossário**
> **Dissociado:** separado, desapegado.
> **Ético:** modo exemplar de se comportar de acordo com os princípios morais, sem prejudicar os outros.
> **Terreno:** relativo ao que acontece na terra.

O mundo árabe na Idade Média

Durante a Idade Média, o povo árabe, que até então vivia em diferentes regiões da Península Arábica, organizou-se em uma sociedade urbana e **expansionista**.

Criadores de uma cultura diversificada, os árabes transmitiram uma herança cultural que inclui conhecimentos incorporados em nosso dia a dia, como os algarismos indo-arábicos, do nosso sistema de numeração. Foi em terras árabes que nasceu a religião islâmica, também chamada de muçulmana.

Glossário

Expansionista: relacionado à expansão territorial.

Ocupação da Península Arábica

A Península Arábica é banhada pelo Mar Vermelho, pelo Golfo Pérsico e pelo Oceano Índico. Grande parte de seu território é desértico, com clima seco e muito quente.

Por volta de 1500 a.C., os primeiros árabes (chamados de beduínos) chegaram à Península Arábica. Viviam divididos em tribos nômades e deslocavam-se constantemente em busca de oásis, ou seja, de regiões do deserto em que podiam se abrigar e obter alimentos e água.

A ausência de terras férteis dificultava a organização de sociedades sedentárias naquele território. As poucas terras férteis da Península Arábica ficavam no litoral do Mar Vermelho, local das primeiras cidades, como Iatreb e Meca.

Observe no mapa os países que atualmente ocupam a Península Arábica.

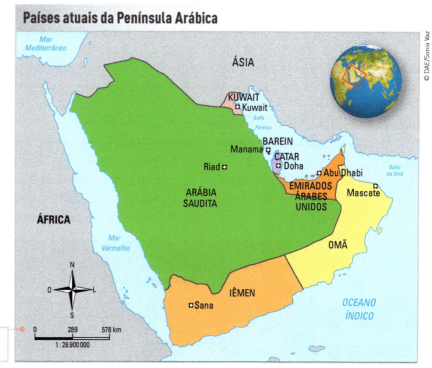

Países atuais da Península Arábica

zoom

A Península Arábica abrange quais países atualmente?

No século VIII, o Império Árabe começou no território que hoje corresponde à Arábia Saudita.

Fonte: *Atlas geográfico escolar.* 7. ed. Rio de Janeiro: IBGE, 2016. p. 49.

A economia árabe

Nas escassas terras férteis da Península Arábica, a população cultivava especiarias, tâmaras, cereais, algodão e criava cavalos, camelos, cabras e ovelhas.

Grande parte da população urbana vivia do comércio, organizando caravanas. Muitos beduínos atacavam as caravanas e revendiam os produtos saqueados.

A vida dos comerciantes ricos era confortável se comparada à da maioria da população. Nas cidades, eles costumavam construir templos religiosos em homenagem aos deuses. Com isso, pretendiam atrair fiéis e ampliar a venda de suas mercadorias.

As primeiras crenças

Até o século VII, os árabes tinham crenças politeístas. Cada tribo acreditava em divindades próprias, mas havia um deus supremo: Alá.

O principal templo religioso era a Caaba, dedicado às várias divindades. Localizado na cidade de Meca, na Arábia Saudita, esse local sagrado continua sendo o mais importante do **islã**; é uma construção simples e monumental, em forma de cubo.

Em seu interior, encontra-se a Hajar el Aswad (Pedra Negra), uma pedra escura, de 50 centímetros, que é uma relíquia sagrada para os fiéis, por crerem que ela foi enviada do céu por Alá.

Origem do islamismo

No início do século VII, foi fundada, na Península Arábica, uma religião monoteísta: o islamismo. A conversão de inúmeros árabes a essa nova religião marcou um processo de profundas transformações no cotidiano, na cultura e na organização política deles.

Maomé, cujo nome em árabe é Mohammed (ou Muhammad), era um comerciante da tribo dos coraixitas, grupo que controlava o comércio da cidade de Meca. Em viagens das caravanas pelo Oriente, ele entrou em contato com os princípios do judaísmo e do cristianismo, cujas ideias monoteístas influenciaram sua forma de pensar.

Segundo as tradições árabes, no ano 610, Maomé, então com 40 anos de idade, teve uma visão do anjo Gabriel, que lhe teria dado a missão de espalhar entre seu povo a crença única no deus Alá. A nova religião anunciada por Maomé foi chamada de islamismo. Em árabe, essa palavra significa "obediência a Deus". Seus seguidores são chamados de muçulmanos, que significa "aqueles que obedecem a Deus".

As palavras de Alá reveladas ao profeta Maomé por intermédio do anjo Gabriel foram registradas no Corão, também conhecido por Alcorão, o livro sagrado do islamismo. O Corão, que contém 114 suratas (capítulos) e 6.236 **versículos**, foi escrito na língua árabe para ser recitado. Segundo a tradição islâmica, como Maomé não sabia ler nem escrever, ele decorava as suratas e, em seguida, recitava-as aos companheiros, que as registravam em pedaços de pele de animais, ossos e outros materiais.

> **Glossário**
> **Islã:** conjunto de nações seguidoras do islamismo.
> **Versículo:** passagem de um livro religioso.

Guardas fazendo a segurança da Hajar el Aswad. Meca, Arábia Saudita, 2017.

> A Pedra Negra tem aproximadamente 50 cm de diâmetro, é uma relíquia sagrada da época do politeísmo árabe e, posteriormente, da religião islâmica. A explicação científica para a origem da Pedra Negra, que fica no interior da Caaba, é que se trata provavelmente de um fragmento de meteorito que caiu na Terra.

Expansão do islamismo

Os grandes comerciantes de Meca, inicialmente, não apoiaram a religião islâmica. Eles temiam que, ao abandonar o politeísmo, o povo deixasse de fazer peregrinações aos templos religiosos, principalmente à Caaba, situação que poderia reduzir os lucros com o comércio. Em 622, para evitar o enfraquecimento dos negócios, tramaram o assassinato de Maomé. No entanto, ele foi avisado a tempo e conseguiu fugir para a cidade de Iatreb (atual Medina).

Em Iatreb, Maomé recebeu apoio e continuou a divulgar o islamismo. Ele passou a governar a cidade, cujo nome foi mudado para Medina, que em árabe significa "Cidade do Profeta". A fuga de Maomé para Iatreb, em 622, é um fato histórico conhecido como Hégira e marca a fundação do islamismo e o início do calendário islâmico.

Maomé com seus fiéis seguidores a caminho de Meca. Iluminura do manuscrito *Siyer-i Nebi*, obra sobre a vida do profeta, século XVI.

A doutrina islâmica prega que a natureza de Alá é exclusivamente divina e condena o culto a ídolos. Observe que o profeta foi representado no centro com o rosto coberto por um véu branco. A partir do século XVI, tornou-se comum Maomé ser representado dessa maneira ou rodeado por uma auréola, ou ainda por um círculo de chamas, símbolos que enfatizam a sua santidade.

Os cinco pilares do islamismo

Como o islamismo é uma religião sem sacerdotes, a orientação do dia a dia dos fiéis ocorre por meio da leitura do Corão, o livro sagrado dessa religião. Nele estão descritas as principais obrigações dos muçulmanos. São elas:

- Fé – reconhecer Alá como único Deus e Maomé como seu profeta.
- Oração – orar cinco vezes ao dia (ao amanhecer, ao meio-dia, no meio da tarde, no pôr do sol e à noite). Os fiéis devem interromper suas atividades, olhar em direção à cidade de Meca, ajoelhar-se e curvar o corpo em sinal de humildade e respeito a Alá. Os fiéis podem orar onde estiverem.
- Caridade – dar esmola aos necessitados para auxiliar a divulgação do islamismo; se a caridade for praticada em segredo, melhor.
- Jejum – jejuar durante o mês do Ramadã, do nascer ao pôr do sol, com o objetivo de se purificar.
- Peregrinação – visitar Meca, onde está a Caaba, ao menos uma vez na vida, se tiver condições financeiras e físicas. Os peregrinos devem vestir roupas simples, para que todos pareçam iguais diante de Deus, e cumprir rituais, como circundar a Caaba sete vezes.

O Império Árabe

Fortalecido pelo apoio recebido em Iatreb, Maomé retornou a Meca com seus aliados, no ano de 630, e retomou a cidade. Em pouco tempo, unificou as tribos e se tornou governante de toda a Península Arábica, convertendo um número cada vez maior de pessoas ao islamismo. Com autoridade política e religiosa, Maomé exerceu um governo teocrático.

Após sua morte, em 632, os **califas**, sucessores de Maomé, continuaram exercendo a dupla função de governantes e líderes religiosos. Eles promoveram uma vasta expansão territorial, formando o Império Árabe. No Oriente, conquistaram a Palestina, a Síria, a Pérsia, o Egito, o norte da África e a Índia. No Ocidente, a partir da metade do século VIII, ocuparam grande parte da Península Ibérica.

> **Glossário**
>
> **Califa:** do árabe *halifa*, que significa "sucessor".

Zoom

1. O Império Árabe expandiu-se por quais continentes?
2. Os árabes ocuparam parte da Península Ibérica. Quais são os países localizados nesse território?
3. Observe o mapa e as regiões conquistadas progressivamente pelos árabes. Qual foi a provável rota dos árabes para chegar à Península Ibérica?

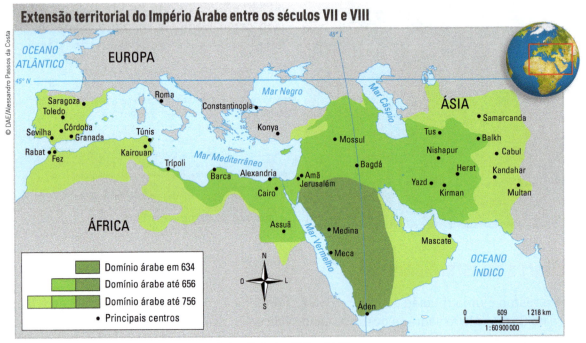

Fonte: Jeremy Black. *World history atlas*. Londres: Dorling Kindersley, 2008. p. 56-57.

Economia

Com a expansão territorial, os árabes pretendiam conquistar terras férteis. Além disso, eles tinham motivos religiosos, pois divulgar a crença em Alá e em seu profeta, Maomé, era obrigação de todos os muçulmanos.

A expansão de territórios sob domínio árabe provocou intenso desenvolvimento do artesanato e do comércio. Os árabes vendiam produtos que fabricavam (como tecidos, tapetes, joias, objetos de cerâmica, de vidro e de porcelana) e também vendiam invenções importadas dos chineses levadas a várias partes do Ocidente pelas caravanas árabes. Outro produto que dava muito lucro aos comerciantes era a seda da China, muito procurada, posteriormente, nos mercados europeus.

Enfraquecimento do Império Árabe

Se, por um lado, a expansão territorial árabe promoveu o desenvolvimento econômico do império, por outro, trouxe dificuldades para administrar o vasto território. Um único califa já não conseguia governar sozinho todas as regiões sob domínio árabe. No decorrer do século VIII, o império foi dividido em diferentes califados (espécie de províncias), cada um comandado por um califa – que, no entanto, disputavam o poder entre si. A partir do século XI, o Império Árabe enfrentou sucessivas crises, que provocaram seu enfraquecimento. Os turcos, convertidos ao islamismo, ocuparam algumas regiões sob controle árabe. Na Península Ibérica, os cristãos empreenderam diversas guerras contra o domínio árabe, obtendo a vitória definitiva em fins do século XV.

Ampliar

Maomé (Muhammad)
https://educacao.uol.com.br/biografias/maome-muhammad.htm
Biografia do profeta Maomé.

Os manos de Alá
Brasil, 2011. Direção: Luiz Carlos Pereira Lucena, 54 min.
O documentário mostra as afinidades entre o islamismo e o *hip-hop* praticado pelas comunidades das periferias de grandes cidades brasileiras.

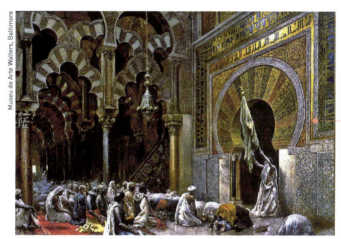

O Califado de Córdoba durou de 912 a 1031, ocupando a Península Ibérica e o norte da África (atual região do Marrocos). A presença árabe na região do califado é visível ainda hoje nas mesquitas e em outras construções de arquitetura árabe que foram preservadas.

Edwin Lord Weeks. Interior da Mesquita de Córdoba, c.1880. Óleo sobre tela, 1,42 m × 1,84 m (detalhe).

Cultura árabe

O processo de expansão comercial e territorial colocou os árabes em contato com diferentes sociedades, o que contribuiu para que produzissem uma cultura diversificada. Dos chineses, assimilaram a bússola, o astrolábio, a pólvora e o papel; dos hindus, o número zero e o sistema de numeração; dos persas, as observações astronômicas; dos gregos, a Filosofia, a Medicina, a Matemática, a Astronomia e as Ciências Naturais. No entanto, mantiveram a base da cultura islâmica: as principais tradições, os valores morais, o patriotismo, as leis, o idioma, a escrita e os costumes.

Os conhecimentos adquiridos pelos árabes foram difundidos por todas as terras que conquistaram. Na Europa, divulgaram as técnicas agrícolas aprendidas com os egípcios e os povos mesopotâmicos; introduziram o cultivo de arroz, café, cana-de-açúcar, banana, laranja, limão, contribuindo para diversificar os hábitos alimentares da população europeia.

O legado árabe também está presente na língua portuguesa. Inúmeras palavras do nosso idioma têm origem árabe, como azeite, almofada, aldeia, alfaiate, alfândega, açougue, arroz, arroba.

Algarismos indo-arábicos entre os séculos XIII e XVI.

Os árabes fundaram bibliotecas, escolas e universidades, onde ensinavam Matemática, Química, Física, Astronomia e Medicina. Dedicaram-se ao estudo do corpo humano, realizaram cirurgias, construíram hospitais, criaram remédios e anestésicos, pesquisaram doenças, como o sarampo, a varíola e a tuberculose. O médico e filósofo Avicena, que viveu entre o final do século X e o início do XI, pesquisou a meningite e outras doenças contagiosas. Seus estudos foram utilizados no Ocidente até o século XVII.

Os árabes sobressaíram também na literatura. No mundo todo, são muito conhecidas as aventuras fantásticas com tapetes voadores, gênios, príncipes e princesas, e passagens secretas que se abrem com palavras mágicas. Muitas dessas narrativas são encontradas na coletânea de histórias árabes *As mil e uma noites*.

Representação do médico grego Dioscórides, publicada no manuscrito de Yusuf al Mawsili, século XIII.

A intenção do artista ao representar o médico em trajes árabes foi simbolizar o conhecimento grego passado aos árabes.

Representação de estudantes e professor de astronomia utilizando um astrolábio. Ilustração de um manuscrito do século XV.

As mulheres nas tradições islâmicas

Nas sociedades da época em que o Corão foi escrito, a igualdade entre mulheres e homens não era comum. Porém, em alguns aspectos, as leis islâmicas reconheciam direitos que grande parte das mulheres de outras culturas não tinha, como o de serem tratadas com respeito pelos maridos ou herdar seus bens se ficassem viúvas.

De acordo com os princípios do Corão, é permitido que um homem tenha várias esposas e filhos com cada uma delas, desde que ele consiga sustentar a todos. Esse costume, chamado poligamia, teria sido uma estratégia cultural dos árabes para estimular o crescimento populacional com a formação de novas famílias, pois, nas guerras de expansão do Império Árabe, muitos homens morriam.

A situação das mulheres, atualmente, não é a mesma em todos os países muçulmanos, pois varia conforme a organização social, política, econômica e as tradições culturais de cada local. Na Turquia, há leis avançadas – se comparadas às da maioria dos países muçulmanos – em relação à igualdade entre homens e mulheres e à proteção de seus direitos humanos. A participação das mulheres egípcias foi expressiva nos protestos que derrubaram o governo do ditador Mubarak, em 2011, mas há relatos de que muitas sofreram humilhação e violência das forças militares que defendiam o governo.

Na Arábia Saudita, onde se localizam as duas principais cidades do islamismo – Meca e Medina –, as mulheres precisam de autorização dos homens para viajar, abrir conta em banco ou aceitar um emprego; a tradição local também impede que dirijam automóveis. Em 2015 foi anunciado pelo governo o direito ao voto feminino nas eleições; entretanto, a notícia não diminuiu a luta de ativistas, como Wajeha Al-Huwaider, pelo fim do controle masculino sobre o dia a dia das mulheres sauditas.

No Paquistão, a jovem Malala Yousafzai arriscou a vida para defender na internet a educação de meninas em seu país. Recuperada de um atentado, ela ganhou vários prêmios, incluindo o Nobel da Paz em 2014, e prossegue sua campanha.

Ampliar

Sob o véu do Islã
Brasil, 2012.
Direção: Luiz Carlos Lucena, 70 min.
Documentário sobre os motivos que levam brasileiras a aderir ao islamismo, como se sentem e como vivem, o que representa o véu e como elas veem e usam esse acessório característico da religião.

Eu sou Malala,
de Malala Yousafzai e Patricia McCormick (Seguinte).
Autobiografia da paquistanesa Malala Yousafzai, ganhadora do prêmio Nobel da Paz em 2014 por defender o direito de educação das meninas em seu país.

Mulheres iranianas protestam contra o uso obrigatório do véu islâmico. Irã, 2018.

Mulheres protestam contra a proibição do uso do véu na França. Nas placas se lê "Meu niqab, meu direito" e "Pare com a condescendência contra as mulheres". Laore, Paquistão, 2011.

Em alguns países da Europa, a lei proíbe o uso do véu islâmico em público, alegando que, por motivos de segurança, o rosto das pessoas deve estar visível.

Pontos de vista

Malês: os primeiros muçulmanos do Brasil

A religião islâmica chegou à África transmitida pelos comerciantes árabes. Inicialmente, reis e guerreiros dos povos africanos converteram-se ao islamismo. Aos poucos, a nova religião foi divulgada entre as outras camadas daquelas sociedades.

A partir do século XVI, quando os portugueses começaram a colonizar o Brasil, inúmeros africanos foram trazidos para cá como escravos; entre eles havia muitos muçulmanos. Eles eram chamados de malês, palavra cuja origem vem de *imale*, que na língua africana iorubá significa "seguidor do islamismo".

Uma das formas de resistir à escravidão foi manter sua cultura e suas tradições religiosas. Nas cidades brasileiras viviam pessoas de diferentes profissões e camadas sociais. Nelas o controle sobre os escravos era relativamente menor do que nas lavouras. Assim, os escravos muçulmanos que trabalhavam nas cidades encontraram meios para fazer suas orações, jejuar no mês de Ramadã, ler o Corão, mantendo sua fé. Era costume entre esses escravos usar cavanhaque e carregar junto ao corpo versículos do Corão guardados em pequenas bolsas.

Os escravos muçulmanos estavam presentes em diferentes regiões do Brasil, principalmente na Bahia. Em 1835, quando o Brasil já era independente de Portugal, ocorreu em Salvador a Revolta dos Malês.

Com base nos princípios de igualdade e justiça do Corão, os escravos enfrentaram as tropas do governo na luta pela liberdade. Os rebeldes foram derrotados, mas contribuíram para reforçar os debates sobre o fim da escravidão que ocorriam na época.

Marina de Mello e Sousa. *África e Brasil africano*.
São Paulo: Ática, 2006.

Arquivo Público da Bahia, Salvador

Manuscrito apreendido durante a Revolta dos Malês, 1835.

> Geralmente, os amuletos continham trechos do Corão, orações ou desenhos considerados poderosos e protetores. Eram escritos em pequenos pedaços de papel e dobrados muitas vezes, embrulhados em pano ou couro, pendurados no pescoço e utilizados como amuleto.

1. De acordo com o texto, há quanto tempo a religião muçulmana chegou ao Brasil?
2. Explique a afirmação: "Embora Portugal fosse um país católico, sua colonização no Brasil trouxe para cá os primeiros muçulmanos".
3. Por que alguns africanos escravizados trazidos ao Brasil eram denominados "malês"?
4. Identifique as práticas muçulmanas mantidas no Brasil pelos malês escravizados.

1 O episódio da fuga de Maomé da cidade de Meca é chamado de Hégira e dá início ao calendário muçulmano. Sabendo que a Hégira ocorreu no ano de 622 do calendário cristão, qual é o ano atual no calendário muçulmano?

2 Compare as primeiras crenças dos árabes com a religião islâmica adotada por eles a partir do século VII.

3 Justifique a afirmativa: "Na história árabe, Maomé foi um líder religioso e um líder político".

4 O governo de Maomé marcou a centralização política das tribos árabes, enquanto os governos dos califas realizaram a expansão territorial árabe.

a) Quais foram as principais atividades econômicas desenvolvidas no Império Árabe?

b) Identifique uma situação interna que enfraqueceu o Império Árabe.

c) Agora, identifique uma situação externa que enfraqueceu esse império.

5 Observe novamente a tabela dos algarismos indo-arábicos entre os séculos XII e XVI (na página 219), e responda:

a) Atualmente, como são representados os números indicados na tabela?

b) O sistema numérico indo-arábico é bastante utilizado no mundo atual. Por que ele recebeu esse nome?

6 O islamismo orienta os muçulmanos em seu cotidiano, ele é a base de seus valores e costumes. Comente três exemplos da influência do islamismo no dia a dia dos fiéis.

7 Em grupo, elabore com os colegas um folheto ou cartaz para divulgar às outras turmas da escola alguns dos costumes e tradições árabes. Se quiserem mais informações, vocês podem acessar *sites* relacionados à cultura árabe, como:

- Centro Islâmico do Brasil – Departamento Cultural. Disponível em: ‹www.arresala.org.br›. Acesso em: ago. 2018.
- Instituto da Cultura Árabe. Disponível em: ‹www.icarabe.org›. Acesso em: ago. 2018.

Depois de prontos os folhetos ou cartazes, exponham-no no mural da escola para compartilhá--los com a comunidade escolar.

8 Observe a imagem e converse com os colegas sobre as questões a seguir.

a) O que chama sua atenção na arquitetura do lugar representado na fotografia?

b) Esse templo religioso é frequentado por fiéis de qual religião?

c) A construção desse templo religioso está relacionada à história de qual povo?

Celebração Eid Al Adha, na Mesquita Brasil. São Paulo (SP), 2018.

Visualização

IMPÉRIO BIZANTINO

Características
- Império Romano do Oriente
- Constantinopla
  - Capital estratégica
  - Força política regional
  - Limite entre Ocidente e Oriente
- Prosperidade econômica
- Forte estrutura religiosa
- Sincretismo e intercâmbio cultural
  - Legado cultural rico e diversificado

Cultura
- Elementos ocidentais e orientais
- Arte sacra
  - Representação da autoridade imperial
- Mosaicos

Religião
- Cristianismo: religião oficial
  - Perseguição aos não praticantes
- Papa, líder da Igreja no Ocidente, em Roma
- Patriarca, líder da Igreja no Oriente e apoiador do Papa, em Constantinopla
- Aumento das diferenças
  - Forma de pensar
  - Mudança nos rituais
- Aliança entre Estado e Igreja
- Cisma do Oriente
  - Igreja Católica Apostólica Romana e Igreja Cristã Ortodoxa

Economia
- Agricultura
- Comércio
  - Especiarias
  - Artesanato
  - Produtos de origem variadas
- Diversas rotas comerciais

Sociedade e política
- Expansão territorial
  - Retomada de territórios do Império do Ocidente
  - Financiamento: aumento de impostos
- Enfraquecimento e revoltas
- Invasões
- Código de Justiniano
- Camadas superiores
  - Imperador
  - Nobres
  - Proprietários de terras
  - Grandes comerciantes
  - Funcionários do governo
  - Membros da Igreja
- Camadas inferiores
  - Pequenos comerciantes
  - Artesãos
  - Camponeses
  - Pessoas escravizadas

Retomar

1. Explique como se formou o Império Romano do Oriente.

2. Explique como se formou o Império Árabe.

3. Comente a importância do imperador Justiniano para o Império Romano do Oriente.

4. Comente a importância de Maomé para o Império Árabe.

5. Tanto no Império Romano do Oriente quanto no Império Árabe ocorreram mudanças na religião das respectivas sociedades. Comente essas mudanças.

6. A liberdade religiosa é um direito garantido por lei, mas nem sempre as pessoas respeitam a religião alheia. Infelizmente, a intolerância religiosa é um sério problema social atualmente. Em dupla, elabore sugestões para que as pessoas da escola e de sua comunidade se conscientizem da necessidade de conviver respeitosamente com pessoas de todas as religiões.

7. O historiador árabe Ibne Caldune, que viveu na Península Ibérica no século XIV, afirmou, em um de seus relatos, que Deus havia criado

> [...] os dois minerais, o ouro e a prata, para representar o valor de todas as outras riquezas. Constituem para a maior parte dos homens os tesouros e riquezas a acumular. Se se procuram outros bens, é só com a intenção de obter seguidamente ouro e prata, graças às variações das cotações dessas mercadorias nos mercados. Ora, os dois metais preciosos estão ao abrigo dessas variações; estão assim na base dos ganhos, das riquezas e dos tesouros.
>
> Gustavo de Freitas (Org). *900 textos e documentos de História*. Lisboa: Plátano, 1977. v. 1, p. 126.

- O que o historiador quis dizer ao afirmar que o ouro e a prata estão na base de todos os ganhos, riquezas e tesouros?

8. O gráfico a seguir representa a distribuição dos fiéis das principais religiões em 2012.

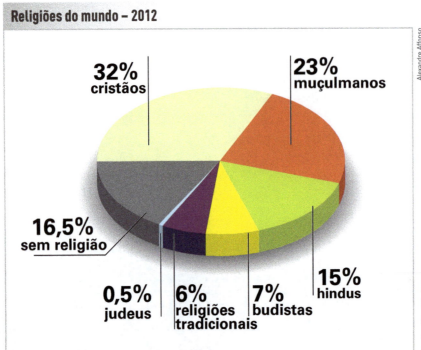

Fonte: Pew Research Center. Disponível em: <www.pewforum.org/2012/12/18/global-religious-landscape-exec/>. Acesso em: jul. 2018.

- Como vimos nesta Unidade, o islamismo é a religião que mais cresce no mundo. Como você explicaria esse aumento tão expressivo? Quais seriam os motivos?

9 A imagem a seguir é da Caaba. Observe-a e, em seguida, respondas às questões.

A Caaba é centro de peregrinação e é para onde o devoto muçulmano se volta durante as preces diárias.

Vista da Caaba. Meca, Arábia Saudita, 2017.

a) O que esse local representa para o islamismo?
b) Que objeto sagrado para essa religião está localizado na Caaba?

10 A cidade de Constantinopla foi o mais importante ponto de ligação entre o Ocidente e o Oriente. Observe o mapa abaixo e faça o que se pede.

Mapa elaborado no século XVI que representa a região do estreito de Bósforo e a cidade de Constantinopla.

- Que elementos do mapa indicam que ele se refere ao comércio em Constantinopla?

11 Observe novamente as duas fotografias da página 221. Elas representam situações diferentes, mas estão relacionadas ao mesmo assunto. Elabore uma hipótese para explicar por que há mulheres que protestam contra o uso obrigatório do véu islâmico e também há aquelas que não admitem ser proibidas de usá-lo.

UNIDADE 8

> **Antever**

Entre 2017 e 2018, algumas regiões do Brasil sofreram com surtos de febre amarela que deixaram centenas de doentes e provocaram a morte de quantidade significativa de pessoas. Apesar desses casos, é preciso reconhecer que o nível de desenvolvimento da medicina atualmente nos possibilita evitar que surtos como esse se transformem em epidemias mais graves. No caso da febre amarela, a ampla vacinação da população tem se mostrado a melhor forma de conter o vírus, que é transmitido pela picada de determinados mosquitos.

Isso não aconteceu durante a Idade Média. Ao longo do século XIV, o sistema feudal conviveu com uma série de dificuldades, entre as quais estava a rápida proliferação da peste bubônica em cidades, vilas e feudos europeus. Em um contexto marcado pela volta da fome generalizada e pelas guerras frequentes, a epidemia dessa doença agravou a situação social, causando, inclusive, inúmeras revoltas camponesas. Como você imagina que era o tratamento médico daquela época? Ele era capaz de conter epidemias como a peste?

Campanha contra Febre Amarela durante a partida de futebol no Estádio Maracanã. Rio de Janeiro (RJ), 2018.

Transformações no medievo europeu

CAPÍTULO 22
Cruzadas, guerras religiosas

Em 1999, líderes muçulmanos, católicos, budistas, judeus e de outras religiões se reuniram em Genebra, capital da Suíça, para assinar o chamado Apelo Espiritual de Genebra. O documento solicitava que as religiões não fossem mais usadas para justificar qualquer tipo de violência, discriminação e exclusão de pessoas de todo o mundo.

Desde então, o apelo tem sido bastante ignorado. Em diversas regiões do planeta acontecem cotidianamente conflitos armados, além de discriminações e exclusões diárias motivadas por diferenças religiosas.

zoom

1. Faça uma pesquisa sobre uma guerra recente ou atual que tenha motivações religiosas. Em seguida, escreva um parágrafo que explique esse conflito e suas relações com a religião.

2. Você já vivenciou ou presenciou alguma discriminação de motivação religiosa? Se sim, relate o caso para os colegas e discuta formas de evitar sua recorrência.

Representação de batalha entre cristãos e muçulmanos durante uma cruzada, século XIV, publicado no livro *Le Roman de Godefroi Bouillon*.

À direita, observam-se os cruzados; à esquerda, os muçulmanos.

A periodização da Idade Média

A Idade Média corresponde ao período da história da Europa ocidental compreendido entre os séculos V e XV. As sociedades europeias não viveram da mesma maneira ao longo desses mil anos. Para evidenciar as transformações que ocorreram na Europa durante a Idade Média, há historiadores que a dividem em três épocas: Alta Idade Média, Idade Média Central e Baixa Idade Média.

A **Alta Idade Média** (séculos V ao X) foi marcada pelas migrações germânicas e árabes para o continente, pela formação dos feudos e pelo fortalecimento do cristianismo (como vimos nas Unidades 6 e 7). Já a **Idade Média Central** (séculos XI ao XIII) foi uma fase caracterizada por conquistas de terras no Oriente e o desenvolvimento comercial e urbano (como veremos a seguir). A **Baixa Idade Média** (séculos XIV e XV), por sua vez, foi marcada por crises relacionadas com queda na produção agrícola, epidemias e guerras (como veremos nos capítulos 23 e 24).

Entretanto, qualquer periodização visa facilitar a compreensão dos processos históricos e deve ser vista com cautela.

Uma época de transformações

Entre os séculos XI e XIII, portanto durante a Idade Média Central, ocorreram profundas transformações no sistema feudal. Pouco a pouco, a sociedade europeia da época vivenciou a diminuição das guerras, o crescimento populacional, a ampliação das áreas de cultivo e o uso de técnicas agrícolas mais eficientes. Um novo cenário se formava: a busca de terras para a nobreza, a crescente produção de excedentes, o crescimento das cidades e o desenvolvimento do comércio.

Intensificou-se a circulação de gêneros agrícolas e artesanais cuja produção ocorria nos feudos e de artigos feitos nas cidades. Isso contribuiu para o crescimento das trocas comerciais entre a população rural e a urbana.

O crescimento da população

No século VIII, a conquista de parte das penínsulas Ibérica e Itálica pelos árabes, avançando até as fronteiras dos reinos feudais dos normandos e dos húngaros entre os séculos IX e X, intensificou as guerras de defesa promovidas pela nobreza europeia.

No entanto, ainda no século X, diminuíram as migrações de povos estrangeiros à Europa ocidental. Pouco a pouco, o ritmo das guerras caiu, dando lugar a períodos mais longos de paz. A nova fase resultou em queda no número de mortes e no crescimento populacional nos feudos.

Tornava-se necessário produzir mais alimentos. Para isso, foram ampliadas as áreas de cultivo dos feudos com a retirada de água dos pântanos e o desmatamento de parte dos bosques. Ao mesmo tempo, aperfeiçoaram-se ferramentas agrícolas, como o arado, que passou a ser feito de ferro (e não mais de madeira) e preso no lombo do boi (em vez do pescoço), conferindo-lhe maior mobilidade.

O rodízio trienal

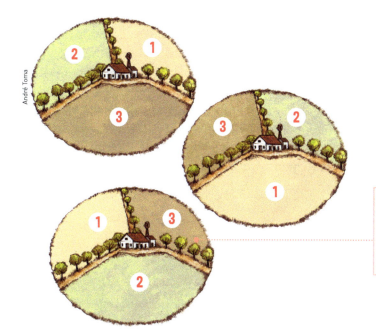

No sistema trienal, duas partes dos campos de cultivo eram usadas para o plantio de gêneros diferentes; por exemplo: cevada em uma parte (1) e trigo na outra (2). Ao mesmo tempo, a terceira parte (3) ficava sem produção agrícola (pousio) para que o solo recuperasse os nutrientes. Anualmente, havia rodízio entre as áreas em repouso e as áreas cultivadas; alternavam-se também os produtos cultivados.

Com o sistema trienal de produção e o uso frequente de adubo orgânico, as colheitas ficaram mais abundantes e aumentou o **excedente de produção** agrícola. A maior abundância de alimentos e a diminuição das guerras contribuíram para o crescimento da população que vivia nos feudos.

Glossário

Excedente de produção: sobra; quantidade de produção maior que a necessária para o consumo da comunidade.

Cristãos × muçulmanos

Na Europa ocidental, a Igreja Católica desfrutava de prestígio, tinha propriedades sob administração direta do clero e exercia marcante influência sobre os costumes, os conhecimentos e o modo de pensar da sociedade medieval – situação diferente da que enfrentava no Império Romano do Oriente. Lá, o poder da instituição estava enfraquecido pela constante expansão do islamismo e pelo Cisma que, no século XI, originou a Igreja Cristã Ortodoxa e rompeu a unidade do cristianismo.

Em fins do século XI, a cidade de Jerusalém, na Palestina, foi dominada pelo Império Turco, que passou a divulgar ali a religião islâmica, como havia acontecido em outros territórios dominados. O controle muçulmano sobre Jerusalém prejudicou as peregrinações de judeus e cristãos à cidade, considerada sagrada para as três religiões monoteístas da época.

Insatisfeito com o domínio muçulmano sobre Jerusalém, no ano de 1095, o papa Urbano II convocou os fiéis católicos a libertar a cidade da ocupação turca. Incentivados pelo clero católico, os nobres europeus atenderam ao pedido do papa e formaram expedições militares com destino à Terra Santa.

Assim, tiveram início as Cruzadas, nas quais os cristãos se dirigiram ao Oriente a fim de lutar contra os turcos.

> **Ampliar**
>
> **As Cruzadas,** de Ken Hills (Ática).
> Trata das vitórias e derrotas dos cruzados e aborda a importância da Terra Santa (Palestina) para os cristãos.

As Cruzadas

As expedições europeias levavam enormes bandeiras com uma cruz vermelha ao centro, representando a fé em Cristo. Elas foram chamadas de Cruzadas e seus integrantes de cruzados.

A Primeira Cruzada foi realizada em fins do século XI. Ela reuniu milhares de pessoas dispostas a seguir viagem até o Oriente, onde defenderiam sua religião contra o avanço muçulmano.

Os cristãos obtiveram uma vitória inicial. No entanto, cerca de cem anos depois, os turcos ocuparam novamente Jerusalém, situação que provocou a formação de seis novas Cruzadas, realizadas entre os séculos XII e XIII.

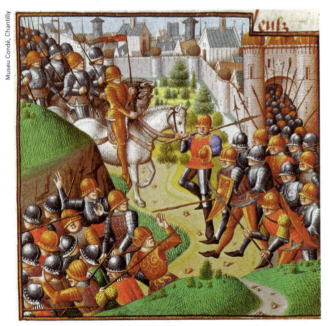

Captura da cidade de Antioquia em 1098, durante a Primeira Cruzada. Iluminura do livro *Le Miroir Historial*, de Vincent de Beauvais, século XV.

Interesses além da religião

A religiosidade dos cruzados logo se misturou a outros interesses da sociedade medieval. Diante das poucas terras disponíveis na Europa, muitos nobres desejavam conquistar terras no Oriente e estender para lá as relações entre suseranos e vassalos. Alguns camponeses viram nas Cruzadas a oportunidade de melhorar suas condições de vida, rompendo as obrigações que deviam aos senhores feudais. Ao clero interessava ampliar o poder e a influência da Igreja Católica no Oriente e conter o avanço do islamismo.

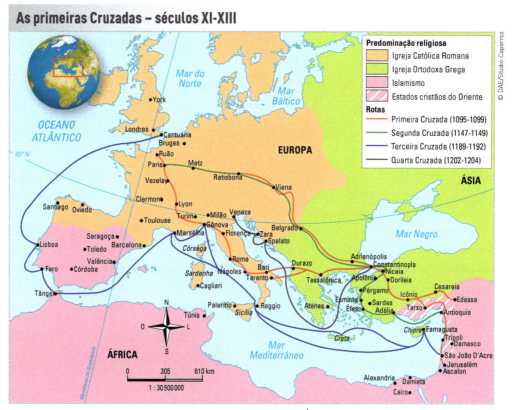

Fonte: José Jobson de A. Arruda. *Atlas histórico básico*. 17. ed. São Paulo: Ática, 2011. p. 16.

Também participaram das expedições alguns mercadores, que compunham uma camada social pouco numerosa na época e pretendiam comprar artigos orientais e revendê-los na Europa. Interessava-lhes ampliar os contatos com a cidade de Constantinopla, que era ao mesmo tempo capital do Império Romano do Oriente e um dos mais importantes centros do comércio oriental. Por isso, lideraram a Quarta Cruzada, conhecida como "cruzada dos comerciantes", que partiu de Veneza a Constantinopla e nem sequer passou pela Terra Santa.

As promessas da Igreja Católica

Além das Cruzadas organizadas pelo clero e por reis e nobres, houve Cruzadas populares, formadas por gente humilde guiada, sobretudo, pela fé em Deus. A Igreja Católica divulgava a ideia de que, ao participar das Cruzadas e ajudar a libertar a Terra Santa do domínio muçulmano, os fiéis receberiam perdão por seus pecados e a vida eterna no céu. Dispostos a defender sua crença, os cruzados católicos praticaram atos de violência contra os turcos, vistos como infiéis por acreditarem em Alá e seguirem a religião islâmica.

Essa cruzada foi iniciada na França, no princípio de 1096, e dizimada em agosto do mesmo ano nas proximidades de Constantinopla, ainda bem distante de Jerusalém.

Pedro, o Eremita, liderando a Cruzada Popular ou Cruzada dos Mendigos, século XIV.

Conviver

Análise de um filme histórico

Os filmes que abordam temas históricos são recomendados para ampliar o conhecimento e possibilitar novas interpretações.

No entanto, o enredo de filmes baseados em temas da história e a forma pela qual apresentam os fatos não são o retrato fiel e exato do passado. O enredo é criado com base em pesquisas históricas e dados coletados e selecionados pela equipe de produção. Em outras palavras, a abordagem do filme representa uma das interpretações possíveis sobre um tema, e não a única interpretação, nem a mais correta. Trata-se de uma representação do passado feita com base no ponto de vista do diretor do filme e de sua equipe de produção.

Para analisar filmes como fonte histórica, procure:

1. conhecer a ficha técnica do filme (sinopse, direção e ano de produção);
2. perceber as relações entre o contexto histórico representado no filme e o contexto da época em que ele foi feito;
3. identificar a mensagem que o filme transmite e refletir sobre sua contribuição para a época em que foi produzido;
4. trocar ideias com outros espectadores para refletir se a mensagem do filme continua válida.

Em seguida, reunidos em grupo, você e os colegas assistirão ao filme *Cruzada: uma jornada através do tempo* (Holanda/Bélgica/Luxemburgo/Alemanha, 2006. Direção: Ben Sombogaart).

Sinopse: Dolf é filho de uma cientista que está desenvolvendo uma máquina do tempo. Para tentar mudar o placar de um jogo de futebol que seu time acaba de perder, ele decide fazer uma experiência de voltar no tempo. No entanto, um defeito na máquina faz com que Dolf volte à Idade Média, onde passa a viver perigosas aventuras na Cruzada das Crianças.

Cena do filme *Cruzada: uma jornada através do tempo*.

1. Após assistirem ao filme, discutam as questões a seguir.
    a) Que diferenças e semelhanças vocês observam entre a Idade Média e os dias atuais?
    b) Que valores e comportamentos das crianças e dos jovens da Idade Média foram representados no filme? E os da atualidade (representados por Dolf)?
    c) Quais são os sentimentos e os comportamentos dos protagonistas em relação ao mundo novo que passam a conhecer?
    d) Como a Igreja foi representada no filme?
    e) Ao final, qual é a mensagem do filme?

1. A partir do século XI, houve crescimento da população europeia e aumento da produção agrícola. No contexto europeu da época, qual era a relação entre esses dois fatos?

2. Vimos que o sistema trienal possibilitou maior aproveitamento do solo. Por quê?

3. Leia o trecho a seguir e, depois, faça o que se pede.

> As Cruzadas foram expedições militares de guerreiros europeus, inicialmente de inspiração religiosa, cujo objetivo principal era libertar Jerusalém do controle árabe. A primeira cruzada foi decretada pelo papa Urbano II em 1095. A última, liderada pelo rei francês São Luís, terminou em 1270. Do ponto de vista político, as expedições ao Oriente garantiram territórios importantes aos cristãos. Além do fortalecimento das relações comerciais, no decurso das Cruzadas houve um acréscimo no intercâmbio intelectual e artístico entre o mundo cristão e o mundo árabe, malgrado o fato de que ambos possuíam culturas distintas, em alguns casos opostas.
>
> Paul Rousset apud José Rivair Macedo. *Movimentos populares na Idade Média*. São Paulo: Moderna, 1993. p. 16.

   a) De acordo com o texto, quantos anos duraram as Cruzadas?
   b) Identifique o motivo religioso das Cruzadas citado no texto.
   c) Segundo o historiador Paul Rousset, autor do texto acima, quais foram os resultados das Cruzadas dos pontos de vista político, econômico e cultural?
   d) Anote no caderno apenas a(s) afirmativa(s) correta(s) em relação ao texto.
   - I. A diferença cultural impediu o intercâmbio cultural entre cristãos e árabes.
   - II. Apesar de ambos possuírem culturas próprias, houve intercâmbio cultural entre cristãos e árabes.
   - III. As Cruzadas tornaram opostas a cultura cristã e a árabe.

4. Além da religião, as Cruzadas tiveram outras motivações. Mencione duas delas e as relacione aos respectivos grupos sociais.

5. Observe novamente o mapa da página 233 para responder as questões a seguir.
   a) Qual Cruzada teve menor duração? Até onde ela conseguiu chegar?
   b) Qual Cruzada percorreu a maior distância por vias marítimas?
   c) Que Cruzada percorreu a menor distância? Quanto tempo ela durou? De onde ela partiu e para onde se dirigiu?

6. Observe a imagem, leia a legenda e faça o que se pede.
   a) É possível perceber algumas das mudanças que ocorreram no período retratado? Justifique sua resposta.
   b) Que impressão se pode ter da vida cotidiana nesse núcleo urbano? Quais seriam as atividades de seus moradores?

7. Que dificuldades você imagina que os cruzados enfrentaram em suas viagens?

Ambrogio Lorenzetti. *Alegoria do Bom e do Mau Governo*, c. 1337 a 1339. Afresco (detalhe).

O tema da obra sugere a crescente importância da vida urbana europeia entre os séculos XI e XIII.

CAPÍTULO 23

Reis, burgueses e comércio

Você já reparou que as transformações econômicas podem impactar bastante nossa vida? Quando a economia de um país está bem, a oferta de empregos aumenta e as pessoas têm mais facilidade para arrumar um trabalho. Dessa maneira, elas conseguem ganhar dinheiro para pagar suas contas, entre outras coisas. Por outro lado, quando a economia de um país vai mal, o desemprego tende a aumentar, diminuindo oportunidades para os trabalhadores. Caso muitos deles fiquem sem emprego, sua renda fica comprometida, o que dificulta o pagamento das despesas mais básicas.

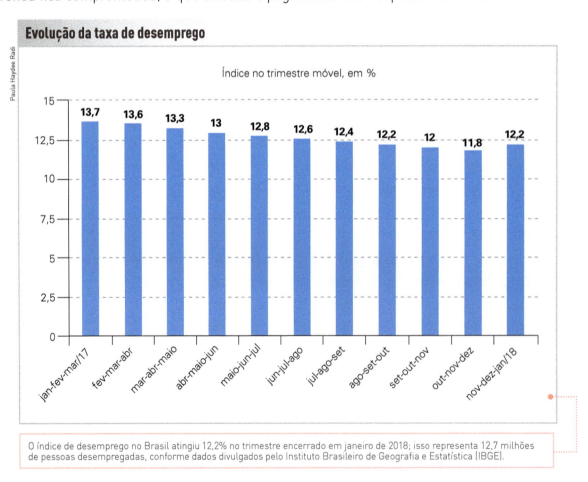

O índice de desemprego no Brasil atingiu 12,2% no trimestre encerrado em janeiro de 2018; isso representa 12,7 milhões de pessoas desempregadas, conforme dados divulgados pelo Instituto Brasileiro de Geografia e Estatística (IBGE).

Fonte: Confederação das Associações Comerciais e Empresariais do Brasil. *Desemprego fica em 12,2% em janeiro de 2018 e atinge 12,7 milhões de pessoas*. Disponível em: <https://cacb.org.br/desemprego-fica-em-122-em-janeiro-de-2018-e-atinge-127-milhoes-de-pessoas>. Acesso em: jun. 2018.

Como se pode notar, quanto mais profundas forem as transformações econômicas vivenciadas em uma época, mais elas podem impactar o conjunto de uma sociedade.

No período final da Idade Média, uma série de mudanças econômicas também repercutiu na estrutura da sociedade medieval, afetando profundamente o dia a dia das pessoas que viveram naquela época.

Crescimento do comércio

As Cruzadas provocaram um acentuado processo de transformações na sociedade medieval europeia. As expedições ao Oriente colocaram clérigos, nobres, comerciantes e camponeses em contato com objetos, utensílios, alimentos e modos de vida até então desconhecidos por eles. Interessados em ampliar seus negócios, os comerciantes participavam das Cruzadas para comprar mercadorias orientais e revendê-las na Europa. Os preços, muito altos, eram acessíveis somente aos membros do clero e da nobreza.

Os mercadores de Veneza e Gênova

Os mercadores venezianos e genoveses passaram a controlar as rotas comerciais no Mar Mediterrâneo, que na época era a principal via de acesso ao Oriente, e chegaram a diferentes cidades da região, sobretudo Constantinopla e Cairo.

Lá, negociavam com os árabes comprando deles as especiarias, como açúcar, pimenta-do-reino, gengibre, noz-moscada, cravo e canela. Adquiriam também cristais, joias, tecidos de seda e objetos de porcelana originários da China.

Com esses produtos em mãos, os europeus retornavam à Europa e ali revendiam a outros comerciantes as especiarias e os artigos de luxo obtidos de terras distantes. Nas cidades e feiras europeias, o uso de moedas nas transações comerciais cresceu e substituiu o escambo. Pouco a pouco, a **economia monetária** firmava-se no continente europeu.

> **Glossário**
>
> **Economia monetária:** economia em que predomina o uso de moedas nas trocas comerciais e no pagamento de salários e de serviços.

Nasce uma nova camada social

O desenvolvimento comercial na Europa provocou a formação de algumas cidades e o crescimento de outras. Como inicialmente eram conhecidas por burgos, seus habitantes formaram um novo grupo social: a burguesia.

Os burgueses praticavam sobretudo atividades relacionadas ao comércio. Os mercadores vendiam e revendiam produtos; os artesãos produziam artigos diversos, como roupas, calçados, móveis, tecidos, utensílios domésticos etc.; os banqueiros faziam empréstimos; os cambistas trocavam moedas estrangeiras pelas locais.

Quentin Matsys. *O banqueiro e sua esposa*, 1514. Óleo sobre tela, 70,5 cm × 67 cm (detalhe).

Museu do Louvre, Paris

> A obra representa características que surgiram na Europa em fins da Idade Média. Seu título faz referência à nova camada da sociedade europeia – os burgueses –, e a cena sugere a contagem das moedas pelo casal.

Corporações de ofício e guildas

Cristoforo de Predis. *Relojoeiro*, c. 1470.

Com o tempo, os burgueses se organizaram para melhor desenvolver suas atividades. Os artesãos formaram corporações de ofício, isto é, associações de artesãos que trabalhavam em um mesmo ramo. Assim, havia corporações de alfaiates, de sapateiros, de carpinteiros, de tecelões, de ferreiros etc. Cada corporação de ofício estabelecia regras que deveriam ser respeitadas por todos os artesãos que nela trabalhassem.

O objetivo da organização em corporações era, por exemplo, evitar que houvesse uma concorrência desleal entre artesãos de um mesmo ofício e defender os interesses de seus integrantes. Dessa forma, negociavam um preço considerado justo para os artesãos venderem sua produção aos comerciantes, davam ajuda financeira às viúvas e aos órfãos de artesãos e definiam a jornada de trabalho das oficinas artesanais.

Os mercadores, os banqueiros e os cambistas organizaram-se em guildas, associações que defendiam seus interesses determinando as regiões em que os associados deveriam atuar, os preços dos produtos que vendiam e as taxas de juros que seriam cobradas pelos empréstimos.

A visão do clero

Os lucros obtidos pela burguesia em seus negócios passaram a ser criticados pelos clérigos. Para a Igreja Católica, o ganho com as transações comerciais deveria ser equivalente ao trabalho realizado pelo burguês. Além de desaprovar os lucros excessivos na venda de mercadorias, a Igreja condenava a usura, isto é, a cobrança de juros sobre os empréstimos. Ela afirmava que, moralmente, os juros eram uma forma de explorar alguém que estava necessitado, sendo dever do cristão auxiliá-lo sem tirar vantagem de sua dificuldade. O clero argumentava que os negócios deveriam ser feitos com base no justo preço do produto, a fim de que não houvesse prejuízo para ninguém.

Representação de cena em uma "casa de moedas". Ilustração publicada em *Tratado sobre os vícios*, de Cocharelli de Gênova, manuscrito do final do século XIV ilustrado por Cibo, monge de Hyères.

Viver

O consumo e os juros em nosso dia a dia

No mundo de hoje, a cobrança de juros pode ser relacionada a diversas situações do cotidiano de muitas pessoas e famílias: empréstimos, compras pagas a prazo, pagamento em atraso de impostos e de boletos bancários, aplicações financeiras etc.

O Brasil está entre os países com as maiores taxas de juros. Por isso, é preciso muita cautela antes de tomar empréstimo bancário ou financiar compras. Em geral, os juros cobrados sobre essas operações são altos, elevando bastante o valor a ser pago pelo dinheiro emprestado ou pelo bem financiado.

É importante saber que fazer compra parcelada com juros é sempre mais caro que realizá-la com pagamento à vista ou pagá-la em menos parcelas sem juros (quando esta opção está disponível). Antes de fechar uma compra parcelada com juros, recomenda-se não considerar apenas o valor da prestação, mas somar o valor de cada parcela para calcular quanto se gastará ao todo.

Há casos em que os juros cobrados sobre o parcelamento encarecem o produto em até três vezes! Na prática, isso significa que a pessoa precisará trabalhar muito mais para pagar os juros da compra parcelada do que se adiasse a compra até poupar o valor para pagá-la sem juros.

Uma opção melhor é adiar a compra por tempo determinado e depositar mensalmente um valor na poupança. Assim, além do dinheiro guardado, ganham-se juros a fim de acumular o necessário para adquirir o bem, podendo pagá-lo à vista; essa atitude evita, inclusive, o perigo das compras feitas por impulso.

A sala de aula é um bom lugar para aprender a usar o dinheiro e gastá-lo na hora certa, na medida da necessidade de cada um. Atualmente, existem estudos e pesquisas sobre Educação Financeira que propõem formas de ensinar esse importante assunto. Espera-se que professores, educadores, gestores e a comunidade escolar como um todo desenvolvam, com alunos e famílias, hábitos de planejamento financeiro e de consumo consciente e sustentável.

A Educação Financeira ensinada para os jovens permite que se planeje e construa um futuro em que os cidadãos se respeitem uns aos outros e também o ambiente em que vivem.

Se aprendermos alguns bons hábitos desde pequenos e os compartilharmos com os colegas, será cada vez maior o número de pessoas que sabem gastar uma parte do que recebem para comprar o necessário, mas também conseguem guardar outra parte para realizar seus sonhos.

❶ Você sabia que existem diversas modalidades de crédito pessoal sobre as quais são aplicados juros elevados? Esse é o caso do cheque especial e do cartão de crédito. Reúna-se com alguns colegas e pesquisem o assunto buscando a quantidade de juros de ambas as modalidades. Em seguida, discutam se, na Idade Média, essa quantidade de juros seria considerada usura ou não.

Loja de eletrodomésticos faz propaganda para valores à vista e a prazo. São Francisco do Sul (SC), 2016.

Efeitos do renascimento urbano e comercial

A expansão urbana e comercial que ocorreu na Europa entre os séculos XI e XIV influenciou a produção cultural europeia. Aos poucos, os conhecimentos deixaram de ser exclusivamente controlados pelo clero e organizaram-se escolas e universidades frequentadas por burgueses, onde aprendiam Matemática, Gramática, Lógica, Música e **Retórica**.

O desenvolvimento urbano e comercial alterou as relações sociais entre camponeses e senhores feudais. Alguns deles permitiram que os camponeses fossem periodicamente às cidades para vender parte da produção do feudo. Depois, cobravam dos servos tributos em moedas, usadas posteriormente pelos nobres para pagar as mercadorias de luxo que consumiam. Nesse contexto, muitos servos começaram a abandonar os feudos e migrar para as cidades em busca tanto de trabalho como artesãos quanto de melhores condições de vida.

Isso provocou um crescimento urbano desordenado. As cidades tinham ruas estreitas e sujas; as moradias eram habitações precárias, umas coladas às outras, geralmente de dois andares. A falta de saneamento básico e a infestação de mosquitos, baratas e ratos facilitavam a transmissão de doenças entre a população urbana. Ao redor das cidades medievais era comum a construção de muralhas de pedra a fim de protegê-las de guerras e invasões. Conforme cresciam, novas muralhas eram erguidas, sem que as anteriores fossem destruídas.

> **Glossário**
> **Retórica:** arte de falar bem em público utilizando argumentos para o convencimento de determinadas ideias e opiniões.

Locronan, pequena aldeia medieval. Região da Bretanha, França, 2015.

Muitas cidades europeias que tiveram origem na Baixa Idade Média são atualmente polos de turismo. Sua arquitetura, o traçado das ruas e as construções medievais atraem pessoas de diferentes nacionalidades, movimentando a economia local.

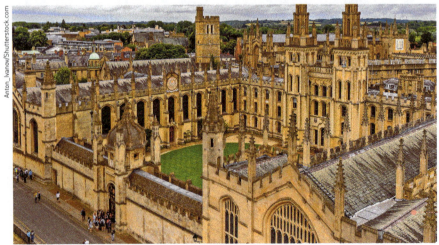

Universidade de Oxford, fundada em cerca de 1096. Oxford, Inglaterra, 2016.

São diversos os exemplos de universidades europeias que, fundadas na Baixa Idade Média, ainda permanecem em funcionamento.

Declínio da nobreza

Ao longo do século XI, a falta de terras disponíveis na Europa dificultou a formação de novos feudos e a ampliação da rede de suseranos e vassalos. Lentamente, cresceram as migrações camponesas para as áreas urbanas. Entre os servos que permaneceram nas propriedades senhoriais, muitos participaram de revoltas contra a exploração do trabalho e reivindicaram o fim das obrigações pagas aos senhores feudais.

Durante a Idade Média Central, o desenvolvimento do comércio e o fortalecimento da economia monetária mudaram o critério de riqueza. A terra, considerada o principal bem, foi gradualmente substituída pela quantidade de moedas que a pessoa possuísse. Alguns nobres faziam empréstimos com os banqueiros a fim de consumir as muitas mercadorias oferecidas pela burguesia.

Essas situações foram, aos poucos, diminuindo o poder dos nobres.

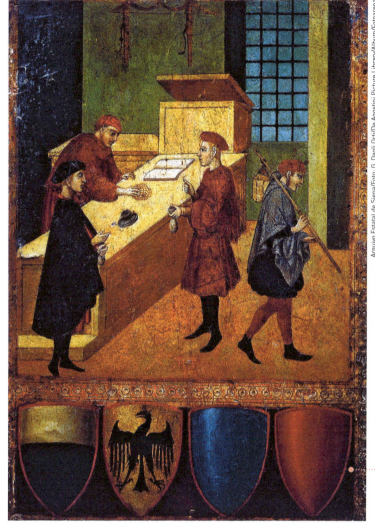

Sano di Pietro. Trabalhador recebendo pagamento em dinheiro de um banqueiro, século XV. Têmpera sobre lona, 28 cm × 41 cm.

A obra representa a crescente presença da economia monetária nas transações europeias da época.

zoom: Durante a Idade Média Central as moedas eram feitas de metais preciosos e seu valor era equivalente ao seu peso, fosse ouro, prata ou cobre. A cena representada nessa obra do século XV seria possível nos dias de hoje? Por quê?

Aliança entre rei e burguesia

Naquele contexto, a burguesia passou a demandar melhorias para ampliar seus negócios, entre elas a segurança nas estradas contra assaltos, o fim dos impostos cobrados pelos senhores feudais pela travessia de suas propriedades e a criação de moeda única em substituição às moedas locais.

Uma forma de atingir esses objetivos era a centralização política. Assim, em diversos reinos europeus, os burgueses começaram a apoiar o monarca e o fortalecimento de seu poder, financiando exércitos comandados por reis, por exemplo. Em troca do apoio oferecido pela burguesia, os governantes implementavam medidas de incentivo ao crescimento comercial em seus respectivos reinos. Aos poucos, as fronteiras dos reinos eram definidas e eles impunham sua autoridade sobre a população.

Enquanto o poder real aumentava, o da nobreza diminuía. A aliança entre reis e burgueses foi vantajosa para os dois lados. No entanto, o processo de centralização não foi único em cada reino e não ocorreu ao mesmo tempo, ou da mesma forma, em todos os reinos europeus da época.

Documentos em foco

Centralização política na Península Ibérica

A centralização política de Portugal e Espanha foi resultado da Guerra de Reconquista, iniciada no século VIII pelos cristãos da Península Ibérica contra o domínio árabe em seu território. As terras sob poder dos árabes, chamadas de Al-Andaluz, ocupavam a maior parte da península, onde se desenvolveu uma cultura que combinou elementos cristãos, árabes e judaicos.

A longa luta contra os árabes tornou necessária a organização de reinos cristãos, como Leão, Castela, Navarra e Aragão. Neles, os reis controlavam o clero e a nobreza, comandavam os exércitos e exploravam as terras conquistadas.

Em 1139, o pequeno Condado Portucalense proclamou-se independente do Reino de Leão, dando origem a Portugal. Os portugueses continuaram combatendo os árabes até 1250, quando os expulsaram e completaram a formação territorial de seu reino.

Após longo processo de luta contra os mouros (nome dado aos muçulmanos da Península Ibérica), os reinos de Leão, Castela, Navarra e Aragão unificaram-se, formando a **Espanha** em meados do século XV.

Veja, a seguir, os mapas da Península Ibérica nos séculos IX, XII e XIII.

Fonte: Hermann Kinder e Werner Hilgemann. *Atlas histórico mundial (I): de los orígenes a la Revolución Francesa*. Madri: Akal, 2006. p. 192.

1. Por que a palavra **reconquista** deu nome a essa guerra?

2. Que passagem do texto indica o fortalecimento do poder real nos reinos cristãos da Península Ibérica, formados durante a Guerra de Reconquista?

3. Observe os mapas que representam a reconquista de territórios da Península Ibérica pelos cristãos e identifique qual foi a última região a ser recuperada do domínio mouro.

A Guerra dos Cem Anos

Entre 1337 e 1453, França e Inglaterra envolveram-se em um conflito que alternou períodos de combates e de tréguas, estendendo por mais de um século as disputas políticas e econômicas entre os reinos rivais.

Essas disputas ocorriam desde meados do século XI, quando os normandos que viviam no norte da França ocuparam territórios ingleses e começaram a administrá-los. Após sucessivos anos de presença francesa na Inglaterra, vários casamentos selaram alianças entre nobres e reis de ambos os reinos. No entanto, havia muitos representantes da nobreza que não aceitavam tal união de interesses e pretendiam recuperar a **soberania** sobre os territórios ingleses.

Em 1328, uma nova situação aumentou as tensões: o trono da França ficou vago e foi disputado pelo nobre francês Filipe de Valois e pelo monarca inglês Eduardo III, que, na condição de neto de um falecido rei francês, julgava-se no direito de unir as duas coroas. Insatisfeitos com a coroação de Valois, os ingleses iniciaram os confrontos em 1337.

> **Glossário**
> **Acirrar:** aprofundar.
> **Besta:** antiga arma composta de um arco de madeira ou aço, montado em uma base de apoio; suas extremidades são ligadas por uma corda que se estica por meio de mola e que, ao ser solta, arremessa setas curtas.
> **Soberania:** poder; autoridade.

Flandres em disputa

Outro motivo para a guerra foi a disputa pela região de Flandres, localizada ao norte da França. Importante produtora de tecidos de lã, a região foi conquistada pelo reino francês com o objetivo de controlar seu rico comércio. Os ingleses vendiam lã para os artesãos de Flandres e temiam que a dominação francesa pudesse prejudicar seus negócios, **acirrando** as rivalidades entre ambos.

Até o ano de 1360, os ingleses obtiveram significativas vitórias em solo francês. No mesmo período, a situação da França era agravada por epidemias e revoltas populares contra a nobreza e por oposição da burguesia à administração do monarca. Entre 1369 e 1375, o governo francês conseguiu recuperar territórios e restabelecer a ordem social interna.

Após uma trégua de mais de três décadas, os confrontos se reiniciaram quando o trono francês novamente ficou vago e voltou a ser disputado por um monarca inglês. A coroação do rei francês Carlos VII foi concretizada e, embora a cidade de Paris tenha sido cercada pelos ingleses, os franceses conseguiram derrotar os inimigos.

Representação da Batalha de Crécy na Guerra dos Cem Anos, travada em agosto de 1346.

O exército inglês, que saiu vitorioso nessa batalha, está representado à direita. Na imagem podemos observar o uso simultâneo de arcos longos e de **bestas**.

243

Um destaque feminino na guerra

Na Guerra dos Cem Anos, a coragem da jovem camponesa Joana d'Arc marcou a história da França. Filha de camponeses de origem humilde, por volta dos 13 anos ela começou a afirmar que ouvia vozes de anjos que a aconselhavam a lutar ao lado dos soldados franceses para libertar a França da ameaça inglesa.

Glossário

Delfim: título do príncipe herdeiro do trono da França.

Em 1429, com apenas 17 anos, Joana saiu da aldeia onde vivia, determinada a ser recebida pelo herdeiro do trono francês. Para isso, cortou o cabelo bem curto e vestiu-se como homem para percorrer o caminho de aproximadamente 500 quilômetros até a cidade de Chilon, onde estava escondido o **delfim**, que viria a ser coroado mais tarde como Carlos VII.

Chegando a Chilon, ela não foi levada a sério; no entanto, sabendo de sua insistência e de sua história surpreendente, o delfim decidiu recebê-la; em audiência com ele, Joana contou sobre as vozes e sobre o que acreditava ser sua missão de abençoá-lo, de derrotar os ingleses e de confirmá-lo como rei da França.

A firmeza de Joana d'Arc convenceu o rei a entregar-lhe o comando de uma tropa, com a qual ela libertou a cidade de Orléans dos inimigos ingleses; no mesmo ano, Carlos VII foi coroado rei da França. Joana continuou em combate contra os ingleses, até que foi capturada e levada a julgamento em um tribunal da Igreja Católica, onde foi acusada de bruxaria e de heresia.

Ela foi condenada e morta na fogueira em 1431, aos 19 anos. Desde 1922 ela é considerada a padroeira da França.

Joana d'Arc representada em ilustração publicada no livro *A vida das mulheres célebres*, de Antoine du Four, século XVI.

Ampliar

Joana d'Arc
França/EUA, 1999. Direção: Luc Besson, 160 min.
O filme retrata a jovem camponesa Joana d'Arc. Narra, de forma estilizada, sua luta contra os ingleses durante a Guerra dos Cem Anos (1337-1453).

Joana d'Arc,
de Mark Twain (Best Bolso).
Reconta a história de Joana d'Arc, uma das mais famosas personagem da história da França, com base em pesquisa nas memórias do Senhor Louis de Conte.

Em 1456, a Igreja Católica reconheceu que a condenação de Joana d'Arc, ocorrida 25 anos antes, fora um erro. Tanto que, depois de séculos de análises e considerações, em 1909 ela foi beatificada (declarada beata, bem-aventurada) e, em 1920, canonizada (declarada santa).

Atividades

1. Sobre as corporações de ofício medievais, responda às questões abaixo.
   a) Por que os burgueses as organizaram?
   b) Quais eram suas funções?

2. Explique o que eram as guildas medievais.

3. Observe a imagem abaixo. Depois, faça o que se pede.

Pieter Brueghel. *Festival, com performance teatral e procissão em homenagem a Santo Huberto e Santo Antonio*, 1632. Óleo sobre painel, 1,18 m × 1,58 m.

   a) Selecione entre as afirmações a seguir as características válidas para as feiras medievais e registre-as no caderno.
   - Funcionavam em locais isolados.
   - Atraíam grande número de pessoas.
   - Eram locais frequentados apenas por adultos.
   - Eram locais bastante organizados.
   - Eram realizadas ao ar livre.
   - Eram realizadas em galpões planejados para essa finalidade.
   - Eram especializadas apenas em um tipo de produto.
   - Muitos animais circulavam pelas feiras livres.

   b) Na região em que você mora existem feiras? Como funcionam? Qual comparação é possível fazer entre as feiras medievais e as atuais?

4. Na Baixa Idade Média, iniciou-se um processo em que o poder da nobreza europeia enfraqueceu, enquanto o poder dos monarcas, em seus respectivos reinos, foi-se ampliando. Sobre isso, faça o que se pede.
   a) Enumere as situações que levaram ao enfraquecimento do poder da nobreza medieval naquele contexto.
   b) Que camada da sociedade medieval se aliou aos monarcas europeus? Por quê?
   c) Justifique a afirmação: O poder dos reis aumentou e ocorreu a centralização política dos reinos europeus.

5. O desenvolvimento comercial e urbano europeu durante a Idade Média Central provocou transformações na organização social e econômica da época.
   a) Identifique as mudanças que ocorreram na relação entre servos e senhores feudais com base no desenvolvimento comercial e urbano europeu.
   b) Por que o desenvolvimento comercial europeu estimulou a economia monetária?

6. A Guerra dos Cem Anos foi um dos conflitos mais importantes da Idade Média. Usando seus conhecimentos sobre o tema, copie o quadro abaixo em seu caderno e preencha-o com as informações pedidas.

Guerra dos Cem Anos	
Reinos envolvidos	
Razões políticas que a provocaram	
Rivalidades econômicas que a provocaram	
Reino vitorioso	

7. O processo de centralização política dos reinos medievais da Península Ibérica culminou com a formação de Portugal e da Espanha e com o fortalecimento do poder de seus respectivos reis. Atualmente, esses países mantêm a monarquia como forma de governo? Pesquise o assunto e compare o tipo de governo desses dois países nos dias de hoje. Ao final, anote suas conclusões e apresente-as aos colegas.

Crise, arte e cotidiano

O combate à fome é, hoje, um dos principais desafios mundiais. Entre 2015 e 2016, o número de pessoas com fome no mundo voltou a crescer, impulsionado pelas guerras e pela crise econômica. De acordo com dados estimados pela Organização das Nações Unidas (ONU), esses anos registraram aproximadamente 815 milhões de pessoas que viviam com uma quantidade diária de calorias abaixo do recomendado para sua sobrevivência.

O Brasil, que apenas em 2014 deixou de figurar entre os países que compõem o mapa da fome – lista das nações nas quais mais de 5% da população se encontra insuficientemente alimentada – seguiu a mesma tendência.

Tanto em nosso país como nos demais, o aumento da fome dificilmente é resultado das questões naturais, pois a produção atual de alimentos seria suficiente para garantir o mínimo de calorias necessário para toda a população mundial.

Nesse aspecto, vivemos uma situação bastante diferente do período final da Idade Média, quando a fome era resultado de outros fatores.

Domenicus Custos. Gravura que representa uma cena de confronto entre camponeses e cavaleiros feudais, século XVI.

Fome e revoltas

Durante o século XIV, a agricultura europeia foi afetada por secas prolongadas e invernos rigorosos, provocando a diminuição da produção de alimentos e ocasionando períodos de fome.

Nessa época, camponeses começaram a se rebelar contra a miséria e a exploração às quais estavam submetidos nos **domínios senhoriais**. O centro desses movimentos concentrou-se na França, onde a crise foi bastante aguda, mas atingiu outras regiões da Europa, como a Inglaterra e a Península Itálica.

Em todos esses lugares, os camponeses começaram a invadir, saquear e destruir castelos. Em alguns casos, a violência colocou em risco a vida dos nobres. Os exércitos feudais reagiram prendendo revoltosos e matando líderes e milhares de camponeses.

A principal dessas revoltas foi a Jacquerie ou Revolta dos Jacques (termo francês usado na época para referir-se a camponeses), ocorrida entre maio e junho de 1358. Iniciada nos arredores de Paris, ela se expandiu pelo território francês graças à combinação entre peste negra, baixos salários dos camponeses, aumento de impostos, problemas advindos da Guerra dos Cem Anos e fome crônica da população.

Em razão de conflitos como esse, muitas áreas de cultivo ficaram destruídas ou abandonadas, prejudicando ainda mais a produção agrícola.

Vários nobres, assustados com as revoltas camponesas, diminuíram os impostos; outros aboliram a servidão em suas terras e passaram a empregar mão de obra paga em dinheiro.

As cidades atraíram parte dos camponeses que abandonavam os feudos e iam para os burgos em busca de trabalho e de melhores condições de vida. A carestia também chegou às cidades: os alimentos encareceram e a população urbana mais pobre não tinha condições de comprá-los. Até mesmo o trigo para fazer pães tornou-se escasso. A fome se alastrava e atingia, sobretudo, os setores mais humildes da população.

> **Glossário**
> **Domínio senhorial:** propriedade rural do senhor feudal.

zoom: Na imagem, que elementos levam o observador a concluir que os camponeses foram massacrados na Jacquerie?

Jean Froissart. *A Jacquerie em Meaux*. A iluminura representa a derrota da Jacquerie, em junho de 1358.

Documentos em foco

Leis para os camponeses

Em meados do século VII, o rei Rotário, do Reino da Lombardia, na Península Itálica, publicou um código de leis. Dele faziam parte as seguintes determinações para os camponeses que se rebelassem naquele reino:

> Se, em algumas de nossas terras, os rústicos ousarem tramar rebelião e se levantarem as armas, lutando contra qualquer um, se porventura roubarem escravos ou animais deixados pelo senhor na casa de um servo seu, então o senhor prejudicado deverá ser indenizado. Se o senhor for ferido pelos revoltosos, que esses últimos paguem uma indenização pela sua presunção. E se algum dos rústicos for morto, nenhuma indenização lhe será devida porque quem o matou o fez para defender o que possuía.
>
> *Edictum Rotharis Regis*. In: José Rivair Macedo. *Movimentos populares na Idade Média*. São Paulo: Moderna, 1993. p. 23.

1. Que expressão é utilizada no código de leis do rei Rotário para se referir aos camponeses? Caso você não conheça o significado dessa palavra, procure-o no dicionário.

2. Em sua opinião, por que foi utilizada no documento essa expressão, em vez do termo **camponeses**?

3. Com relação ao código de leis do rei Rotário, responda às questões.
   a) Quais atitudes dos camponeses seriam punidas naquele reino?
   b) Qual punição foi estabelecida aos camponeses rebeldes?

4. De acordo com as leis do rei Rotário, a morte de um camponês rebelde por um senhor era justificada. Você concorda com essa afirmação? Explique sua resposta.

Peste negra

A desnutrição da população europeia somada à falta de saneamento básico e às precárias condições de higiene formaram um ambiente propício às epidemias. A principal delas foi a peste negra, que provavelmente chegou à Europa nas embarcações que vinham do Oriente. Essas embarcações trouxeram ratos e pulgas infectados, que, inicialmente, atingiram os portos e as cidades da Península Itálica, cuja burguesia mantinha intensas trocas com os comerciantes árabes. Pouco a pouco, a peste se espalhou entre a população europeia.

Sem conhecer as razões da propagação da doença, muitos acusavam os italianos, os judeus, os leprosos e os estrangeiros de serem portadores da peste, crescendo a discriminação e a desconfiança em relação a eles.

Em diversas cidades foram criados locais de quarentena para os infectados. Calcula-se que um terço da população europeia tenha morrido em razão da peste negra, o que correspondia a aproximadamente 25 milhões de pessoas, distribuídas entre todas as camadas da sociedade. Muitas vezes, em cada caixão eram colocados dois ou três corpos, pois nem sempre havia espaço nos cemitérios para enterros individuais.

Viver

A difusão da peste negra durante a Idade Média e a forma de propagação do vírus da gripe atualmente pelo mundo têm diversas semelhanças. Levando isso em consideração, leia os textos e responda às questões a seguir.

A peste negra se espalha

[...] Sempre presente no Oriente, ela [a peste negra] atingiu a colônia genovesa de Caffa, na Crimeia, expressão da expansão territorial e comercial do Ocidente. Contra essa presença ocidental, os tártaros cercavam a colônia italiana quando a peste se manifestou em seu exército. Recorrendo àquilo que Jean-Noël Biraben chamou de "inovação na guerra bacteriológica", eles arremessaram cadáveres infectados por cima das muralhas genovesas.

Abandonando o local, os genoveses levaram a peste para Constantinopla, Messina, Gênova e Marselha. Destes portos ela difundiu-se pelo restante da Europa. [...]

Democrática e igualitária, a peste atingia indiferentemente a todos. [...] Ricos e pobres, organismos bem e mal alimentados, eram igualmente suscetíveis à peste. [...]

Hilário Franco Júnior. *A Idade Média: nascimento do Ocidente.* São Paulo: Brasiliense, 2001. p. 36.

Buscando alívio para a peste negra. Miniatura das crônicas de Aegidius Li Muisi, 1349.

Assim se propaga um vírus dentro de um avião

Em 25 de abril de 2009, a Organização Mundial da Saúde (OMS) alertou sobre um surto no México do que na época era conhecido como gripe suína, pedindo medidas para evitar sua propagação internacional. O que as autoridades de saúde não sabiam é que o vírus (a gripe A H1N1) já havia chegado a Auckland, na Nova Zelândia, a bordo de um avião. [...]

Horas antes de a OMS lançar seu alerta sobre a nova gripe, havia pousado no aeroporto de Auckland um Boeing 747 procedente de San Diego (EUA). Entre seus quase 400 passageiros, regressavam cerca de 20 estudantes que haviam estado no norte do México. Nove deles embarcaram já doentes. Treze horas mais tarde, outras cinco pessoas, talvez oito, desceram doentes do avião. Nas semanas seguintes, mais de 1000 neozelandeses precisaram ser internados. [...].

Miguel Ángel Criado. Assim se propaga um vírus dentro de um avião. *El País,* 31 mar. 2018. Disponível em: <https://brasil.elpais.com/brasil/2018/03/29/ciencia/1522309451_960713.html>. Acesso em: jun. 2018.

1. De acordo com o primeiro texto, como a peste se espalhou pela Europa? Existem semelhanças em relação à forma pela qual a gripe se espalha hoje em dia?

2. O primeiro texto diz que a peste era "democrática e igualitária". Seria possível afirmar isso sobre o vírus da gripe? Justifique sua resposta.

3. Quando comparada à Idade Média, uma doença pode, hoje em dia, espalhar-se pelo mundo em um período bastante curto de tempo. Por que você acha que isso acontece? Justifique sua resposta com base na leitura do segundo texto.

A arte medieval

Fortemente influenciada pela religiosidade, a arte medieval tinha finalidade didática, pois a maioria da população europeia não era alfabetizada. Assim, cabia às pinturas, aos vitrais, às iluminuras e às esculturas ensinar as passagens bíblicas e a vida de santos, divulgando, desta forma, os princípios do cristianismo.

A preocupação com a segurança marcou a arquitetura; as construções tinham paredes grossas e poucas janelas. No início da Idade Média, prevaleceu o estilo românico, caracterizado por arcos e abóbadas. As igrejas românicas foram denominadas "fortalezas de Deus", por serem grandes e maciças como as fortalezas e os castelos da época e por serem símbolos do poder supremo e da autoridade divina.

O estilo gótico predominou sobretudo nas igrejas da Baixa Idade Média, cujas altas torres apontavam em direção ao céu, simbolizando a constante busca da ligação com Deus.

Um exemplo de estilo romântico é a Igreja de San Martín de Tours, na Espanha, 2017.

Uma representação do estilo gótico é a Catedral de Milão, na Itália, 2017.

O casamento medieval

Entre fins do século XI e início do XII, o clero católico organizou o ritual do casamento religioso. Ele consistia em um juramento feito pelos noivos ao padre que, após 40 dias de avaliação, poderia ser concretizado na cerimônia de casamento.

Nesse caso, os noivos faziam novo juramento, recebiam a bênção e trocavam alianças, acompanhados de muitos padrinhos e madrinhas, testemunhas da união. Seguiam-se a bênção nupcial e a missa. No altar dedicado à Virgem Maria, o casal acendia velas. Ao saírem da igreja, todos iam ao cemitério e lá rezavam por seus antepassados, simbolicamente incluindo-os na cerimônia.

Depois, havia a festa. Entre os camponeses, toda a aldeia participava, incluindo o senhor feudal. Familiares e amigos jogavam trigo sobre o casal para desejar-lhe prosperidade e fertilidade.

Entre membros da realeza e da nobreza, o casamento medieval também seguia rituais, embora a união do casal tivesse como objetivo central a procriação para perpetuar a linhagem, ou seja, gerar filhos para herdar os bens e o nome da família, além de reunir propriedades e selar alianças entre famílias. Grande parte dos casamentos desses segmentos sociais constituíram-se em acordo entre as famílias dos noivos, alguns prevendo multa caso o acordo não fosse cumprido.

Ampliar

Idade Média, Idade dos Homens, de Georges Duby (Companhia de Bolso).

O livro reúne diversos textos que tratam do amor e do casamento, das estruturas familiares e da vida aristocrática na Idade Média.

1. Descreva o processo que provocou a fome de parte da sociedade europeia no século XIV.

2. No século XIV, a fome causou a morte de inúmeras pessoas das sociedades europeias. Atualmente, esse problema social ainda não está resolvido no mundo. Você já ouviu falar na FAO, órgão internacional ligado à Organização das Nações Unidas (ONU)? Conhece alguma organização não governamental (ONG) que atua no combate à fome? Em dupla, faça o que se pede.

    a) Pesquise o que é e como atua a FAO.

    b) Proponha ações que possam ajudar no combate à fome.

    c) Crie um *slogan* sobre o assunto e escreva-o em um cartaz com o resultado da pesquisa. Divulgue o cartaz na escola para que outras pessoas tenham acesso às informações.

3. No final do século XIV, ocorreram muitas revoltas camponesas na Europa, assustando os membros da nobreza. Identifique as principais causas dessas revoltas.

4. Sobre a arte na Idade Média, faça o que se pede a seguir.

    a) Por que se costuma afirmar que a arte medieval tinha um objetivo didático?

    b) Observe novamente as igrejas da página 250. Em seguida, denomine e descreva os estilos arquitetônicos de cada uma.

5. O ritual do casamento foi desenvolvido entre o final do século XI e o começo do XII. Desde então, embora a cerimônia continue existindo, ela sofreu algumas alterações. Aponte duas semelhanças e duas diferenças entre as cerimônias típicas da Idade Média e as atuais.

6. Responda às questões com base nas informações do mapa abaixo.

    a) Qual é a situação representada no mapa e em que século ocorreu?

    b) Em que ano a peste negra atingiu a Europa?

    c) Por quais continentes a peste negra se espalhou?

7. A peste negra dizimou grande parte da população europeia na Baixa Idade Média. Ainda que menos graves, diversas doenças ainda alarmam a população mundial hoje em dia. No entanto, muitas delas podem ser evitadas com um estilo de vida mais saudável. Pensando nisso, reúna-se com uns colegas, pesquisem uma doença causada pelo estilo de vida das pessoas e elaborem uma animação que ajude a população a diminuir os riscos de contraí-la.

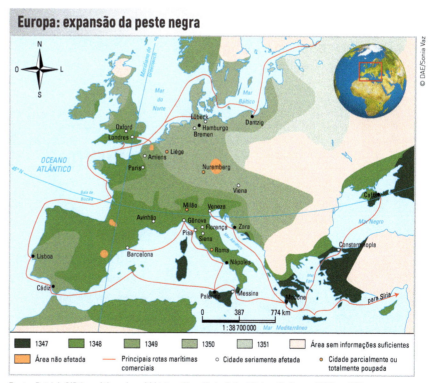

Fonte: Patrick O'Brien. *Atlas of world history*. Nova York: Oxford University Press, 2010. p. 105.

Visualização

TRANSFORMAÇÕES

Crescimento populacional
- Diminuição dos conflitos
- Novas técnicas agrícolas
- Ampliação das áreas de cultivo
- Excedente de produção

Cruzadas
- Igreja: forte influência na sociedade
- Primeira Cruzada: Papa Urbano II
- Promessas
  - Perdão pelos pecados
  - Vida eterna no Céu
- Interesses religiosos
  - Libertação de Jerusalém dos muçulmanos
  - Liberdade de peregrinação
- Interesses políticos e econômicos
  - Posse de novas terras
  - Expansão comercial em direção ao Oriente

Economia
- Reabertura comercial
- Uso de moedas
- Rotas comerciais
- Controle do Mar Mediterrâneo
- Genoveses
- Venezianos
- Economia monetária

RENASCIMENTO

Corporações de ofício e guildas
- Regras profissionais
- Controle comercial
- Organização do trabalho
- Defesa dos interesses de seus membros

Burguesia
- Origem nos burgos (cidades)
- Nova camada social
  - Comerciantes
  - Banqueiros
  - Cambistas
  - Artesãos

Cultura e religião
- Educação
  - Deixa de ser privilégio do clero
  - Presença de burgueses em escolas e universidades
- Arte
  - Sagrada
  - Didática
  - Arquitetura românica: fortaleza de Deus
  - Arquitetura gótica: em busca de ligação com o divino
- Casamento: ritual organizado pela Igreja
  - Entre nobres: acordos familiares e interesses políticos

Centralização política
- Alianças entre reis e burgueses
- Reis favorecidos
  - Apoio financeiro
  - Apoio político
- Burgueses favorecidos
  - Unificação das moedas locais
  - Segurança nas rotas comerciais
  - Fim dos impostos feudais
  - Incentivo ao crescimento comercial

Retomar

1 Leia o documento a seguir e responda às questões.

A convocação às Cruzadas

Foi durante o Concílio de Clermont-Ferrand, realizado na França, em 1095, que o papa Urbano II convocou os cristãos a organizar a primeira Cruzada com o objetivo de libertar a Terra Santa do domínio muçulmano. O texto original do discurso não se conservou; as versões conhecidas foram produzidas por cronistas europeus que estariam presentes no Concílio. O trecho a seguir faz parte da versão de Fulcher de Chartres:

"Deixai [seguir viagem rumo ao Oriente] para lutar contra os infiéis os que outrora combatiam impiedosamente os fiéis, em guerras particulares... Deixai [partir] os que são ladrões, para tornarem-se soldados. Deixai [viajar] aqueles que outrora se bateram contra seus irmãos e parentes, para lutarem contra os bárbaros... Deixai [participar do movimento] os que outrora foram **mercenários**, muito mal remunerados, para que recebam a recompensa eterna [...]."

Glossário

Mercenário: soldado que luta em troca de pagamento.

Papa Urbano II. In: Leo Huberman. *História da riqueza do homem*. São Paulo: Zahar, 1979. p. 28.

a) Quais adjetivos o papa Urbano II utiliza ao se referir aos muçulmanos? O que isso indica sobre a visão do papa em relação aos muçulmanos?

b) De acordo com o documento, que tipo de cristão deveria participar das cruzadas?

c) Na sociedade europeia medieval, a guerra era uma atividade reservada à nobreza. No entanto, de acordo com o autor do documento, o papa fez um apelo para que deixassem os ladrões se tornar soldados. Quais foram as prováveis razões para Urbano II ter feito esse apelo?

d) Qual foi a motivação usada por Urbano II para atrair combatentes?

2 Leia o texto sobre a fome no Brasil e responda às questões:

Crise econômica pode voltar a colocar o Brasil no mapa da fome

Em 2016, entre 2,5 milhões e 3,6 milhões de pessoas voltaram a viver abaixo do limiar de pobreza

O diretor-geral da FAO, José Graziano da Silva, disse hoje, em Lisboa, que o crescimento econômico é uma das formas para o Brasil não correr o risco de voltar a integrar o mapa da fome.

"Eu tenho discutido muito isso [da possibilidade do Brasil voltar a integrar o mapa da fome, organizado pela FAO] e acompanhado, muito de perto, os números. O Brasil tem mostrado números muito ruins nos últimos meses [...]. O crescimento é um caminho, poderá ajudar o Brasil a sair desta dificuldade neste momento", disse o brasileiro, eleito diretor-geral daquela agência da ONU em 2011.

O Brasil saiu do mapa da Fome (elaborado pela FAO desde 1990) pela primeira vez em 2014, quando 3% dos brasileiros sofriam de uma restrição alimentar severa. Um país com mais de 5% da população subalimentada entra para o mapa da FAO.

De acordo com o Banco Mundial, cerca de 44 milhões de brasileiros eram ameaçados pela fome em 2003. Dentre eles, aproximadamente 28,6 milhões de brasileiros saíram da pobreza entre 2004 e 2014, mas também avalia que, em 2016, entre 2,5 milhões e 3,6 milhões de pessoas voltaram a viver abaixo do nível de pobreza. [...]

Logo da FAO.

"O crescimento do desemprego preocupa-nos muito e, principalmente, preocupa-nos os cortes dos programas sociais por dificuldade fiscal que o Governo enfrenta neste momento. Estas situações é que são a grande ameaça", indicou o diretor-geral da FAO [...].

[...]

Diário de Notícias. Disponível em: <www.dn.pt/mundo/interior/crise-economica-pode-voltar-a-colocar-brasil-no-mapa-da-fome—fao-9104110.html>. Acesso em: jun. 2018.

a) Conforme a leitura do texto, o que você compreendeu pela expressão "mapa da fome"?

b) De acordo com o diretor-geral da FAO, quais são as principais causas para o crescimento da fome no Brasil em 2016?

c) Você já ouviu falar na agricultura familiar? Reúna-se com seus colegas e pesquise esse termo. Em seguida, debata com eles a relação que esse tipo de agricultura pode ter com o combate à fome no Brasil.

3 Vimos como as guerras medievais prejudicaram o cotidiano da população mais pobre. Hoje em dia, a situação não é muito diferente. Os conflitos armados de todo o mundo trazem uma série de dificuldades para os habitantes das regiões por eles atingidas. Esse é o caso da Guerra Civil Síria, iniciada em 2011.

Seca e guerra impulsionam êxodo rural na Síria

A guerra na Síria atingiu duplamente os agricultores: além de sofrer com a morte e a destruição, eles perderam as lavouras e o gado. [...]

O trigo respondia por uma das maiores receitas do setor agrícola sírio, ao lado do algodão e da azeitona. Antes da guerra, o país produzia cerca de 5 milhões de toneladas do cereal.

[...] Um terço dos 6 milhões de sírios deslocados (famílias que deixaram seus lares sem abandonar o país) são camponeses que saíram de suas terras devido aos combates.

[...] "O principal problema é a água. 50% dos poços do país estão danificados ou destruídos", diz o diretor do departamento de Planejamento do ministério da Agricultura, Haytham Haidar. Além da crise hídrica, outros problemas transformaram a agricultura em uma atividade impossível: a falta de sementes, pesticidas, fertilizantes e veterinários, os preços exorbitantes do combustível e geradores para suprir a falta de eletricidade, e a insegurança nas estradas. [...] Desesperados, muitos camponeses optaram por buscar refúgio nas desconhecidas e saturadas metrópoles, provocando drásticas mudanças demográficas. [...] Outros optaram por se refugiar no vizinho Líbano, oferecendo aos latifundiários um exército de mão de obra barata. [...]

Natalia Sancha. Seca e guerra impulsionam o êxodo rural na Síria. *El País*, 13 dez. 2017. Disponível em: <https://brasil.elpais.com/brasil/2017/12/08/internacional/1512738929_871030.html>. Acesso em: jun. 2018.

Com base no texto, responda às questões a seguir.

a) Descreva as consequências que a guerra e a seca trouxeram aos agricultores sírios.

b) Como a seca e a guerra afetaram as cidades sírias?

c) Além da Síria, o texto indica que a guerra e a seca impactaram outro país. Qual? Como esse país foi impactado?

d) Diversos países receberam refugiados da Guerra Civil Síria, incluindo o Brasil. Pesquise a quantidade de sírios que vieram para cá e discuta com os colegas os benefícios que essas pessoas podem trazer ao país.

4 As guerras e os períodos de fome são, infelizmente, graves problemas que afetam as sociedades humanas desde os tempos antigos. Em dupla, reflitam sobre o assunto e registrem os efeitos que as guerras e a fome podem causar nas próximas gerações dos países que enfrentam tal situação.

Referências

AYMARD, Andre; AUBOYER, Jeannine. *História geral das civilizações:* Roma e seu Império. São Paulo: Difel, 1974.

AZEVEDO, Antonio Carlos do Amaral. *Dicionário de nomes, termos e conceitos históricos*. Rio de Janeiro: Nova Fronteira, 1990.

BASCHET, Jérôme. *A civilização feudal:* do ano 1000 à colonização da América. São Paulo: Globo, 2006.

BIASOLI, Vitor. *O mundo grego*. São Paulo: FTD, 1995.

BORGES, Vavy Pacheco. *O que é História*. São Paulo: Brasiliense, 1981.

BOSCHI, Caio César. *Por que estudar História?* São Paulo: Ática, 2007.

CALAINHO, Daniela Buono. *História medieval do Ocidente*. Petrópolis: Vozes, 2014.

CARDOSO, Ciro Flamarion. *O Egito Antigo*. São Paulo: Brasiliense, 1986.

_____. *Antiguidade oriental*: política e religião. São Paulo: Contexto, 1990.

CUNHA, Manuela Carneiro da. *Índios no Brasil*: história, direitos e cidadania. São Paulo: Claro Enigma, 2012.

DUBY, Georges (Org.). *História da vida privada*: da Europa Feudal à Renascença. São Paulo: Companhia das Letras, 1990. v. 2.

FERREIRA, Olavo Leonel. *Egito, terra dos faraós*. São Paulo: Moderna, 1992.

_____. *Mesopotâmia, o amanhecer da civilização*. São Paulo: Moderna, 1993.

_____. *Visita à Roma Antiga*. São Paulo: Moderna, 1994.

FLORENZANO, Maria Beatriz. *O mundo antigo*: economia e sociedade. São Paulo: Brasiliense, 1994.

FRANCO JR., Hilário. *A Idade Média*: nascimento do Ocidente. 2 ed. rev. e aum. São Paulo: Brasiliense, 2001.

FREITAS, Gustavo de. *900 textos e documentos em História*. Lisboa: Plátano, [1976].

GIORDANI, Mario Curtis. *História do Império Bizantino*. Petrópolis: Vozes, 1968.

_____. *História da África*: anterior aos descobrimentos. Petrópolis: Vozes, 2013.

GLOTZ, Gustavo. *História econômica da Grécia*. Lisboa: Cosmos, 1973.

GUARINELLO, Norberto Luiz. *Os primeiros habitantes do Brasil*. São Paulo: Atual, 1994.

HEYWOOD, Linda. *Diáspora negra no Brasil*. São Paulo: Contexto, 2012.

HOBSBAWN, Eric. *Sobre História*. São Paulo: Companhia das Letras, 1998.

HOURANI, Albert. *Uma história dos povos árabes*. São Paulo: Companhia de Bolso, 2006.

KI-ZERBO, J. (Org.). *História geral da África*: metodologia e Pré-História. São Paulo: Ática, 1982.

LE GOFF, Jacques. *História e memória*. Campinas: Unicamp, 1994.

_____. *A Idade Média explicada aos meus filhos*. Rio de Janeiro: Agir, 2007.

LEAKEY, Richard E. *A origem da espécie humana*. Rio de Janeiro: Rocco, 1995.

LOPES, Reinaldo José. *1499: a Pré-História do Brasil*. Rio de Janeiro: Harper Collins, 2017.

MAESTRI, Mário. *História da África Negra Pré-Colonial*. Porto Alegre: Mercado Aberto, 1988.

MELATTI, Julio Cezar. *Índios do Brasil*. São Paulo: Edusp, 2007.

MELLO E SOUZA, Marina de. *África e Brasil africano*. São Paulo: Ática, 2006.

MORSE, Richard M. *O espelho de Próspero*: cultura e ideias nas Américas. São Paulo: Companhia das Letras, 1995.

MOURREAU, Jean-Jacques. *A Pérsia dos grandes reis e de Zoroastro*. Rio de Janeiro: Ferni, 1978.

MUNANGA, Kabengele. *Rediscutindo a mestiçagem no Brasil*. Petrópolis: Vozes, 2003.

PAULA, Eunice D.; PAULA, Luís G.; AMARANTE, Elizabeth Aracy R. *História dos povos indígenas*: 500 anos de lutas no Brasil. Petrópolis: Vozes; Cimi, 1994.

PERNOUD, Régine. *Luz sobre a Idade Média*. Mem-Martins: Europa-América, 1997.

PINSKY, Jaime. *100 textos de História Antiga*. São Paulo: Contexto, 1991.

_____. *As primeiras civilizações*. São Paulo: Contexto, 2005.

PRANDI, Reginaldo. *Contos e lendas afro-brasileiros*: a criação do mundo. São Paulo: Companhia das Letras, 2007.

QUESNEL, Alain. *O Egito*. São Paulo: Ática, 1994.

RAGACHE, Claude; LAVERDET, Marcel. *A criação do mundo*. São Paulo: Ática, 1992.

RODRIGUES, Rosicler Martins. *O homem da Pré-História*. São Paulo: Moderna, 1992.

ROSTOVZEFF, Michael Ivanovich. *História de Roma*. Rio de Janeiro: Zahar, 1977.

_____. *História da Grécia*. Rio de Janeiro: Zahar, 1997.

SANTILLI, Márcio. *Os brasileiros e os índios*. São Paulo: Senac, 2000.

SHAPIRO, Harry L. (Org.). *Homem, cultura e sociedade*. São Paulo: Martins Fontes, 1982.

SILVA, Alberto da Costa e. *A enxada e a lança*: a África antes dos portugueses. Rio de Janeiro: Nova Fronteira, 1992.

_____. *A manilha e o libambo*: a África e a escravidão, de 1500 a 1700. Rio de Janeiro: Nova Fronteira, 2002.

SILVA, Kalina W.; SILVA, Maciel H. *Dicionário de conceitos históricos*. São Paulo: Contexto, 2014.

SILVA, Marcos A. da (Org.). *Repensando a História*. Rio de Janeiro: Marco Zero, 1984.

TORRONTEGUY, Teófilo. *A Pré-História*. São Paulo: FTD, 1995.

VERGER, Pierre Fatumbi. *Lendas africanas dos orixás*. Salvador: Corrupio, 2011.

VISENTINI, Paulo F.; PEREIRA, Ana Lúcia D.; RIBEIRO, Luiz Dario T. *História da África e dos africanos*. Petrópolis: Vozes, 2014.